NYUMBA-KAYA

Por fim, avisto a nossa casa grande, a maior de toda a
Ilha. Chamamo-lhe *Nyumba-Kaya*, para satisfazer
familiares do Norte e do Sul. "Nyumba" é a palavra para
nomear "casa" nas línguas nortenhas. Nos idiomas do Sul,
casa se diz "Kaya".

[...] A grande casa está defronte a mim, desafiando-me
como uma mulher. Uma vez mais, matrona e soberana,
a Nyumba-Kaya se ergue de encontro ao tempo.

MIA COUTO
Um rio chamado tempo, uma casa chamada terra

Dércio Braúna

NYUMBA-KAYA
MIA COUTO E A DELICADA ESCREVÊNCIA DA NAÇÃO MOÇAMBICANA

Copyright © 2014 José Dércio Braúna

Grafia atualizada segundo o Acordo Ortográfico da Língua Portuguesa de 1990, que entrou em vigor no Brasil em 2009.

Publishers: Joana Monteleone/Haroldo Ceravolo Sereza/Roberto Cosso
Edição: Joana Monteleone
Editor assistente: João Paulo Putini
Projeto gráfico e diagramação: João Paulo Putini
Assistente de produção e capa: Ana Lígia Martins
Revisão: João Paulo Putini

Imagem da capa: Gravura de Malangatana Valente Ngwenya (1936-2011), artista plástico moçambicano. Imagem disponível no portal cultural espanhol "La Órbita Cultural de Universo la Maga" <http://universolamaga.com/blog/malangatana/malangatana-13/>.

Este projeto é apoiado pela Lei Estadual de Incentivo à Cultura – nº 13.811, de 16 de agosto de 2006.

VIII Edital Ceará de Incentivo às Artes 2011
[Categoria: Ensaio sobre tema histórico/cultural]

CIP-BRASIL. CATALOGAÇÃO NA PUBLICAÇÃO
SINDICATO NACIONAL DOS EDITORES DE LIVROS, RJ

B835n

Braúna, José Dércio
NYUMBA-KAYA: MIA COUTO E A DELICADA ESCREVÊNCIA DA NAÇÃO MOÇAMBICANA
José Dércio Braúna - 1. ed.
São Paulo : Alameda, 2014
344 p. : il. ; 23 cm.

Inclui bibliografia
ISBN 978-85-7939-256-6

1. Couto, Mia, 1955-. 2. Identidade social - Literatura.
3. Cultura - Moçambique. 4. Poder (Ciências sociais).
5. Moçambique - História - Independência e guerra civil, 1975-1994. 6. Moçambique - Colonização. I. Título.

14-10576   CDD: 305
                      CDU: 316.62

ALAMEDA CASA EDITORIAL
Rua Conselheiro Ramalho, 694 – Bela Vista
CEP 01325-000 – São Paulo – SP
Tel. (11) 3012-2400
www.alamedaeditorial.com.br

A história de qualqueríssimo país é um texto
de parágrafos salteados. Só o futuro os ordena,
alisando as linhas, retocando as versões.

MIA COUTO
Cronicando

Ao Mia Couto e às gentes moçambicanas.

Aos Braúnas, as gentes minhas.

A C. G., por tudo, ainda mais que antes.

SUMÁRIO

PREFÁCIO. As contas e os contos do tempo 13
Francisco Régis Lopes Ramos [UFC]

INTRODUÇÃO. Da casa como delicada metáfora 21

CAPÍTULO 1. Moçambique pelas linhas de um desanimista 33
O homem na teia do tempo 39
O futuro do passado 65
Vozes desanoitecidas 88
Literatura moçambicana: considerações sobre "um edifício ainda a ser" 118

CAPÍTULO 2. Cada um são transmutáveis homens 151
"Nós não somos quem vocês procuram" 163
"Quem somos nós": a nação como projeto 201
"Você não olhou bem esse mundo de cá" 213

CAPÍTULO 3. Ruínas, memórias e esquecimentos: 233
os usos do passado na escrevência da nação
A casa ruída 237
"O novelo ensarilhado" da memória 255
"A árvore das voltas" (ou Os trabalhos do esquecimento) 278

CONSIDERAÇÕES FINAIS. Não se enerve, são *fatos literários*...: 293
Mia Couto e as boas perguntas que a literatura faz

REFERÊNCIAS 303

ANEXO. Sinopses das obras trabalhadas 331

AGRADECIMENTOS 341

LISTA DE ILUSTRAÇÕES

Mapa 1: Moçambique [Províncias, capitais, principais rios] 27

Mapa 2: "Portugal não é um país pequeno" 42

Mapa 3: África política, 1880 155

Mapa 4: África política, 1900 [pós-Conferência de Berlim] 156

Mapa 5: África política, pós-independências 157

Mapa 6: A "Zambézia senhorial" [séculos XVII-XIX] 177

Mapa 7: As companhias concessionárias em Moçambique 185

Mapa 8: Migrações dos angunes e principais reinos angunes 190

Imagem 1: Régulos do distrito de Sofala [1934] 49

Imagem 2: Policial europeu e "indígena" [Beira, 1933] 50

Imagem 3: Tropa da "Companhia Indígena" 50
[devidamente descalça] passada em revista pelo
ministro das Colônias, Armindo Monteiro [1932]

Imagem 4: Fotografia "Sanitários onde só o negro podia ser servente 51
e só o branco era homem", de Ricardo Rangel [1957]

Imagem 5: Fotografias da revista Tempo, edição especial de 62
25 de junho de 1975, registrando o percurso da "chama da unidade"

Imagem 6: Fotografias de Mia Couto 64
[finais dos anos 1970, 1986 e 2007]

Imagem 7: Fotografia de Samora Machel em discurso 71

Imagem 8: Reprodução de recorte jornalístico intitulado 87
"Guebuza e Kachamila lideram a lista dos magnatas"

Imagem 9: Reprodução de capas da revista literária Charrua 130

Imagem 10: Dona Honória Bailor-Caulker [1962] 195

Imagem 11: Gungunhana [gravura, 1895; retrato, 1904] 275

PREFÁCIO

As contas e os contos do tempo

Francisco Régis Lopes Ramos[*]

[*] Mestre em Sociologia (UFC) e doutor em História (PUC-SP). É professor do Departamento de História da Universidade Federal do Ceará, com pesquisas relacionadas às temáticas da memória e da temporalidade. É autor, entre outros, de: *Caldeirão: estudo histórico sobre o beato José Lourenço e suas comunidades; Papel Passado: cartas entre os devotos e o Padre Cícero; A danação do objeto: o museu no ensino de História; O fato e a fábula: o Ceará na escrita da história.*

A história tem muito a ganhar com a literatura. Não porque a ficção é baseada ou inspirada em fatos. Não é por ter um pé na dita realidade que a literatura pode ser o objeto de estudo de um historiador. O que interessa ao saber histórico é a multiplicidade de sentidos compartilhados na escrita que hoje chamamos de romance, poesia, conto ou qualquer outra classificação que tem compromissos com as irrealidades fundantes e, assim, articulam tempos e espaços em coerências próprias e nem sempre acessíveis ao cotidiano da língua.

É por isso que Dércio pergunta como as irrealidades são capazes de fazer uma verdade. Sendo também escritor, Dércio convocou uma delicadeza capaz de lidar com as irrealidades de Mia Couto, tratando-as como um historiador deve tratá-las: ficando atento aos investimentos da palavra em sua infindável labuta para compor as contas e os contos do tempo vivido. Muitos tempos, do factual ao fabuloso. Tanto o passado que nunca passa quanto o futuro que já chegou, ao mesmo tempo. Da previsão utópica ao drama da distopia.

A questão, no final das contas, é saber com quantas palavras se faz uma nação. Essa tem sido a pergunta de base, que não quis calar e até hoje ressoa com força. Foi daí que Mia Couto se fez criador e criatura da palavra, e assim continua. Daí seu gosto pelo tempo, porque o corpo até pode dar o espaço, mas é a palavra que dá o tempo. Sem a palavra, devidamente posta em estado de narração, não há passado, ou melhor, o tempo perde conectores e, assim, desaba na falta de sentido. Sem passado, uma nação não se faz. Mas qual passado? Essa é a pergunta que Dércio faz a Mia Couto, porque cabe ao historiador perguntar não apenas sobre o que acontece em certo tempo, mas também como um tempo acontece de determinada maneira e não de outra.

O tempo se fez preocupação histórica e está aí, presente como presença de temporalidades variadas. Não é à toa o destaque que Dércio dá à indagação de Mia Couto sobre as lutas do passado, para a independência de Moçambique: "No passado o futuro era melhor?". Pode haver uma pergunta mais incômoda para quem já viveu e viu que o tempo é real? Terá existido questão mais radical para um homem que ajudou a fazer o hino de um país que talvez ainda não tenha nascido? Poderá ter havido um nascimento se os mortos continuam ao lado dos vivos? Se o futuro pode ter sido melhor, o bom mesmo é saber perguntar sobre isso. Aí é que está o papel do escritor. Lacunar, um papel à espera do grafite, da tinta, de qualquer coisa que faça o olho pensar que o papel é um meio de transporte, uma ponte para o tempo se danar e tirar o juízo do espaço.

A partir de autores como Hartog e Koselleck, o leitor é levado a desconfiar das cercas. E, assim desconfiando, é seduzido a tecer conexões. É convidado, por exemplo, a pensar sobre as relações entre tempo e escrita. Mia Couto teria o projeto de colocar, na escrita, o tempo da oralidade? Haveria o rompimento do regime escriturário da modernidade em busca de uma escrita sobre o passado que não trata dos mortos? Assim, emerge a teoria de Michel de Certeau sobre a operação historiográfica, na medida em que se leva em conta o corte moderno entre presente e passado, fenômeno que faz parte da própria escrita de Mia Couto, mas não se faz existir no mundo com o qual sua literatura procura sentido.

Inspirado em Manuel Luiz Salgado, Dércio não trata a literatura simplesmente como fonte, mas também na qualidade de objeto. Isso significa fecundar a história e a literatura, na medida em que ambas, a partir de procedimentos que lhes são próprios, se dão a responsabilidade de pensar sobre o tempo, em desafios semelhantes e complementares. Assim, "o historiador pode pensar com a literatura e não contra ela".

"O passado: alguém o enterra em suficiente fundura?" — pergunta de Mia Couto, que Dércio coloca como epígrafe do terceiro capítulo. Poderia ser a abertura de tudo, porque, no final das contas, o que se tem aqui é uma pergunta radical: o que fazer com essa separação entre passado e presente que a modernidade inventou? Se tal ruptura é a condição de existência da disciplina histórica, em sua lenta autonomização no campo dos saberes, impõe-se ao historiador a interrogação sobre as implicações dessa particularidade, perdida no território das coisas inconfessáveis ou proibidas para o debate a respeito de teorias e métodos. Entram em cena os jogos entre poder e cultura, em suas mais variadas maneiras de existir, das mais escondidas às mais descaradas.

Como bem mostra Georgio Agamben, a grande contribuição de Walter Benjamin para os historiadores não está somente nos recursos de percepção do espaço, mas na possibilidade de dar ao marxismo um pensamento sobre o tempo. O grande desafio político seria, nesse sentido, fazer da escrita da história um ponto de crítica ao tempo e, assim, dotar a própria história de meios para teorizar sobre outros tempos, como condição inalienável para a prática concreta de um futuro fora da filosofia da história historicista e, portanto, livre da ânsia pelo realismo iluminista cujo cerne reside no encadeamento linear de datas e fatos.

Felizes os que estão na fronteira — é isso que o leitor pode concluir, depois de percorrer o trajeto que aqui se propõe. Dércio não ficou nem lá nem cá: não saiu da casa da literatura, mas também não ficou só nela. Daí Nyumba-Kaya, ainda bem. Nesses tempos de interdisciplinaridade na teoria e fechamento disciplinar na prática, Dércio ficou na terceira margem do rio. Isso é que dá gosto: para entrar na história, ele não precisou sair da literatura. Também não precisou ficar refém do atual pulular de identidades que acionam nacionalismos em miniatura e passam a reivindicar certos usos do passado que são tão autoritários quanto o velho patriotismo do século XIX e seus desdobramentos traumáticos no totalitarismo do século XX.

Com seu jeito tímido e meio calado, Dércio faz da sua palavra um instrumento de corte. Ele corta o irreal sem cortá-lo de verdade, é claro. Se as irrealidades fundamentais são aquelas que estão à flor da pele, não convém cortá-la, mas apenas ameaçá-la. Assim, foi se tecendo a delicadeza do seu jeito de pôr uma escrevência para andar.

Entre sujeito e objeto nasceu uma simbiose que, ao contrário das previsões dos manuais de metodologia, foi oportuna e feliz. Tanto é que a gente fica com mais vontade de (re)ler Mia Couto. Isso não é pouco. O leitor pode até discordar da abordagem, mas não ficará decepcionado com o gosto que a literatura pode oferecer.

Ora, o que se tem visto com certa frequência, para o nosso desprazer, é que os historiadores vão à cristaleira com um martelo. Pensam que a letra deve ser quebrada, e com força: análise boa é análise que quebra. Depois vem a síntese, que, para resumir, mostra que cristaleira boa é aquela que deixa de existir de fato, afinal já era mesmo apenas uma ilusão a ser desmontada. Assim, não são poucos os pesquisadores, da história ou mesmo da crítica literária, que ficam a tratar a ficção como se fosse ou devesse ser um relatório ou coisa parecida. Ou ainda pior: tentam enxergar o que tem por trás do texto, o que tem de dissonância entre a escrita e o real. E, assim, vão se tornando caçadores de ficção: quando a encontram, fazem mira, atiram, matam, tiram o couro e o trazem como troféu.

Não, aqui o historiador não vem para dizer que só vale a dita "literatura realista" (escrita que, em certa medida, corresponde à história cientificista do século XIX). Pelo contrário, porque o autor, nesse caso, sabe o que é literatura, não apenas porque é também escritor, mas porque é um escritor que pensa sobre as muitas implicações que estão na conjugação do verbo escrever. Assim pensando, enfrenta a escrita procurando suas tramas, e sobretudo nas suas trapaças. Reinventa a arte, dando-lhe mais fôlego para ser artimanha.

Dito isto, resta dizer que o livro Nyumba-Kaya veio ao mundo em forma de dissertação de mestrado, que tive o prazer de orientar, no programa de pós-graduação em história da UFC, ao lado da co-orientação do professor Eurípedes Funes. Por fim, não poderia deixar de mencionar a atenção e as contribuições da banca examinadora, composta por Júlio Pimentel (USP) e Kênia Rios (UFC).

INTRODUÇÃO

Da casa como delicada metáfora

"Na sua forma mais elementar, escrever é construir uma frase percorrendo um lugar supostamente em branco, a página." Mas escrever é bem mais que povoar de caracteres um corpo em branco. Escrever é um exercício delicado. A "construção de uma escrita" é, em sentido amplo, "uma organização de significantes", o que é dizer: escrever é dar sentido.[1]

Dar sentido à experiência humana, buscar uma compreensão da vivência da temporalidade, narrar a travessia pelas águas desse *rio chamado tempo* para que a *casa chamada terra* que nos abriga ganhe dimensão (sentido): eis a que a *construção de uma escrita* nos serve. E, como mais de uma vez enfatizado por Paul Ricoeur, é ao ser articulado "de maneira narrativa" que "o tempo se torna tempo humano", pois que por meio desse narrar é que se vão desenhando "as características da experiência temporal".[2]

E se tal percepção é válida para os indivíduos, não deixa de também o ser para as coletividades. Como essas que se albergam sob a designação de "nação", essa forma de viver que, segundo Homi K. Bhabha,

---

1   CERTEAU, Michel de. *A escrita da história.* 2ª ed. Trad. Maria de Lourdes Meneses. Rio de Janeiro: Forense Universitária, 2008, p. 17 e 94.

2   RICOUER, Paul. *Tempo e narrativa.* Vol. 1 – *A intriga e a narrativa histórica.* Trad. Claudia Berliner. São Paulo: WMF Martins Fontes, 2010, p. 9 (e reafirmado pelo corpo da obra).

> é mais complexa que "comunidade", mais simbólica que "sociedade", mais conotativa que "país", menos patriótica que *patrie*, mais retórica que a razão de Estado, mais mitológica que a ideologia, menos homogênea que a hegemonia, menos centrada que o cidadão, mais coletiva que "o sujeito", mais psíquica do que a civilidade, mais híbrida na articulação de diferenças e identificações culturais do que pode ser representado em qualquer estruturação hierárquica ou binária do antagonismo social.[3]

É nessa perspectiva que proponho o pensamento e a *escrevência*[4] da nação: buscando compreender seus modos de afiliação, suas ambiguidades, como um exercício de *delicado* trato. Tanto que uma única forma de escrita não é capaz de lhe dar conta; sua narrativa se estabelece na articulação de diversas formações discursivas: da política, da cultura, da história...

E da literatura.

E no que toca a esta, uma de suas principais contribuições ao pensamento sobre a nação (e não só) é o fato de ela não nos dar uma verdade última; ao contrário, sua "verdade" é plural e heterogênea, com isso, ela possibilita um "outrar" da realidade (uma iluminação por outros ângulos, por outras frestas), contribuindo para o estabelecimento de uma percepção mais nuançada e menos fechada do mundo e seus viventes. Nesse sentido, a literatura funciona como um modo de *mediação*, de *tradução* da ação humana, suas práticas e seus discursos.

Mas a literatura é também, ambiguamente, um dos modos discursivos pelos quais a ideia de nação é textualizada. Nesse sentido, ela é uma das mãos que escreve a nação, que lhe dá seus contornos.

---

3   BHABHA, Homi K. "DissemiNação: o tempo, a narrativa e as margens da nação moderna". In: *O local da cultura*. Trad. Myriam Ávila *et al*. Belo Horizonte: Editora UFMG, 1998, p. 199.

4   A opção pelo termo miacoutiano *escrevência*, neste trabalho, busca agregar a ele a percepção de que a escrita literária está mais além do mero ato de escrever. Escrevência quer ser lida como uma escrita emaranhada no tempo, por isso carregada de sonhos, desilusões, intenções, histórias.

No caso de Moçambique, esses contornos podem ser pensados a partir da fórmula discursiva da unidade, reiteradamente pronunciada por aqueles que estiveram à frente do processo de nascença da "nação moçambicana". Trata-se da metáfora de Moçambique como uma nação una, "o Povo unido do Rovuma ao Maputo" dos discursos nacionalistas.

"Um povo" que, do extremo norte (simbolizado na referência ao rio Rovuma) ao extremo sul (mimetizado na referência ao rio Maputo), seria portador de uma inquestionável "personalidade moçambicana" e de uma inquebrantável "cultura moçambicana", que só por força da coação do poder colonial não se teria podido manifestar. Daí que os discursos nacionalistas falem de "reconquista" e "ressurgimento" para referir-se a essa "personalidade" e a essa "cultura" moçambicanas, como o faz o líder independentista e primeiro presidente de Moçambique, Samora Machel, em 1975: "o sangue do nosso povo não se derramou somente para libertar a terra da dominação estrangeira mas também para reconquistar a nossa personalidade moçambicana, para fazer ressurgir a nossa cultura".[5]

São os "apelos atávicos" que os discursos da nação endereçam aos que a habitam, que a fazem uma *casa*. Uma *casa* que dificilmente poderá ser simples contorno sem conteúdo, mas antes uma *casa habitada*, erguida pelas vivências das gentes: suas memórias, esquecimentos, conflitos, sentires...

Nyumba-Kaya é uma dessas *casas habitadas*. Na obra de Mia Couto, ela é o nome da casa grande de uma família misturada, constituída de gentes de muitas partes, que dão corpo ao romance *Um rio chamado tempo, uma casa chamada terra*. O termo é usado para dizer *casa*, nas línguas do norte (*Nyumba*) e do sul (*Kaya*), num modo de albergar, sob o mesmo nome, sob a mesma metáfora, as muitas gentes que são Moçambique.

Nesse sentido, *Nyumba-Kaya*, graficamente, por meio de seu hífen (uma ponte unindo um termo ao outro), pode ser lida como um modo de

---

5   Epígrafe aposta em REIS, João; MUIANE, Armando Pedro (orgs.). *Datas e documentos da história da Frelimo*. 2ª ed. rev. e aum. Maputo: Imprensa Nacional de Moçambique, 1975.

metaforizar o próprio território, a própria geografia da nação. Essa que, conforme muitos dos estudiosos de suas muitas e diversificadas culturas, abriga dois grandes grupamentos, dois grandes "troncos culturais", cuja fronteira seria o "majestoso Zambeze", a "artéria maior", o hífen de águas que "corta" o país ao meio, tendo-se ao norte, predominantemente, povos de organizações socioculturais matriarcais, e ao sul, povos de forte matriz cultural patriarcal. Mas se o Zambeze é um "corte", um hífen, como toda fronteira ele também tem sido, historicamente, lugar de passagem, de intensas trocas culturais,[6] de profundas *trocas de alma*, para usar de expressão miacoutiana.

---

6   É este o entendimento do antropólogo Antonio Rita-Ferreira, para quem "o vale do Zambeze tem relações bastante estreitas com a divisão étnica: não só ali se entrechocam duas organizações sócio-culturais distintas (as matriarcais do norte e as patriarcais do sul) como constituíram uma excelente via de penetração e, consequentemente, de difusão cultural para numeros povos exóticos (Indeonésios, Persas, Árabes, Portugueses etc.) que, quiçá por milénios, vêm percorrendo a costa oriental africana" (RITA-FERREIRA, Antonio. *Pequena história de Moçambique pré-colonial*. Lourenço Marques [Maputo]: Fundo de Turismo, 1975, p. 37). Idêntica percepção nos é colocada por René Pelissiér; para esse historiador, "o Zambeze é o grande separador, embora esteja longe de ser uma barreira intransponível para as migrações" (PELISSIÉR, René. *História de Moçambique: formação e oposição 1854-1918* – Vol. I. Trad. Manuel Ruas. Lisboa: Editorial Estampa, 1994, p. 76). Sobre a lida literária dessa questão, ver o romance *As duas sombras do rio*, de João Paulo Borges Coelho. Nele, o Zambeze é dito como "uma larga e majestosa fita de prata que separa a terra do céu", com suas "duas margens tão juntas e tão distantes, tão juntas e tão diferentes" (COELHO, João Paulo Borges. *As duas sombras do rio*. Lisboa: Caminho, 2003, p. 258-259).

Mapa 1: Moçambique [Províncias, capitais, principais rios]

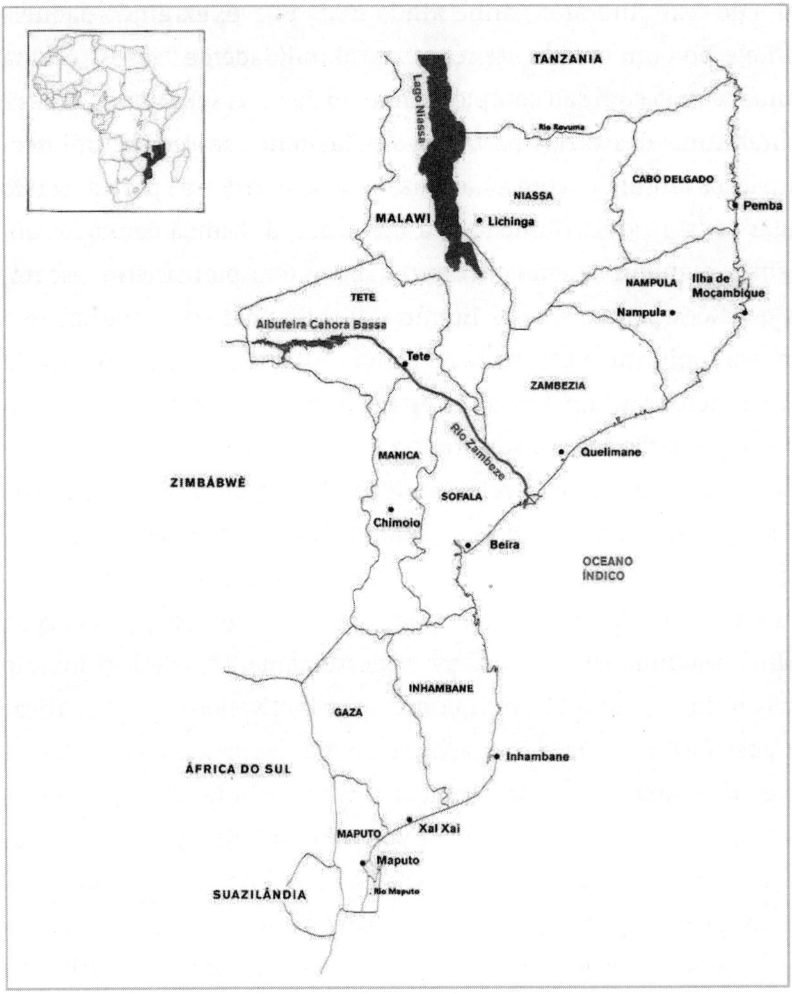

Fonte: Z'GRAGGEN, Bruno; LEE NEUNBURG, Grant (orgs.). *Iluminando Vidas: Ricardo Rangel und die mosambikanische fotografie* [Ricardo Rangel e a Fotografia Moçambicana]. Basel [Suíça]: Christoph Merian Verlag Ed., 2002, p. 170

Nessa perspectiva, já ao designar a sua *casa moçambicana*, Mia Couto a problematiza, buscando refletir seus contornos culturais, as ambiguidades e limites que tais contornos comportam. E se esta é uma percepção válida para qualquer estudo que se debruce sobre e, sobretudo, que *pense com* a literatura, para o caso do trato com a literatura produzida em África, este caráter mediador/tradutório (entre a invenção e a problematização do "real") do texto literário ganha ainda mais relevo, exigindo daquele que com ele lide um ouvido atento à sua pluralidade de "vozes" e uma sensibilidade para com seu complexo manejo de outras discursividades.

As literaturas das várias partes de África, reiteram seus estudiosos, guardam laços profundos com a história de cada uma dessas partes. Sendo um "lugar de fala" (de dizibilidade), a literatura, à medida de seu desenvolvimento, manteve-se em constante diálogo (em permanente escuta) com as questões políticas. Arte literária e militância encontravam-se e atuavam em conjunto. A literatura respondia aos apelos que a nascença da nação lhe endereçava, "no sentido de esta [a literatura] lhe prover [à nação] as palavras que darão corpo à sua própria ideia".[7]

Mas é certo que este *prover de palavras* não se dá de modo dócil. Ao contrário disto, é sob o signo da tensão e da ambiguidade que esta provisão se efetiva. Se num primeiro momento as palavras da literatura buscavam dar contornos a uma ideia (de nação) em nascença, tempos depois as palavras da criação literária tinham por destinação o questionamento, a deslegitimação dessa mesma ideia nos moldes em que esta foi se efetivando na vida política.

São questões como as acima apontadas que perpassam as linhas da obra do escritor Mia Couto. Moçambicano, filho de imigrantes portugueses, branco, nascido em 1955, na cidade portuária de Beira, província de Sofala, região central de Moçambique, Mia cresce num tempo tumultuoso, num tempo de profundas transformações para a então província ultramarina portuguesa. Sua juventude é vivenciada enquanto as nações africanas vão se tornando independentes. Nesse tempo, abandona seus projetos e planos para dedicar-se a uma causa: a luta pela independência nacional. Em 1975, aos vinte anos, testemunha a subida da bandeira de seu país. Daí até 1985 dedica-se à atividade jornalística, coordenando e dirigindo órgãos vinculados ao governo. Findo esse período, abandona essa atividade e retoma seus estudos universitários, mudando, todavia, de curso: de medicina

---

7 BASTO, Maria Benedita. *A guerra das escritas: literatura, nação e teoria pós-colonial em Moçambique*. Viseu: Vendaval, 2006, p. 13.

para biologia; "muda o estetoscópio do corpo do doente individual para o do corpo do doente colectivo, social, dedicando o seu ouvido atento à escuta dos sinais que permitiam o diagnóstico das doenças que afligiam o corpo vivo da nação".[8]

No tempo compreendido nesse sumário de datas, Mia Couto vê a nascença de seu país, a consumação de um sonho e da luta de muitas gentes. Mas testemunha também o deflagrar de uma guerra que irá perdurar por dezesseis anos, nos quais o "projeto" de nação será confrontado com as reais condições do jovem país.

Serão essas vivências que irão tornar o jovem jornalista Antônio num "outro": "quando regressei à escrita [após a atividade jornalística, percorrendo o interior do país] eu já não era mais o mesmo".[9] Um "outro" que, a partir de 1983, irá se tornar escritor, autor de uma obra que, desde seu princípio, não deixará de lidar com a história de seu lugar, como por ele confessado:

> Eu escrevo *Terra sonâmbula* quando a guerra estava a acontecer; eu escrevo *A varanda do frangipani* com o período de transição ainda a acontecer; eu escrevo *O último voo do flamingo* já olhando a guerra e o processo de pacificação à maneira de quem olha para trás. Eu acho que o fazer da História está tão presente, ele próprio é tão ficcional – nós estamos vivendo em países que se estão escrevendo eles próprios, estão se inventando, estão nascendo e nós estamos nascendo com eles – e não é possível separar uma coisa da outra. E eu sou de tal maneira parte

---

8   ANGIUS, Fernanda; ANGIUS, Matteo. *O desanoitecer da palavra: estudo, selecção de textos inéditos e bibliografia anotada de um autor moçambicano*. Praia (Cabo Verde): Embaixada de Portugal; Centro Cultural Português de Praia – Mindelo, 1998 (Col. Encontro de culturas), p. 26. Conforme esses autores, Mia foi nomeado diretor da Agência de Informação de Moçambique em 1978; entre 04/03/1979 e 31/05/1981 foi diretor da revista *Tempo*; a conclusão do seu curso de biologia se deu em 1993, com a defesa de sua tese de licenciatura, sob orientação de John Hatton, intitulada "Efeitos de mudanças geomorfológicas numa comunidade de mangal na Ilha dos Portugueses" (p. 165).

9   COUTO, Mia. "Palestra sobre literatura portuguesa". In: ANGIUS, Fernanda; ANGIUS, Matteo. *O desanoitecer da palavra...*, p. 127.

desse processo, desse parto, desse nascimento, que não me vejo existente fora dele, só ali tenho dimensão.[10]

Assim, tomar a obra desse autor como fonte e objeto de reflexão, buscando analisar como "a delicada escrevência da nação" nela se escreve, implica não desconsiderar, mas antes privilegiar, essa relação do homem, sua obra, seu tempo e seu lugar.

Que aqui se faz refletindo sobre sua vivência e sua arte criadora, tomadas como modos por meio dos quais compreender sua percepção da temporalidade [*Moçambique pelas linhas de um desanimista*, capítulo primeiro]; sobre sua problematização das questões identitárias, dando relevo à historicidade [*Cada um são transmutáveis homens*, capítulo segundo]; sobre os ensarilhados fios que se enovelam entre o lembrar e o esquecer, sobretudo num país em que feridas de guerras (umas mais recentes, outras mais antigas) ainda não foram (se é que podem ser) saradas de todo [*Ruínas, memórias e esquecimentos: os usos do passado na escrevência da nação*, capítulo terceiro]. Eis, em larguíssimas linhas, o percurso aqui proposto para se pensar Moçambique a partir da escrita de Mia Couto.

E nesse percurso proposto (um dos tantos possíveis para uma leitura da obra desse autor) estão presentes discussões e proposições advindas dos estudos pós-coloniais, nas suas mais diversas áreas. Autores como Homi K. Bhabha, Kwame Anthony Appiah, Partha Chatterjee, dentre muitos outros, fazem parte de uma ampla gama de pensadores cujas reflexões foram de extrema valia na concepção desta escrita.

No que diz respeito à seleção, ao recorte das fontes a serem trabalhadas, a opção – aqui dizendo como disse Júlio Pimentel Pinto acerca de sua escolha ao lidar com a obra de Jorge Luís Borges – "foi a mais pretensiosa, mas também inevitável": "usar o conjunto da obra" de Mia Couto. Sobretudo por considerar que sua obra "comporta relações entre

---

10 COUTO, Mia. A crítica e a criação. Entrevista a Rita Chaves e Tania Macêdo. In: *Biblioteca Sonora. Rádio USP*, 14 de agosto de 2006. Disponível em: <http://www.radio.usp.br/programa.php?id=2&edicao=060814>. Acesso em: 10 ago. 2011.

suas distintas partes que tornam quase impossível – e certamente inde-sejável – o isolamento de uma parte específica".[11] Seguindo esse enten-dimento, não optei por um mergulho detido, minucioso neste ou na-quele livro do autor, neste ou naquele gênero específico, mas por buscar construir uma trama que costurasse, a partir de questões que considero centrais em seu pensamento, o conjunto de seus escritos (poesia, con-tos, romances, intervenções).

E já aqui há algo que se impõe dizer: a "obra" que aqui venho referin-do é uma concepção ainda "difícil de dizer" para o autor; "não vejo a coisa bem assim", diz ele.[12] Quiçá por tal concepção ser de uso mais corrente quando se está perante os ossos do autor e o pó de sua escrita, assim tes-temunhando sua passagem do domínio da vida para o da história, seja da história literária ou da "história propriamente dita". O que neste caso não se dá, pois aquele que escreve a "obra" ainda entre nós está, produ-zindo, pensando, dizendo de sua escrita, de sua percepção sobre o mun-do. O que quero enfim dizer é que meu uso de "obra" visa referir o conjun-to dos livros publicados pelo autor até o presente, e não um sentido mais seletivo, alguma espécie de recorte dentro do que ele publicou, já fruto de um trabalho posterior à sua "passagem" da literatura à história (no sentido mais tradicional, póstumo, de tal "passagem").[13]

E para além da "obra" literária miacoutiana, tomam parte no corpo deste trabalho seus muitos e diversos textos de intervenção (pronuncia-mentos, entrevistas etc.), nos quais se torna possível lidar, a partir de um outro registro discursivo, com seu pensamento criador. Uma outra gama de textos que fazem parte do recorte aqui assumido são os que di-zem respeito à história de Moçambique: textos da frente que liderou o

---

11   PINTO, Júlio Pimentel. *Uma memória do mundo: ficção, memória e história em Jorge Luis Borges*. São Pau-lo: Estação Liberdade/Fapesp, 1998, p. 26.

12   COUTO, Mia. *A crítica e a criação*.

13   E como sabemos, a partir das proposições de Michel Foucault, "a palavra 'obra' e a unidade que ela designa são provavelmente tão problemáticas como a individualidade do autor" (FOU-CAULT, Michel. *O que é um autor*. 6ª ed. Trad. António Fernando Cascais e Eduardo Cordeiro. Lis-boa: Veja, 2006, p. 39).

movimento independentista (Frelimo – Frente de Libertação de Moçambique) e de seus dirigentes; textos constitucionais; documentação colonial; além de entrevistas e obras de outros escritores moçambicanos. Foi a partir das indagações, propiciadas por e direcionadas a tais materiais, que esta escrita, esta *Nyumba-Kaya* ganhou sua trama.

Propondo esse percurso (quando há tantos, reitero), entendo ter problematizado, a partir do campo da história, o lugar que um afazer literário ocupou (e ocupa) na *delicada escrevência da nação moçambicana*.

CAPÍTULO 1

Moçambique pelas linhas de um desanimista

Eu tive um país
escrito sem maiúscula.
Não tinha fundos
para pagar um herói.
Não tinha panos
para costurar bandeira.
Nem solenidade
para entoar um hino.

Mas tinha pão e esperança
para os viventes
e sonhos para os nascentes.

MIA COUTO
Tradutor de chuvas ["Poema didáctico"]

Vila longe, norte de Moçambique, dezembro de 2002. Um homem, afro-
-americano, historiador, também interessando em questões antropoló-
gicas, é levado a consultar-se com um adivinho. O pesquisador, ante um
"autêntico" africano, questiona-lhe: "– *Desculpe a pergunta: o senhor se considera
um animista?*". Ossos do ofício – de um saber ante seu objeto –, o pesquisador
busca em seu interlocutor uma identidade que lhe caiba: "um anismista".
E o que lhe responde o inquirido? "– *Do modo como está o mundo, eu me considero
mais um desanimista.*"[1] Em sua resposta, o adivinho, interlocutor do historiador, traz a temporalidade, a dinâmica da vivência do tempo como fundamento de seu entendimento: "do modo como está o mundo". É a experiência dessa vivência, ofício do tempo, aquilo que condiciona o seu sentir:
"me considero mais um desanimista".

O diálogo aqui trazido é fruto da imaginação, da criação de um homem. Adivinho e historiador, assim como o lugar, Vila Longe, só existem dentro das páginas de um romance, *O outro pé da sereia* [2006]. Não
obstante, ou melhor, justo por isso, trago-os a este princípio, a este começar de reflexão sobre o delicado e complexo processo de *escrevência* de
uma nação, Moçambique, no qual a literatura toma parte. As reflexões

---

1   COUTO, Mia. *O outro pé da sereia*. São Paulo: Companhia das Letras, 2006, p. 274.

que aqui se escrevem buscam perceber as "condições e efeitos peculiares" no cruzamento entre história e literatura, na esteira da perspectiva proposta por Nicolau Sevcenko, segundo a qual a produção literária deve ser considerada "como um processo, homólogo ao processo histórico, seguindo, defrontando ou negando-o, porém referindo-o sempre na sua faixa de encaminhamento própria". Assim se entendendo a relação entre os dois campos, história e literatura, não haveria, entre ambos, "nem reflexo, nem determinação, nem autonomia", haveria, sim, "uma relação tensa de intercâmbio, mas também de confrontação". Partindo desse ponto de vista para um entendimento da relação história/literatura,

> a criação literária revela todo o seu potencial como documento, não apenas pela análise das referências esporádicas a episódios históricos ou do estudo profundo dos seus processos de construção formal, mas como uma instância complexa, repleta das mais variadas significações e que incorpora a história em todos os seus aspectos, específicos ou gerais, formais ou temáticos, reprodutivos ou criativos, de consumo ou produção.[2]

Mas "como articular então literatura e história?", perguntamo-nos. "A meu ver, a forma mais simples de o fazer passa pelo autor (o escritor, o poeta). Essas duas enormes categorias articulam-se na ínfima, mas irredutível individualidade do autor, na sua ínfima, mas irredutível, liberdade", propõe-nos João Paulo Borges Coelho, historiador e romancista moçambicano, num seu texto em que reflete sobre "a história e os caminhos da literatura no Moçambique contemporâneo".[3] Proposição essa que vai ao encontro do entendimento expresso por Nicolau Sevcenko, quando nos diz, acerca da literatura:

---

2 SEVCENKO, Nicolau. *Literatura como missão: tensões sociais e criação cultural na Primeira República*. 2ª ed. São Paulo: Companhia das Letras, 2003, p. 299.

3 COELHO, João Paulo Borges. "E depois de Caliban? A história e os caminhos da literatura no Moçambique contemporâneo". In: GALVES, Charlote *et al* (orgs.). *África-Brasil: caminhos da língua portuguesa*. Campinas: Editora da Unicamp, 2009, p. 59.

Instituição viva e flexível, já que é também um processo, ela [a literatura] possui na história o seu elo comum com a sociedade. *O ponto de interseção mais sensível entre a história, a literatura e a sociedade está concentrado evidentemente na figura do escritor.* Eis porque uma análise que pretenda abranger esses três níveis deve se voltar com maior atenção para a situação particular do literato no interior do meio social e para as características que se incorporam no exercício do seu papel em cada período.[4]

É nesse sentido que se busca aqui pensar *Moçambique pelas linhas de um desanimista*: tomando em análise a figura do escritor e sua situação particular de literato no interior de seu meio social, buscando traçar e escrever uma compreensão sobre a trama em que este se insere, especialmente naquilo que diz respeito, dentro dessa trama, ao complexo processo de escrita – *a delicada escrevência* que digo – da nação a que se sente pertencer. E neste afazer estou ciente de que essa trama é senão (um senão que é tudo) "uma mistura muito humana e pouco 'científica' de causas materiais, de fins e de acasos" no interior da qual isolamos, segundo nos convém, "uma fatia de vida" de alguém, conforme proposto por Paul Veyne.[5]

Mia Couto: eis o alguém de quem se buscou isolar "uma fatia de vida", eis o *desanimista* em cujas linhas se buscará ler (em largo sentido) Moçambique. É ele "o ponto de interseção" que se há de perseguir na trama tecida entre a história, a literatura e a sociedade desse país da África Austral, de mais de 20 milhões de habitantes,[6] com um território de 799.380 km², independente politicamente de sua ex-metrópole colonizadora, Portugal, em 25 de junho de 1975, tendo vivenciado com-

---

4   SEVCENKO, Nicolau. *Literatura como missão...*, p. 299-300. Grifo meu.

5   VEYNE, Paul. *Como se escreve a história e Foucault revoluciona a história.* 4ª ed. rev. Trad. Alda Baltazar e Maria Auxiliadora Kneipp. Brasília: Editora UnB, 2008, p. 42.

6   20.579.265 habitantes, segundo dados de Recenseamento Geral da População de 2007. Desse total recenseado, 6.282.632 [31%] vivem em áreas urbanas e 14.296.663 [69%] residem em áreas rurais (INSTITUTO NACIONAL DE ESTATÍSTICA [Moçambique]. *III Recenseamento Geral da População.* Maputo, 2007. Disponível em: <http://www.ine.gov.mz>. Acesso em: 25 jul. 2010).

plexos e dolorosos processos, como a luta pela independência (1964-1974), a busca por implementação de um projeto de sociedade socialista (a partir de 1975), uma guerra civil devastadora (1976-1992), uma transição para uma economia de mercado e um modelo político democrático multipartidário (a partir de 1990), com a entrada em vigor de uma nova Constituição.

O que aqui se nomina por *desanimismo* é a experiência da vivência da temporalidade, a relação do cidadão e do literato Mia Couto com o tempo. Com o seu tempo, esse a partir do qual lê e escreve sobre Moçambique. O Moçambique *que veio a ser*, lido em contraponto ao Moçambique projetado nos tempos em que escrevia, quando o atual hoje (passe a expressão) era um amanhã ainda distante, a ser construído pelas mãos e pela vontade dos que, como ele, lutaram para ter uma *sonhada bandeira*. Pensar Moçambique pelas linhas de um desanimista, pois, é lidar com uma escrita que se elabora numa "sintaxe transiente" (para usar da expressão de Nicolau Sevcenko), aquela "capaz de fundir num mesmo corpo textual a reflexão crítica sobre o passado, o presente e o futuro",[7] pois que o *desanimismo* do cidadão/escritor Mia Couto só tem existência e sentido dentro dessa reflexão crítica sobre o estado do mundo, essa que se corporifica nas linhas de suas narrativas (literárias ou não).

Trata-se, assim, de uma reflexão em cujo horizonte de análise está colocada, de modo inequívoco, a necessidade de se pensar a literatura como lugar de constituição e de trato da temporalidade – esse "local de ancoragem do presente no passado" –, pois que somente dentro da temporalidade é que a nação (seu ideário) se coloca como uma problemática, notadamente a partir de uma sua dupla (e intrínseca) demanda: a de "constituir nacionalidade" e "constituir identidade", conforme nos propõe Júlio Pimentel Pinto.[8]

---

7   SEVCENKO, Nicolau. *Literatura como missão...*, p. 315.

8   PINTO, Júlio Pimentel. *Uma memória do mundo: ficção, memória e história em Jorge Luis Borges.* São Paulo: Estação Liberdade/Fapesp, 1998, p. 37 e 55.

São reflexões que nos remetem de volta ao diálogo entre o adivinho e o historiador com que se principiou esta escrita: *está* (e não *ser um*) *desanimista* tem a ver com a vivência da temporalidade, com o *"modo como está o mundo"*. E o modo desse estado do mundo resulta da confrontação entre experiência e expectativa no sentimento do homem que *desanima*, e que dá forma a esse desanimismo em sua escrita, em seu pensamento crítico. E como bem nos lembra Nicolau Sevcenko, "produzir literatura criativa é [...] um gesto de inconformismo".[9] Algo com que decerto concorda Mia Couto, "afinal das contas" – assevera ele em *Cronicando* [1988] – "quem imagina é porque não se conforma com o real estado da realidade".[10]

O HOMEM NA TEIA DO TEMPO[11]

Mas quem é este homem que "não se conforma com o real estado da realidade" e que nesse inconformismo intersecta, em sua sensibilidade, tramas da história e da literatura?

António Emílio Leite Couto. Esse é seu oficial registro. Mia Couto é seu autobatizado nome, já desde a infância. Por causa dos gatos, diz ele:

> Essa é uma história que me é contada pelos meus pais. Segundo eles dizem, eu tinha dois anos e vivia com os gatos – no prédio em que eu morava havia muitos gatos – e eu comia com eles, apanhavam-me a dormir com eles. E, num certo momento, *parece que declarei* à família: "Eu quero me chamar Mia." Eles acharam graça e passei a chamar-me Mia na família, na escola, em toda a

---

9   SEVCENKO, Nicolau. *Literatura como missão...*, p. 300.

10 COUTO, Mia. *Cronicando*. 8ª ed. Lisboa: Caminho, 2006, p. 163-164.

11 O título deste tópico veio do cruzar de dois textos: MENDES, Francisco Fabiano de Freitas. *Ponto de fuga: tempo, fome, fala e poder em* Vidas Secas *e* São Bernardo. Dissertação (mestrado em História Social) – Centro de Humanidades, Universidade Federal do Ceará, Fortaleza, 2004 e COUTO, Mia. *Moçambique: 30 anos de independência*. Conferência realizada em Deza Traverse/ Suíça, em 16 jun. 2005. Triplov, Lisboa, 2005. Disponível em: <http://triplov.com/letras/ mia_couto/mozambique/convite.htm>. Acesso: 19 dez. 2005, onde se lê: "Não sabíamos quanto o mundo é uma pegajosa teia onde uns são presas e outros predadores".

minha vivência social. Para mim, não tenho outro nome. [...] Este de facto é o meu nome.[12]

Mia Couto, pois, nasceu em 5 de julho de 1955, no bairro do Maquinino, na cidade portuária de Beira, província de Sofala, região central de Moçambique. Uma cidade que, acredita Mia, está muito presente em seus livros, um lugar no qual, diz ele, "eu fabriquei a minha própria infância".[13]

É o filho do meio[14] de um casal de imigrantes portugueses chegados a Moçambique no princípio da década de 1950 (fevereiro de 1953, mais precisamente). Ele, Fernando Couto, jornalista, poeta, funcionário dos caminhos de ferro, natural do Porto. Ela, Maria de Jesus, natural da Vila de Armamar, em Viseu, uma contadora de estórias, no dizer de Mia.

Filho também de um mundo colonial.

Pela década de 1950, num contexto de pós-Segunda Guerra Mundial, em que o direito à autodeterminação dos povos era uma exigência reconhecida, o então Império Colonial Português vê-se forçado a

---

12 COUTO, Mia. Entrevista. In: LABAN, Michel. *Moçambique: encontro com escritores*. Vol. III. Porto: Fund. Engº António de Almeida, 1998, p. 1033-1034. Os itálicos são meus. Deixo-os para chamar atenção para o fato de que, mesmo na história de nossas vidas (nas nossas pequenas histórias), estamos sempre enredados nessa trama do lembrar, nosso e alheio; para construir nossa própria história dependemos sempre do que os outros *contam* ("segundo eles dizem..."). Também para destacar as dúvidas, as não certezas ("parece que declarei...") sobre nossas próprias histórias. Nesse sentido, não será exagero o entendimento de que parte "daquilo que somos" é aquilo que vamos narrando.

13 COUTO, Mia. Entrevista. Programa *Nova África* – TV Brasil. São Paulo, jun. 2009. Versão disponível em: <http://www.benfazeja.com/2010/08/entrevista-com-mia-couto.html>. Acesso em: 02 mar. 2013. Noutra entrevista, à revista *Discutindo Literatura*, nº 16, Mia declara: "acredito que minha cidade natal, a cidade de Beira, está presente em meus livros" (COUTO, Mia. "Mia Couto: escrita falada. Entrevista a Sérgio Vale". *Discutindo literatura*, São Paulo, nº 16, ano 3, p. 10-13).

14 Mia nasce entre Fernando Amado (seu irmão dois anos mais velho) e Armando Jorge (irmão sete anos mais novo), tendo o *Amado* e o *Jorge* dos nomes vindo do célebre romancista baiano, denúncia, já aí, da presença da literatura (brasileira) na vida do autor. [COUTO, Mia. Entrevista. In: CHABAL, Patrick. *Vozes moçambicanas: literatura e nacionalidade*. Lisboa: Vega, 1994, p. 275.]

reformulações. Sob pressão, Portugal "tentará delinear uma argumentação capaz de legitimar a manutenção do *status quo*" em suas colônias.[15] É nesse período tenso que se dá a revisão constitucional de 1951, na qual o Império Colonial Português, textualmente, deixa de existir, dando lugar (discursivo) a Portugal como uma nação una, pluricontinental e multirracial, "Portugal do Minho ao Timor", na expressão de então.

Também as "colônias" portuguesas, textualmente, deixam de ter existência, retomando-se a antiga nomenclatura de "províncias ultramarinas". Outras mudanças terminológicas, correlatas a estas, também se deram: a) o *Ministério das Colónias* passou a *Ministério do Ultramar;* b) o *Conselho do Império Colonial* passou a *Conselho Ultramarino;* c) a *Carta Orgânica do Império Colonial Português* passou a *Lei Orgânica do Ultramar Português.*[16]

E para além dessas mudanças terminológicas, "esse processo de legitimação do colonialismo português exigirá alterações na legislação, uma reformulação doutrinária e medidas inéditas de fomento econômico", conforme sumaria a historiadora Cláudia Castelo.[17] Tudo isto no intento de salvaguardar a *pluricontinental* e *multirracial* "Nação Portuguesa" (aquela que um mapa, de tempos antes, tornava visível) ante as pressões do tempo.

---

15 CASTELO, Cláudia. *Passagens para África: o povoamento de Angola e Moçambique com naturais da Metrópole (1920-1974).* Porto: Afrontamento, 2007, p. 107.

16 TORGAL, Luís Reis. *Estados Novos, Estado Novo* – vol. I. Coimbra: Imprensa da Universidade, 2009, p. 485-488.

17 CASTELO, Cláudia. *Passagens para África...,* p. 107.

Mapa 2: "Portugal não é um país pequeno"

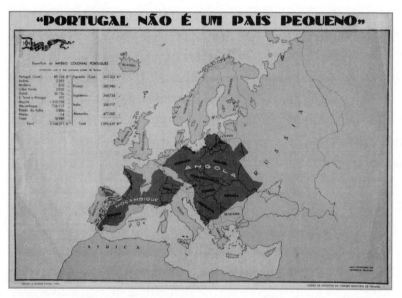

"Portugal não é um país pequeno": mapa elaborado por Henrique Galvão, para efeito da Exposição Colonial do Porto, de 1934, com intento de confrontar a territorialidade do Império Português à da Europa. Fonte: SANCHES, Manuela Ribeiro (org.). *"Portugal não é um país pequeno": contar o "império" na pós-colonialidade*. Lisboa: Cotovia, 2006 (caderno de imagens).

Daí em diante, e cada vez mais, "se começa a sentir a influência de uma cuidadosa política assimilacionista" no que respeita às coisas do "ultramar", sobretudo no tocante às questões "indígenas", disciplinadas pelo *Estatuto dos Indígenas Portugueses das Províncias da Guiné, Angola e Moçambique* (decreto lei nº 39.666, de 20 de maio de 1954).[18] É nesse instrumento legal que se lê, ao final de seu texto introdutório, que:

> Deseja-se acentuar ter havido agora a preocupação de, sem enfraquecer a protecção legal dispensada ao indígena, considerar situações especiais em que ele pode encontrar-se no caminho da civilização, para que o Estado tem o dever de o impelir.[19]

---

18 TORGAL, Luís Reis. *Estados Novos, Estado Novo* – vol. I..., p. 485.

19 (*Estatuto dos indígenas portugueses das províncias da Guiné, Angola e Moçambique*). Anotado por José Carlos Ney Ferreira e Vasco Soares da Veiga. Lisboa: Topografia-escola da Cadeia Penitenciária de Lisboa, 1957, p. 10.

A proposição dominante a partir de então é a de uma "assimilação moderada" (na terminologia do historiador Luís Reis Torgal), segundo a qual, de modo lento e gradativo, os "indígenas", *impelidos* pelo Estado, adquiririam as condições necessárias à extinção desta sua condição, preceituadas no artigo 56º do *Estatuto dos Indígenas*:

> Pode perder a condição de indígena e adquirir a cidadania o indivíduo que prove satisfazer cumulativamente aos requisitos seguintes:
> 1) Ter mais de 18 anos;
> 2) Falar correctamente a língua portuguesa;
> 3) Exercer profissão, arte ou ofício de que aufira rendimento necessário para o sustento próprio e das pessoas de família a seu cargo, ou possuir bens suficientes para o mesmo fim;
> 4) Ter bom comportamento e ter adquirido a ilustração e os hábitos pressupostos para a integral aplicação do direito público e privado dos cidadãos portugueses;
> 5) Não ter sido notado como refractário ao serviço militar nem dado como desertor.[20]

Assim, apesar das alterações havidas nos anos iniciais de 1950, que "extinguiram" o "Império Colonial Português" e suas "colônias" dos textos legais, isto não significou mudanças profundas nas vidas das populações das, a partir dali, "províncias ultramarinas", que continuaram em sua condição de não cidadãos, de "indivíduos", como antes se lê, que só "provando satisfazerem" requisitos exigidos é que, porventura, poderiam vir a ser cidadãos de pleno direito. Lembrando aqui que as condições requeridas (antes lidas) em muito dependiam da ação do Estado português, em sua capacidade de promover os meios (ensino formal, emprego etc.) pelos quais tais exigências poderiam ser, "cumulativamente", cumpridas. Deste modo, concordando com a percepção de Luís Reis Torgal, as modificações havidas na década de 1950 foram não mais que "modificações cosméticas",

---

20   *Ibidem*, p. 112.

pois que "nada mais de essencial se modifica",[21] ou, por palavras outras, estas do historiador Elikia M'Bokolo, tratou-se de "transformações que se fizeram na letra mais do que no fundo". Daí o entendimento de M'Bokolo de que "os anos de guerra [refere-se à Segunda Guerra Mundial] e os que se lhe seguiram são a história de um vasto *mal entendido* entre colonizadores e colonizados", pois que "as reformas iniciadas ficavam bastante aquém das esperanças e das expectativas da África".[22]

No caso do colonialismo lusitano, essa "cosmética" teve seu fundamento ideológico na "apropriação", por parte do Estado colonial, das teorias luso-tropicalistas de Gilberto Freyre. Segundo a historiadora Cláudia Castelo, as teorias de Freyre conheceram dois distintos momentos em Portugal. Um primeiro, nas décadas de 1930 e 1940, em que estas foram alvo de acerbas críticas, tendo ficado, como define Castelo, "entre a rejeição implícita e a crítica aberta", não obtendo qualquer aceitação junto ao Estado. Um segundo momento foi o da década de 1950, em que, face à "conjuntura internacional saída da II Grande Guerra e à necessidade de o Governo português afirmar a unidade nacional perante as pressões externas favoráveis à autodeterminação das colónias", o Estado salazarista faz sua "apropriação" das teorias freyreanas, tornando-se inclusive seu divulgador, por meio de patrocínio à edição de suas obras e posterior distribuição junto a embaixadas estrangeiras.[23]

É nessa década de 1950 que Freyre faz sua viagem oficial aos territórios ultramarinos portugueses na África e na Índia, o que, no entender de Cláudia Castelo, representou "simultaneamente o momento da explicitação teórico-formal do luso-tropicalismo e o momento de sua apropriação político-ideológica por parte do regime salazarista." A "estratégia" era a de reverter a favor de Portugal o prestígio internacional de Gilberto Freyre. "É um 'trunfo' que o regime português utiliza perante a

---

21   TORGAL, Luís Reis. *Estados Novos, Estado Novo* – vol. I..., p. 485.

22   M'BOKOLO, Elikia. *África negra: história e civilizações*. Tomo II (do século XIX aos nossos dias). 2ª ed. Trad. Manuel Resende. Lisboa: Colibri, 2007, p. 494. O destaque é do autor.

23   CASTELO, Cláudia. *"O modo português de estar no mundo": o luso-tropicalismo e a ideologia colonial portuguesa (1933-1961)*. Porto: Afrontamento, 1998 (especialmente seu capítulo III, p. 69-107).

comunidade internacional [...] sempre que se trata de defender a tese da natureza especial da colonização portuguesa."[24]

E se para o regime português o pensamento de Freyre era um trunfo, para o mestre de Apipucos poder estar no espaço "luso-tropical" africano era a possibilidade de ver confirmadas suas teorias. Mas, como bem observou Alberto da Costa e Silva em seu prefácio a *Aventura e rotina* (obra que reúne as anotações de Freyre sobre a viagem), Freyre era um "prisioneiro de seu sonho", o sonho de uma *civilização luso-tropical*, por isso "estava a louvar o que, desde havia muito, estava deixando ou já deixara de existir no império português".[25]

Em sua passagem por Moçambique, iniciada em janeiro de 1952, Freyre passa pela Beira; aí se admira do plano de urbanização que lhe é apresentado (ainda apenas um projeto), com sua proposta de ordenação urbanística na qual se prevê "bairros para diversas populações segundo os 'costumes sociais' *que preferirem 'e não segundo as raças* – europeus, asiáticos e africanos'".[26] Um projeto que, pelas memórias de Mia Couto acerca de sua infância, ficou apenas no papel – como aquele apresentado a Freyre.

Mas nessa sua passagem por Moçambique, Freyre também teve contatos com gentes que o buscaram fazer atentar para além das "aparências" daqueles lugares ordenados, meticulamente preparados para serem um retrato do que o seu visitante esperava, nesse sentido confluindo o seu "sonho" (Freyre diria a sua "ciência") luso-tropical e o interesse português de ter uma voz de respaldo internacional a dizer, do alto do saber científico, que a presença portuguesa em África nunca fora uma forma de dominação, que sua cultura fora sempre "mais tropical que européia", no sentido de que o que a caracterizara fora sempre a sua apetência para "harmonizar a Europa com os trópicos sem imperialismo nem

---

24 *Ibidem*, p. 95-96.

25 COSTA E SILVA, Alberto da. "Notas de um companheiro de viagem (Prefácio)". In: FREYRE, Gilberto. *Aventura e rotina: sugestões de uma viagem à procura das constantes portuguesas de caráter e ação*. 3ª ed. rev. Rio de Janeiro: Topbooks, 2001, p. 19-20.

26 FRYERE, Gilberto. *Aventura e rotina...*, p. 442. Grifo meu.

violência".[27] Uma "confraternização" (palavra tão cara a Freyre) criadora de um "mundo novo, uma civilização nova, uma cultura nova [...] que pode, ou deve, chamar-se civilização ou cultura luso-tropical".[28]

E essas vozes alertadoras foram justamente a de jovens escritores com os quais Freyre teve contato. Um apontamento de um desses encontros está em *Aventura e rotina*. Aí, sem se deter em quaisquer considerações a respeito do que lhe é dito, Freyre nos informa:

> Também há inquietos a quererem aparecer nas letras de modo ousadamente experimental: ousadias de experimentação que das formas se estendem às idéias. Vários – um deles, Virgílio de Lemos, poeta novo que deseja ligar-se aos do Brasil – procuram-me para conversas as mais francas. Pedem-me alguns que não me deixe iludir com as aparências de boas relações das grandes indústrias e grandes plantadores com os trabalhadores indígenas: estes seriam explorados aqui do mesmo modo que nas Rodésias. Quase como escravos. Quase como na África do Sul, dizem eles.[29]

Sobre esse encontro, Virgílio de Lemos, mencionado por Freyre, faz um relato deste numa entrevista a Michel Laban. Nela, diz-nos Lemos:

> Organizei um grupo e fomos, entramos pela porta do cavalo no hotel Polana. Conseguimos "fintar" a Pide [Polícia Internacional e de Defesa do Estado[30]] que estava no hall de entrada. [...]

---

27 FREYRE, Gilberto. *Um brasileiro em terras portuguesas: introdução a uma possível luso-tropicologia, acompanhada de conferências e discursos proferidos em Portugal e em terras lusitanas e ex-lusitanas da Ásia, da África e do Atlântico*. Rio de Janeiro: José Olympio, 1953, p. 136.

28 *Ibidem*, p. 130.

29 FRYERE, Gilberto. *Aventura e rotina...*, p. 454.

30 A Pide foi criada pelo Decreto-Lei nº 35.046, de 22/10/1945, em substituição da Polícia de Vigilância e Defesa do Estado (PVDE), sendo considerada como um organismo autônomo da Polícia Judiciária portuguesa. Sua extinção se dá em 1969, sendo substituída pela Direção-Geral de Segurança. Em 1954, passa por uma reorganização, indo atuar também no então

Na altura falei-lhe [a Freyre] na exploração do trabalho nas plantações em Moçambique, como na Rodésia, e ele escarrapachou tudo no seu livro. Quando este foi publicado, eu e outros fomos interrogados durante 24 horas, 36 horas, 48 horas, pela Pide, já em 52. [...]

Disse-lhe que nós [...] éramos um outro, contra o sistema, o "Portugal" já contra o colonialismo e contra a ditadura. [...]

Expliquei isso tudo ao Gilberto Freyre: as nossas reticências em relação ao luso-tropicalismo. [...] Expliquei-lhe quais eram as nossas posições, que não podíamos ser luso-tropicais: éramos um misto de várias culturas, éramos antropofágicos culturalmente, éramos qualquer coisa por criar ainda, uma identidade sempre em movimento. Foi isso o que eu lhe expliquei particularmente.[31]

Pelas palavras do então jovem poeta, e ainda mais considerando as condições do encontro e suas consequências quando dele se relatou em livro – *Aventura e rotina* –, não me parece se tratar de um exemplo da *cordialidade* portuguesa, de sua *plasticidade*, de seu modo especial de *confraternizar* com aqueles que, discursivamente, eram ditos como "cidadãos" de um *Portugal Maior, do Minho ao Timor;* ao contrário, parece-me tratar-se de um exemplo acabado da "cosmética" operada por quem, diante das pressões crescentes, "prefere abrir mão das *palavras* para não ser forçado a abrir mão das *coisas*", como dirá Cláudia Castelo.[32]

Essa remissão a Freyre e sua viagem ao "ultramar português" no princípio da década de 1950 a convite do Estado português serve-nos para demonstrar algo da base ideológica em que assentou as mudanças e reformulações – mais textuais que de fato, reitere-se – operadas pelo colonialismo português em África na década de 1950.

"Ultramar" português. Para uma análise da atuação da Pide em Moçambique, ver: MATEUS, Dalila Cabrita. *A PIDE/DGS na Guerra Colonial – 1961-1974.* Lisboa: Terramar, 2004.

31   LEMOS, Virgílio. Entrevista. In: LABAN, Michel. *Moçambique: encontro com escritores.* Vol. I. Porto: Fund. Eng² António de Almeida, 1998 [p. 347-432], p. 366-368.

32   CASTELO, Cláudia. *"O modo portugês de estar no mundo"...*, p. 55.

48 DÉRCIO BRAÚNA

Anos esses que testemunharão uma "inédita vaga migratória" rumo ao "ultramar", em parte decorrência de certo dinamismo econômico verificado no período da Segunda Guerra e no seu após.[33] É nesse tempo, pois, que chega à Beira o casal Fernando Couto e Maria de Jesus. É esse o tempo de nascença de António Emílio. Num mundo dividido, marcado por muitas linhas de fronteira, sendo essa uma memória sua:

> Nasci e cresci numa pequena cidade colonial, num mundo que já morreu [sua fala é em 2005]. Desde cedo, aprendi que devia viver contra o meu próprio tempo. A realidade colonial estava ali, no quotidiano, arrumando os homens pela raça, empurrando os africanos para além dos subúrbios.
>
> Eu mesmo, privilegiado pela minha cor da pele, era tido como um "branco de segunda categoria". Todos os dias me confrontava com a humilhação dos negros descalços e obrigados a sentarem-se no banco de trás dos autocarros, no banco de trás da Vida.[34]

E essas memórias de discriminação são de muitos mais que viveram nesse mundo colonial. "Por mais de uma vez, eu vi indivíduos negros serem expulsos do transporte público por tentarem ocupar um dos lugares vagos a meio do veículo." Naqueles tempos, "os negros só podiam sentar-se nos bancos da parte traseira dos 'machimbombos' [ônibus] municipais". E é certo que muitas mais memórias poderiam ser aqui trazidas. "Os exemplos das práticas discriminatórias e de marginalização social que representavam Moçambique encheriam as páginas deste livro", como nos confessa o antropólogo José Luís Cabaço.[35]

Práticas como a humilhante *descalcidão*, acima referida por Mia, a que os negros eram obrigados. Em sua obra, ela está em *Vinte e zinco* [1999], em fala do velho mecânico Custódio. Para ele,

---

33 Nesse tocante, em relação a Angola, ver PIMENTA, Fernando Tavares. *Brancos de Angola: autonomismo e nacionalismo (1900-1961)*. Coimbra: Minerva, 2005.

34 COUTO, Mia. *Moçambique: 30 anos de independência...* Grifos meus.

35 CABAÇO, José Luís. *Moçambique: identidade, colonialismo e libertação*. São Paulo: Editora Unesp, 2009, p. 224.

o sapato, neste nosso mundo, [...] não é só coisa de pôr e tirar. O dito sapato não compõe apenas o pé mas concede eminência ao homem todo inteiro. O calçado é um passaporte para ser reconhecido pelos brancos, entrar na categoria dos assimilados.

Existe dois tipos de pretos: os calçados e os pretos.[36]

Numa percepção partilhada por muitos daqueles que se dedicaram a pensar o "mundo colonial" e suas fronteiras. Como Frantz Fanon, ao nos recordar de que "os pés dos colonos nunca se mostram", são "pés protegidos por sapatos fortes", em contraste com a descalcidão dos negros.[37] Inclusive aqueles tidos como "pretos-autoridade", como os soldados de batalhões "indígenas", ou como os *régulos* (as chamadas "autoridades tradicionais"), que, em suas descalcidões, davam à mostra a linha divisória dos mundos "indígena" e "civilizado".

Imagem 1: Régulos do distrito de Sofala (cuja capital é a cidade de Beira) [1934]

Fonte: *Companhia de Moçambique* (1892-1934). Documentário fotográfico apresentado na Primeira Exposição Colonial Portuguesa. Lisboa: Sociedade Nacional de Tipografia, 1934, p. 109.

---

36   COUTO, Mia. *Vinte e zinco.* Lisboa: Caminho, 1999, p. 47.
37   FANON, Frantz. *Os condenados da terra.* Trad. Enilce A. Rocha e Lucy Magalhães. Juiz de Fora: Editora UFJF, 2005, p. 55.

Imagem 2: Policial europeu e "indígena" [Beira, 1933]

Fonte: *Ibidem*, p. 29.

Imagem 3: Tropa da "Companhia indígena" [devidamente descalça] passada em revista pelo ministro das Colônias, Armindo Monteiro [1932]

Fonte: *Ibidem*, p. 149.

E para além de suas descalcidãos, as gentes negras eram também obrigadas a lerem, nas portas de entrada de banheiros, que só o negro podia ser servente e só o branco era homem, como se lê e vê no registro imagético de um outro filho desse mundo colonial, o fotógrafo Ricardo Aquiles Rangel (1924-2009).[38]

Imagem 4: Fotografia "*Sanitários onde só o negro podia ser servente e só o branco era homem*", de Ricardo Rangel [1957]

Fonte: Z'GRAGGEN, Bruno; LEE NEUNBURG, Grant (orgs.). *Iluminando Vidas: Ricardo Rangel und die mosambikanische fotografie* [Ricardo Rangel e a Fotografia Moçambicana]. Basel [Suíça]: Christoph Merian Verlag Ed., 2002, p. 37. Fotografia também disponível em: <http://espacotempo.files.wordpress.com/2009/06/ricardo-rangel.jpg>. Acesso em: 15 dez. 2009.

Uma realidade que estava para além das portas dos locais de trabalho, que atravessava a porta de casa, que adentrava o cotidiano.

> E tanto, que os meus pais, que eram progressistas em relação a estas coisas [fala de brincar com os meninos negros dos arredores, atravessar a fronteira do asfalto e ir ao outro lado], muitas vezes achavam que era demasiado. Por exemplo, recordo-me de que uma vez eu fui recomendado de que não

---

38 Sobre a vida, a obra e o engajamento político de Ricardo Rangel, ver: MATEUS, Dalila Cabrita; MATEUS, Álvaro. *Nacionalistas de Moçambique: da luta armada à independência*. Alfragide (Portugal): Texto editores, 2010, p. 45-53.

devia tratar de bava – o tratamento de respeito que quer dizer mais ou menos pai –, não devia chamar assim os africanos, porque não ficava bem. Na rua começava a África, em casa estava a Europa.[39]

As linhas de fronteira do mundo colonial não deviam ser desvanecidas, mesmo que na intimidade do lar. A quem desobedecesse, certo era o castigo.

Castigo como o que lemos em *Vinte e zinco*, sofrido por Lourenço de Castro, um jovem inspetor da Pide. Em conversa com o cego Andaré Tchuvisco, este lembra a Lourenço de Castro a pena sofrida por imiscuir-se no mundo do "outro":

> — *Brincámos, no enquanto fomos crianças.* [Andaré e Lourenço] *Depois, lhe proibiram. Seu pai proibiu. Você* [Lourenço] *até apanhou por causa de brincar com gente da nossa raça. Não lembra ter apanhado?*[40]

Mia, ao ser perguntado sobre sua infância na Beira, fala dessas fronteiras havidas em seu mundo de infância, mas deixa ver também as possibilidades de diálogo que essas mesmas linhas divisórias podem propiciar:

> então havia sempre a África do outro lado da rua, felizmente para mim que nasci nessa dualidade: [entre] minha casa que era uma casa de gente portuguesa, né, eu sou filho de portugueses, e a rua que ali estava [...]. [E desse "outro lado da rua"] eu recebia histórias, imaginário, eu era mergulhado num universo que tinha pouco a ver com aquilo que era o meu de casa, não é? Essa linha de fronteira para mim foi vital, eu hoje sou o que sou porque... porque vivi, não num lugar, mas em uma espécie de diálogo entre lugares.[41]

---

39 COUTO, Mia. Entrevista. In: CHABAL, Patrick. *Vozes moçambicanas...*, p. 276.

40 COUTO, Mia. *Vinte e zinco...*, p. 111.

41 COUTO, Mia. Entrevista. Programa *Nova África* – TV Brasil...

E desse diálogo, desse viver-entre, certo lhe veio a certeza da necessidade de ter que viver contra o seu próprio tempo, contra a arrumação desse mundo: colonial, dividido por tantas linhas de fronteira. É esse o sentimento que temos expresso nos versos de muitos poemas do jovem Mia Couto. Como alguns daqueles reunidos em *Raiz de orvalho e outros poemas* [1999], uma coletânea de poemas escritos entre 1977 e 1982, originalmente publicada em Maputo, em 1983, sob o título *Raiz de orvalho*, e posteriormente republicada, em 1999, agora em Portugal, modificada pelo autor. "Eu senti que devia escolher apenas alguns dos poemas da primeira versão de *Raiz de Orvalho*. Acrescentei outros versos inéditos, todos eles datados da década de oitenta."[42] Apesar da reelaboração efetuada, nos versos que a ela resistiram é possível ler-se a urgência na busca por um outro tempo e um outro modo de habitá-lo. É o que lemos nos versos do poema "Confidência":

> porque o tempo em que vivo
> morre de ser ontem
> e é urgente inventar
> outra maneira de navegar
> outro rumo outro pulsar [...].[43]

Esse mesmo sentimento de urgência na transformação do mundo, lido no jovem poeta Mia (o poema é datado de agosto de 1979), vamos lê-lo nas páginas do já maduro prosador Mia, em sua novela *Vinte e zinco*. É nela que temos a figura do jovem mulato Marcelino, portador da certeza de que "o mundo precisa de ser cambalhotado, o invés do revés, dizia o jovem".[44] Num romance como *Um rio chamado tempo, uma casa chamada terra* [2002], um outro jovem, Fulano Malta, é outro personagem miacoutiano a ser portador de certezas sobre a necessidade de "cambalhotar o mundo"; foi ele um dos que, "mal escutou que havia guerrilheiros lutando por

---

42 COUTO, Mia. *Raiz de orvalho e outros poemas*. 3ª ed. Lisboa: Caminho, 2001, p. 7 (Palavras iniciais).

43 *Ibidem*, p. 24.

44 COUTO, Mia. *Vinte e zinco...*, p. 45.

acabar com o regime colonial, se lançou rio afora para se juntar aos independentistas". Daí o dizer de seu pai, o velho Dito Mariano: *"sempre fora um revoltado, esse Fulano Malta. No tempo colonial, ele até recusou ser assimilado".*[45]

O tempo de Mia (e de toda uma geração) é, pois, um tempo em luta por ser outro tempo, que já muito cedo exigia de seus viventes a sua completa posse, a sua total entrega, como lemos nos versos do poema, significativamente intitulado "Tempo de outro tempo":

> Não me ocupara ainda de ser
> e já a vida
> decidira da minha posse
> potros de sangue
> sulcaram-me a sina
> e o tempo não se desperdiçou
> nas pequenas fracções de mim
> nem sob os meus passos
> se deteve outuno algum.[46]

"Era já tempo/de um outro tempo",[47] pois. Sentimento que evidenciava, aqui pensando com Elikia M'Bokolo, "uma mudança de atitude nos africanos e uma mudança de época". A esse sentimento, o historiador nomina "a efervescência dos espíritos":

> A África, empurrada por um clima internacional favorável e por um crescimento económico espectacular, alimentada pelo pensamento fecundo do pan-africanismo, do afro-asiatismo e dos nacionalismos em geral, espevitada pelos sacrifícios e pelas decepções da guerra [Segunda Guerra Mundial], empurrada pela necessidade de enriquecer a sua luta contra a colonização, conheceu durante o conflito, e sobretudo durante os

---

45 COUTO, Mia. *Um rio chamado tempo, uma casa chamada terra.* São Paulo: Companhia das Letras, 2005, p. 72 e 65.

46 COUTO, Mia. *Raiz de orvalho e outros poemas...*, p. 45.

47 *Ibidem*, p. 46.

quinze ou vinte anos seguintes, uma *efervescência dos espíritos de rara intensidade*.[48]

Um sentimento de triunfo da vontade, "este sentimento épico de comandar a vida, de mudar o mundo, que nos colocou a ilusão de que era possível experimentar a vida como o embriagado que tem ao seu dispor a bebida",[49] dirá Mia Couto, dando dimensão, em sua ébria metáfora, à "efervescência" aludida por M'Bokolo.

> Viver naqueles tempos em Moçambique foi uma coisa que quase nos viciou. Nós – estes jovens que combateram pela independência, que combateram por uma sociedade nova – acreditávamos que estávamos fazendo isso, que estávamos realizando essa operação da mudança histórica.[50]

E essa inebriante bebida a *efervescer os espíritos* seria a própria história, vista em sua capacidade transformadora de destinos, não só individuais, mas, sobretudo, coletivos. Uma história (a luta dos homens fazendo essa história) que dava àqueles jovens idealistas de então uma pátria, um país. Que em junho de 1975, num poema justamente intitulado "País", Mia o definia como "terra perfumada/de vitória/barco recém-largado/no mar da esperança".[51]

Mas uma história que até então era escrita por outros, enraizada em outras geografias, monumentalizada em outros heróis. Os que em breve iriam ruir; não só no cimento de que eram feitas, mas sobretudo a lenda, o mito em que foram erigidas. Caso da estátua de Mouzinho de Albuquerque, o herói da "pacificação" (nos termos portugueses) do território

---

48 M'BOKOLO, Elikia. *África negra: história e civilizações*. Tomo II..., p. 496 e 511. Grifo meu.

49 COUTO, Mia. Entrevista. In: LABAN, Michel. *Moçambique: encontro com escritores*. Vol. III..., p. 1014.

50 *Ibidem*, p. 1001.

51 COUTO, Mia. *Raiz de orvalho*. Maputo: Cadernos Tempos, 1983, p. 48. *Apud* ANGIUS, Fernanda; ANGIUS, Matteo. *O desanoitecer da palavra*..., p. 19. Esse poema foi excluído por Mia da edição portuguesa da obra em 1999.

moçambicano, capturador de Gungunhana, o último líder do Reino de Gaza (sul de Moçambique), em 1895, ato tido como marco na efetiva conquista daquele território. Mia trata da queda da estátua desse herói conquistador numa sua crônica intitulada "A derradeira morte da estátua de Mouzinho". Em seu texto, escreve Mia:

> Do militar fizeram lenda e era esse artifício que mais magoava. Esculpiram-no em nossos livros de escola para que ele reivindicasse a nossa admiração. Mas isso não foi nunca conseguido: ele estava extinto, incapaz de mover nossos sonhos.[52]

Expedientes como esse tinham o intento de "extirpar o colonizado da própria história". "O passado da África remontava às 'descobertas'!", toda a história de muitos e antigos povos, inexplicavelmente, principiava aí! A história de Moçambique, repetiam os livros de ensino, "começava com a resistência heroica dos nossos antepassados *lusitanos* à ocupação do Império Romano", lembra-nos José Luís Cabaço.[53] A essa busca pela tomada de rédeas da escrita da própria história, premissa ética dos movimentos independentistas africanos, Mia a proverbializa (fazendo uso de texto da escritora zimbabueana Nozipo Maraire) no aforismo do leão e do caçador: "até que o leão aprenda a escrever, o caçador será o único herói".[54]

Assim, a operação da "mudança histórica" que se cria estar a realizar, como rememorado por Mia, exigia uma outra escrita da história – outros heróis, outras estátuas, outra toponímia etc. Não é acaso que a frente que comandou a luta independentista em Moçambique – a Frente de Libertação de Moçambique (Frelimo) –, ainda no seu processo de luta, tenha editado, em agosto de 1971, por meio de seu Departamento de Educação e Cultura, a sua *História de Moçambique*, obra de caráter didático, em cujas primeiras linhas nos é dito que, se "todas as histórias que têm sido

---

52 COUTO, Mia. *Cronicando.* 8ª ed. Lisboa: Caminho, 2006, p. 157-158.

53 CABAÇO, José Luís. *Moçambique: identidade, colonialismo e libertação...*, p. 115.

54 MARAIRE, Nozipo. *Carta a minha filha. Apud* COUTO, Mia. *Vinte e zinco...*, p. 97 (em epígrafe).

escritas sobre Moçambique baseiam-se na acção que os portugueses exerceram sobre o nosso país",

> ao iniciarmos o estudo da história de Moçambique, não poderíamos seguir o mesmo método. Como todos os outros povos do mundo, o povo moçambicano tem uma história. Assim, tentaremos estudar a História de Moçambique sob um ponto de vista moçambicano, quer dizer, baseado na história do povo moçambicano.[55]

Sendo que a história desse "povo moçambicano" é remontada às "migrações africanas", as quais "sucederam-se durante séculos e só acabaram nos princípios do século XVIII", afirma a edição frelimista. Por toda a obra, à medida que se vai *atravessando* o tempo, indo-se das migrações aos primeiros povos habitantes da África Austral, depois passando por reinos e impérios, uma ideia é reafirmada: "Nós somos moçambicanos", para mais à frente se anunciar: "passaremos, então, a fazer um estudo atencioso de nós mesmos".[56]

O que temos nesse singular-plural – *nós mesmos*, *nós moçambicanos* – é justamente a expressão da ideia que, para Benedict Anderson, melhor expressa a concepção de nação: "a idéia de um organismo sociológico atravessando cronologicamente um tempo vazio e homogêneo", que "também é concebida como uma comunidade sólida percorrendo constantemente a história".[57] O que não obstante não nos pode fazer esquecer de que "a nação" é "um fenômeno muito recente na história da humanidade e produto de conjunturas históricas particulares", não sendo mais velha que o século XVIII, segundo Eric Hobsbawm.[58]

---

55 FRENTE DE LIBERTAÇÃO DE MOÇAMBIQUE. *História de Moçambique*. Porto: Afrontamento, 1971 (Introdução).

56 *Ibidem*, p. 1, 3 e 4.

57 ANDERSON, Benedict. *Comunidades imaginadas: reflexões sobre a origem e a difusão do nacionalismo*. Trad. Denise Bottman. São Paulo: Companhia das Letras, 2008, p. 56.

58 HOBSBAWM, Eric J. *Nações e nacionalismo desde 1780: programa, mito e realidade*. 4ª ed. Trad. Maria Celia Paoli e Anna Maria Quirino. Rio de Janeiro: Paz e Terra, 1990, p. 13-14.

No caso de Moçambique, esse lembrar da "juventude" e das conjunturas históricas de formação de seu nacionalismo nos é posta de modo muito claro por aquele que é referenciado como o "pai da nação", Eduardo Mondlane, ele que foi um dos fundadores e primeiro presidente da Frelimo.[59] Em sua obra *Lutar por Moçambique*, uma edição originalmente em inglês, de 1969, lemos:

> Como todo o nacionalismo africano, o moçambicano nasceu da experiência do colonialismo europeu. A fonte da unidade nacional é o sofrimento em comum durante os últimos cinquenta anos passados debaixo do domínio efectivo português.[60]

Salta-nos aos olhos, ao tomarmos em comparação o texto de Mondlane e o da *História de Moçambique* da Frelimo, o confronto entre a afirmação de um tempo recente de nascença de uma ideia de nação (em Mondlane) e a busca por dar a essa nação raízes que se perdem no tempo (com a Frelimo).[61] Em ambas, todavia, uma certeza se coloca: a necessidade de um corte, da instauração de um tempo novo. A "operação da mudança histórica" que jovens como Mia Couto criam estarem a fazer, como antes dito, principiava por esse *cisma:* o "cisma da descolonização". Que, não obstante, transportou consigo complexos jogos entre continuidades e rupturas.[62]

---

59 Para uma análise da formação, pessoal e política, de Mondlane, ver: JESUS, José Manuel Duarte de. *Eduardo Mondlane: um homem a abater.* Coimbra: Almedina, 2010 (p. 78-118); SOUSA, João Tiago. "Eduardo Mondlane e a luta pela independência de Moçambique". In: TORGAL, Luís Reis *et al* (coords.). *Comunidades imaginadas: nação e nacionalismos em África.* Coimbra: Imprensa da Universidade de Coimbra, 2008, p. 149-159; SOUSA, João Tiago. "Eduardo Mondlane: resistência e revolução (1920-1969). Caminhos de um projecto de investigação". *Estudos do século XX,* Coimbra, nº 3, 2003, p. 351-382.

60 MONDLANE, Eduardo. *Lutar por Moçambique.* Trad. Maria da Graça Forjaz. Porto: Afrontamento, 1975, p. 107.

61 Não admira, pois, que *Lutar por Moçambique*, de Mondlane, só tenha tido publicação em Moçambique em 2009, por ocasião de um simpósio sobre os quarenta anos de sua morte, realizado em junho desse ano, na Universidade Eduardo Mondlane.

62 PINA-CABRAL, João de. "Cisma e continuidade em Moçambique". In: CARVALHO, Clara; PINA-CABRAL, João de (orgs.). *A persistência da história: passado e contemporaneidade em África.* Lisboa:

Um outro "cisma" a se conjugar ao da descolonização nesse ideário de vivência de uma mudança histórica foi o da "revolução", da transformação radical da sociedade e seus valores, e que seria obra das "massas consciencializadas e unidas pela linha correcta" da Frelimo.[63] Juntos, como nos lembra Hobsbawm, "descolonização e revolução transformaram de modo impressionante o mapa político do globo".[64] Transformação da qual nasceram os Estados nacionais africanos na segunda metade do século XX. Dentre eles, Moçambique.

Obra de um mundo em transformação, pois, a República Popular de Moçambique nasce, formalmente, a 25 de junho de 1975, depois de dez longos anos de luta anticolonial (1964-1974) conduzida pela Frente de Libertação de Moçambique (Frelimo). Uma frente formada em 1962, em Dar-es-Salam, na então Tanganica (atual Tanzânia), a partir de três outros movimentos: a União Democrática Nacional de Moçambique (Udenamo), formada a partir da Rodésia do Sul (atual Zimbábue), em 1960; a Mozambique African National Union (Manu), constituída em 1961, a partir de vários pequenos grupos já existentes de moçambicanos que trabalhavam na Tanganica e no Quênia; e a União Nacional Africana de Moçambique Independente (Unami), formada por exilados residentes no Malaui (antiga Niassalândia), conforme informa um de seus fundadores e primeiro presidente, Eduardo Mondlane.[65]

Imprensa de Ciências Sociais, 2004, p. 375-393, p. 376. Alguns desses jogos complexos, entre cisma e continuidade, são questões sobre as quais Mia se detém em sua obra. São elas que compõem o corpo desta escrita.

63 MACHEL, Samora. *O processo da revolução democratica popular em Moçambique*. Maputo: Edições Frelimo, 1974, p. 35.

64 HOBSBAWM, Eric J. *A era dos extremos: o breve século XX (1914-1991)*. 2ª ed. Trad. Marcos Santarrita. São Paulo: Companhia das Letras, 1995, p. 337.

65 MONDLANE, Eduardo. *Lutar por Moçambique...*, p. 127. Informe identicamente constante nos Estatutos da Frelimo (FRENTE DE LIBERTAÇÃO DE MOÇAMBIQUE. *Estatutos e programa*. Disponível em: <http://www.frelimo.org.mz>. Acesso em: 18 set. 2008). Também encontrável em MACHEL, Samora. *O processo da revolução democratica popular em Moçambique...*, p. 23-26. E ainda em REIS, João; MUIANE, Armando Pedro (orgs.). *Datas e documentos da história da Frelimo*. 2ª ed. rev. e aum. Maputo: Imprensa Nacional de Moçambique, 1975, p. 19.

Um nascimento tardio, já década e meia depois da maioria das in-independências africanas, ocorridas, em sua maioria, nos anos da década de 1960, tida como "a década africana". Para as gentes dos territórios sob domínio português, esses anos de 1960 serão de combate intenso, decorrência da "exarcebação colonial" do "Portugal de Salazar". Os *panos de toda espera*,[66] para esses territórios coloniais, só serão desfraldados em meados da década de 1970 (entre 1973 e 1975).

Para Elikia M'Bokolo, algumas "particularidades" do caso português ajudariam a entender sua persistência em África. Dentre elas o aumento do "afluxo de metropolitanos" pós-1945,[67] algo contrário ao que se dera com outros colonialismos.[68] (De certo modo, poder-se-ia até dizer – não sem exagero retórico, claro está – que a trajetória de Mia nasce nesse panorama histórico, aqui sumariado em largos traços, pois que é nesse aumento do *afluxo metropolitano* de migrantes que a família Couto chega às terras moçambicanas da Beira, em 1953.)

Diante da persistência portuguesa, restou a luta armada (por dez longos anos – 1964-1974). A independência havia de ser filha desse doloroso parto. Moçambique, e as demais jovens nações africanas, já aí, em seus

---

66   A expressão, de Mia Couto, está em seu romance *Um rio chamado tempo, uma casa chamada terra* (p. 73), sendo usada no singular, referindo-se à independência de Moçambique.

67   Cláudia Castelo (*Passagens para África...*, p. 143) apresenta, para Moçambique (com fonte no *Anuário Estatístico* de Moçambique) os seguintes números de população branca, crescente no pós-1945: 1950 – 48.213; 1955 – 65.798; 1960 – 97.245; 1970 – 162.967; 1973 – 190.000.

68   Segundo M'Bokolo (*África negra: história e civilizações* – Tomo II..., p. 507), outro fator a explicar a persistência portuguesa em África diz respeito à "necessidade vital" por Portugal de suas colónias: "Portugal, país em 'vias de desenvolvimento', economicamente falando, tinha uma necessidade vital das suas colónias, abastecedoras de matérias-primas baratas, escoamento privilegiado para as produções do país, factor de equilíbrio para a balança comercial (o ouro pago aos trabalhadores sobretudo moçambicanos emigrados na África do Sul)". Um outro fator, para M'Bokolo, foi que "a ditadura de Salazar, hábil na exaltação da mística imperial, tinha necessidade de se apoiar em baluartes sólidos e não podia dar-se ao luxo de 'apadrinhar' a descolonização e pôr termo ao imperialismo multissecular de Portugal". Esta mesma percepção dos motivos da persistência portuguesa em África, temo-la expressa por Eric Hobsbawm, em *A era dos extremos* (p. 218). Para ele, era ainda esse "atraso" econômico português que o impedia de manter um neocolonialismo (relações imperiais sem controle direto do território) em África, como foi opção de outros colonialismos.

partos, em suas nascenças, defrontaram-se com uma série de complexíssimas questões, como aponta Elikia M'Bokolo: a) a questão da soberania, ainda sem solução definitiva, pois que a dominação das ex-metrópoles era ainda fato; b) as crises que acompanharam as independências, em parte decorrentes da pressão dos interesses das ex-metrópoles; c) o posicionamento que tiveram que adotar os novos Estados em face das ex-metrópoles coloniais, bem como num "mundo novo para eles, dilacerado num primeiro tempo pela guerra fria" e "num segundo tempo, pela 'mundialização'"; d) havia ainda a necessidade do estabelecimento de relações entre si, "capazes de responder às esperanças de solidariedade nutridas pelos povos africanos durante a luta pela emancipação".[69]

Mas, não obstante essas *questões a resolver*, algo era fundamental, e isto desejo enfatizar: vivia-se num tempo coberto por um "firmamento de esperança"[70] no poder da vontade. Reiteremos a voz de Mia: "Nós – estes jovens que combateram pela independência, que combateram por uma sociedade nova – acreditávamos que estávamos fazendo isso, que estávamos realizando essa operação da mudança histórica".[71] Parecia-se crer que a história, vergando-se ao poder da vontade, podia ser comandada por palavras de ordem.

> "Independência ou morte! Venceremos! A luta continua!" Estas palavras fizeram parte de um cortejo triunfante de jovens vencedores [na luta independentista] para quem tudo era possível, desde que imbuídos de razão na história, no progresso, no voluntarismo e na certeza de que a humanidade caminhava para superar o capitalismo, o imperialismo e a exploração do homem pelo homem.[72]

---

69 M'BOKOLO, Elikia. *África negra: história e civilizações*. Tomo II..., p. 547.

70 COUTO, Mia. *Raiz de orvalho e outros poemas...*, p. 34.

71 COUTO, Mia. "Entrevista". In: LABAN, Michel. *Moçambique: encontro com escritores*. Vol. III..., p. 1001.

72 BORGES, Edson. *Estado e cultura: a práxis cultural da Frente de Libertação de Moçambique (1962-1982)*. Dissertação (mestrado em Antropologia) – Faculdade de Filosofia, Letras e Ciências Humanas, Universidade de São Paulo, São Paulo, 1997, p. 63.

Cortejo esse que atravessou o país, "do Rovuma ao Maputo",[73] carregando a "Chama da Unidade", aquela que "acende outras tantas chamas"[74] – as tantas que haviam de transformar Moçambique numa "nova sociedade, livre da exploração do homem pelo homem".[75]

Imagem 5: Fotografias da revista *Tempo*, edição especial de 25 de junho de 1975, registrando o percurso da "chama da unidade" (p. 29)

Disponível em: <http://www.xiconhoca.org/TEMPO/ESPECIAL25JUN1975.index.htm>. Acesso em: 18 jun. 2009.

Mas mesmo antes da nascença da nação, desse tempo coberto por um "firmamento de esperança", já o menino Mia ouvia eco dessas vozes anunciadoras doutros tempos em África. Como a de Kenneth Kaunda,

---

73 Essa expressão, pode-se dizer, foi o estribilho cantado, proclamado, dito, repetido, enfim, pela Frelimo para dizer da "unidade nacional". A expressão remete ao rio Rovuma (fronteira norte de Moçambique) e ao rio Maputo (na divisa sul do país). Ver mapa à p. 27.

74 Revista *Tempo*, número especial, 25 jun. 1975. Maputo: Tempográfica, 1975, p. 29. Disponível em: <http://www.xiconhoca.org/TEMPO/ESPECIAL25JUN1975.index.htm>. Acesso em: 18 jun. 2009.

75 MOÇAMBIQUE. Constituição (1975). In: RODRIGUES, Luís Barbosa; ALVES, Sílvia; NGUENHA, João. *Constituição da República de Moçambique e legislação constitucional*. Coimbra: Almedina, 2006 [p. 21-36], p. 23.

líder da independência da Zâmbia. Numa aula inaugural, proferida no Instituto Superior de Ciências e Tecnologia de Moçambique, Maputo, em 2006, intitulada "Os sete sapatos sujos",[76] Mia diz guardar memória de um desses anúncios de gerais felicidades e de triunfo da vontade dos povos africanos:

> No dia em que fiz 11 anos de idade, a 5 de Julho de 1966, o presidente Kenneth Kaunda veio aos microfones da Rádio de Lusaka [na Tanganica, atual Tanzânia] para anunciar que um dos grandes pilares da felicidade do seu povo tinha sido construído. Kaunda agradecia ao povo da Zâmbia pelo seu envolvimento na criação da primeira universidade do país. Uns meses antes, Kaunda tinha lançado um apelo para que cada zambiano contribuísse para construir a Universidade. A resposta foi comovente: dezenas de milhares de pessoas corresponderam ao apelo. Camponeses deram milho, pescadores ofertaram pescado, funcionários deram dinheiro. Um país de gente analfabeta juntou-se para criar aquilo que imaginavam ser uma página nova na sua história. A mensagem dos camponeses na inauguração da Universidade dizia: Nós demos porque acreditamos que, fazendo isto, os nossos netos deixarão de passar fome.[77]

E decerto a voz de Kaunda não deve ter sido a única ouvida por Mia. A ela, à medida do crescer do menino, outras vozes se faziam ouvir. Inclusive escritas: "Nós tínhamos um grupo que estudava textos do Fidel Castro, do Che Guevara etc., e pensávamos que era preciso fazer a revolução." Mas até então estas questões se davam um pouco como *reprodução* do que se passava mundo afora: "nós reproduzíamos um pouco o mundo

---

76 Em 2009, esse texto, juntamente com mais outros quinze, foram reunidos no livro *E se Obama fosse africano e outras interinvenções* (Lisboa: Caminho, 2009). A edição brasileira é de agosto de 2011, da editora Companhia das Letras.

77 COUTO, Mia. "Os sete sapatos sujos". In: *E se Obama fosse africano e outras interinvenções...*, p. 28-29. Sobre a importância de Kaunda (e outros líderes africanos da década de 1960) na luta independentista moçambicana, ver JESUS, José Manuel Duarte de. *Eduardo Mondlane: um homem a abater...*, p. 49-66.

de contestação europeu dos anos 60, Maio de 68, com cabelo comprido, a paz... toda aquela mensagem que era vinculada pelos indivíduos que chegavam lá e nós copiávamos".[78]

Imagem 6: Fotografias de Mia Couto

Mia Couto, em foto de finais de 1970

Mia Couto, em foto de 1986 [In: MEDINA, Cremilda de Araújo. *Sonha Mamana África*. São Paulo: Epopeia; Sec. da Cultura, 1987, p. 61]

Mia Couto, em foto de 2007, durante a Feira Literária Internacional de Parati-RJ

Para Mia, até aí não havia uma "interpretação política" para aquilo que fazia parte de seu cotidiano, que era sua vivência, algo que só se dará a partir do contato com a mensagem da Frelimo, isto já em 1969:

> quando chegou a mensagem da Frelimo, quando houve esta interpretação política do que se passava ali, eu percebi: "Esta é a verdade, de facto. Este movimento percebeu claramente. Eu já vi isto, isto não é um discurso propagandístico".[79]

"Foi por isso que abracei a causa revolucionária como se fosse uma predestinação." Foi por isso – a certeza de que não se tratava de simples "discurso propagandístico" – que abandonou seus planos, seu curso universitário de medicina (em 1974) para contribuir, por meio da atividade jornalística, na construção do país em nascença. Foi por isso que a sua vida foi, "durante um tempo, guiada por um sentimento épico de estarmos [Mia e os

---

78 COUTO, Mia. "Entrevista". In: CHABAL, Patrick. *Vozes moçambicanas...*, p. 278.
79 COUTO, Mia. "Entrevista". In: LABAN, Michel. *Moçambique: encontro com escritores.* Vol. III..., p. 1008.

de sua geração] criando uma sociedade nova".[80] É esse "sentimento épico" que, num tempo mais adiante, será confrontado – tomando parte nas reflexões e na criação do escritor – com o sentimento *desanimista* do tempo em que se inicia como escritor, a partir de 1983. Será essa confrontação que propiciará perguntas a merecerem nossa reflexão.

O FUTURO DO PASSADO

"No passado, o futuro era melhor?"[81]

Esta pergunta é feita por um homem de cinquenta anos, escritor, numa conferência por ele proferida sobre os trinta anos de independência de seu país. Nesse seu texto (escritura de um olhar por sobre trinta anos de experiências), as marcas do ruir de expectativas, de sonhos, projetos e desejos estão por toda parte; estão no reconhecimento que faz de que as crenças de trinta anos atrás não moram mais naqueles que acreditaram, que lutaram por essas crenças. Ao perguntar pelo *futuro do passado*, esse homem é sabedor – como por ele expresso noutra oportunidade – de que

> escolher o futuro como tema é enfrentar um universo de conflitos e de ambiguidades. Porque o futuro apenas existe numa dimensão fluida, quase líquida. Por vezes, como está ocorrendo agora neste país, ele desponta como se fosse um chão material e concreto. Na maior parte das vezes, porém, ele é frágil e nebuloso *como uma linha de horizonte que se desfaz quando nos tornamos mais próximos. No conflito entre expectativa e realidade é comum o sentimento de desapontamento que faz pensar que, no passado, o futuro já foi melhor.*[82]

Tomando em consideração as palavras deste escritor-conferecista, impõem-se-nos algumas considerações acerca da articulação das categorias

---

80 COUTO, Mia. *Moçambique: 30 anos de independência.*

81 *Ibidem.*

82 COUTO, Mia. "Dar tempo ao futuro". In: *E se Obama fosse africano e outras interinvenções...*, p. 128. Grifos meus.

temporais aí colocadas: passado, presente e futuro. Considerações que podemos articular a partir de algumas reflexões de François Hartog sobre a experiência da temporalidade. Em seu texto *Tempos do mundo, história, escrita da história*, Hartog expõe sua "noção de trabalho" de "regimes de historicidade", entendidos como "os diferentes modos de articulação das categorias do passado, do presente e do futuro." Para esse historiador, a depender do modo de articulação dessas categorias, a experiência do tempo muda: "conforme a ênfase seja colocada sobre o passado, o futuro ou o presente, a ordem do tempo, com efeito, não é mesma".[83]

Nessa perspectia, quando nosso escritor-conferencista pergunta pelo futuro prometido no passado, ele o faz a partir de um presente, a partir de um "lugar" em que lhe é possível avaliar (ao menos em parte) o quanto do futuro prometido teve cumprimento e quanto se perdeu pelo caminho. A "ordem do tempo" é alterada; o passado é indagado a partir de seu futuro (o presente). Assim, sua pergunta coloca em confronto dois futuros: o *futuro do passado* (o de trinta anos atrás), um tempo "vazio e homogêneo", mas, e talvez por isso, detentor de uma autoridade tanta que era visto como sendo capaz de conduzir os destinos dos viventes em seu rumo; e o *futuro tornado presente* (o do momento da pergunta feita, de sua enunciação), um futuro saturado de vivências, um vazio ocupado pela história (pelo devir). É esse confronto, ou, nas palavras do próprio escritor, o "conflito entre expectativa [o futuro do passado] e realidade [o futuro tornado presente]" que produz o "sentimento de desapontamento que faz pensar que, no passado, o futuro já foi melhor".

É nessa perspectiva que podemos entender, com Reinhart Koselleck, que "as histórias futuras e as histórias passadas são determinadas por desejos e planos, assim como pelas questões que surgem de hoje". Daí, pois, que "do ponto de vista da teoria do conhecimento, o espaço contemporâneo

---

83 HARTOG, François. "Tempos do mundo, história, escrita da história". In: GUIMARÃES, Manuel Luiz Salgado (org.). *Estudos sobre a escrita da história*. Rio de Janeiro: 7 Letras, 2006 [p. 15-25], p. 16.

da experiência torna-se o centro de todas as histórias".[84] A interrogação se "no passado, o futuro era melhor?" só é possível de dentro desse "centro de todas as histórias": o tempo presente.

E aqui, vez mais, as reflexões de Hartog sobre os tempos do mundo se nos colocam para um pensamento sobre as concepções do tempo e suas articulações. Primeiramente porque as questões colocadas pela pergunta--problema de nosso escritor-conferencista fazem parte de um dado "regime de historicidade", de uma dada forma de articular as categorias de apreensão da temporalidade. Para Hartog, que tem como ponto de partida (mas com o intuito de poder estabelecer comparativos) a experiência europeia de vivência e percepção do tempo, este pode ser pensado sob "três grandes regimes de historicidade": o *antigo regime*, o *regime moderno* e o *regime cristão* ("que não se confunde nem se destaca dos outros dois" e não é tratado pelo autor neste seu texto). O *antigo regime* corresponderia ao modelo da *historia magistra vitae*, a história como mestra da vida, a história exemplar, como repositório das lições a que deve recorrer o tempo presente.[85]

Já o *regime moderno*, este que nos interessa mais de perto, adviria da experiência europeia de "temporalização da história" a partir do final do século XVIII. Nesse *novo regime*, o tempo passa a ser percebido como "aceleração"; nele, é o futuro "que se torna preponderante", que dá inteligibilidade ao presente e ao passado, daí ser por Hartog denominado de "regime futurista". Seria o regime de historicidade sob o qual se desenvolveu o saber historiográfico ao longo do século XIX, em seu esforço por profissionalizar-se; foi aí que "a história apoiou-se sobre e colocou em prática um tempo histórico – linear, cumulativo e irreversível".[86]

Uma ideia de tempo umbilicalmente vinculada à escrita. "Foi a escrita que introduziu a ideia de um tempo linear, fluido e irreversível como a corrente de um rio", dirá nosso escritor-conferencista num seu texto,

---

84 KOSELLECK, Reinhart. *Futuro Passado: contribuição à semântica dos tempos históricos.* Trad. Vilma Patrícia Maas e Carlos Almeida Pereira. Rio de Janeiro: Contraponto; Editora PUC-Rio, 2006, p. 168.

85 HARTOG, François. "Tempos do mundo, história, escrita da história"..., p. 16.

86 *Ibidem*, p. 16-17.

aproximando-se, nesse seu entendimento, do expressado por François Hartog. Segundo nosso escritor, em sociedades como a sua, em que a oralidade (por ele entendida como um sistema de percepção do mundo e não como mera ausência de escrita) é dominante, ainda que não politicamente hegemônica, a ideia de tempo não é concebida como algo linear e irreversível "como a corrente de um rio", mas como uma noção pautada em outros mecanismos de conceituação:

> Para a oralidade, só existe o que se traduz em presença. Só é real aquele com quem podemos falar. Os próprios mortos não se convertem em passado, porque eles estão disponíveis a, quando convocados, se tornarem presentes.[87]

A testemunhar sua percepção, nosso escritor-conferencista lembra-nos de que na maioria das línguas faladas em seu país

> há palavra para dizer "amanhã" – no sentido literal do dia seguinte (monguana, mundjuku, mudzuko). Mas não há equivalente para o termo "futuro", nomeando o tempo por inaugurar. A noção de futuro trabalha num território que é do domínio sagrado. [...] a ideia desse tempo por acontecer resulta de equilíbrios entre os vivos e os antepassados. A manutenção desse equilíbrio compete a forças que nos escapam.[88]

Retenhamos isso, por agora; mais à frente retornaremos.

Nesse enquanto, ouçamos um poeta; um jovem poeta de vinte e oito anos. Tomemos esses versos como uma possível consideração à pergunta-problema de nosso escritor-conferencista, homem de cinquenta anos, ainda à espera de que lhe respondam se *no passado o futuro era melhor*. São versos de um poema intitulado "Identidade", dizedores de ansiadas esperanças:

---

87 COUTO, Mia. "Dar tempo ao futuro". In: *E se Obama fosse africano e outras interinvenções...*, p. 130.

88 *Ibidem*, p. 130-131.

> Existo onde me desconheço
> aguardando pelo meu passado
> ansiando a esperança do futuro
>
> No mundo que combato
> morro
> no mundo por que luto
> nasço.[89]

Como se lê, os versos do jovem poeta colocam no mundo futuro (pelo qual luta) a sua própria nascença enquanto homem, enquanto habitante de um país ainda por vir. Também aqui temos a concepção de um tempo histórico pautada no *regime de historicidade moderno* proposto por Hartog: tempo futurista, linear, irreversível. Assim, este jovem poeta e o escritor-conferencista partilham de uma mesma concepção de tempo. O que os opõe é a esperança inquebrantável do jovem contraposta a certo desencanto interrogador do homem maduro. Ou, por palavras outras dizendo: entre um e outro, a experiência da vivência da temporalidade opera suas tramas.

Nessa perspectiva, ao contrapormos as escritas e as percepções do jovem poeta e do escritor-conferencista, o que temos diante de nossos olhos é a tensa relação entre futuro e passado, num presente ("centro de todas as histórias", como propõe Koselleck) que se construiu como o possível, entre o desejado e o que pôde ser, ou, noutros termos, a percepção daquilo a que se tem vindo a nominar por *tempo histórico*, esse que se constitui "no processo de determinação da distinção entre passado e futuro, ou, usando-se a terminologia antropológica, entre experiência e expectativa", ainda segundo Koselleck.[90]

O que no caso das escritas do escritor-conferencista e do poeta – o homem de cinquenta anos e o jovem de vinte e oito – nos interessa é que ambas são expressões do pensamento e da criação do mesmo homem:

---

89   COUTO, Mia. *Raiz de orvalho e outros poemas...*, p. 13.

90   KOSELLECK, Reinhart. *Futuro passado* (especialmente seu capítulo 14, "'Espaço de experiência' e 'horizonte de expectativa': duas categorias históricas", p. 305-327).

Mia Couto. O que separa "um" do "outro" é *apenas* o tempo, *apenas* o correr de vinte e dois anos entre os versos do jovem poeta (escritos em 1977) e a interrogação ao tempo decorrido pelo homem de cinquenta anos (idade de Mia em 2005).

E é claro que quem diz "é apenas o tempo", é apenas impropriamente (mero artifício escriturístico) que o faz, pois que o tempo, a ideia que lhe fazemos, jamais é um *apenas*. É ele, em seu devir, o responsável por transformar um poeta – que, como muitos outros jovens naqueles tempos (anos 1970 do século XX), colocaram "o sonho no arco" e dele fizeram "flecha certeira"[91] – em um homem de olhar e pensamento críticos em relação aos rumos de seu país. É esse tempo que fará juntar-se ao livro de poemas do jovem uns quantos mais vinte e tantos outros livros (romances, contos, crônicas e textos de intervenção), nos quais se podem ler questões incontornáveis para uma reflexão sobre seu país, Moçambique, em seus tempos pós-independentes; tempos que "olham" para o passado em busca de compreender o futuro ali prometido e, em grande medida, não cumprido.

Assim, quando em 1983, com uma reunião de poemas intitulada *Raiz de orvalho*, estreia em livro, Mia Couto carrega uma trajetória de experiências cuja trama se emaranha nos complexos processos da história moçambicana: o mundo colonial da infância e suas memórias; a efervescência da juventude na luta anticolonial, e, a seguir, a possibilidade de trabalhar na construção de um país recém-independente; o tempo desse trabalho como jornalista, no qual vai "descobrindo" os outros moçambiques que, enfim, são Moçambique (a nação em construção, em invenção); e, ainda, a experiência propiciada por esse trabalho, inclusive a percepção da falta de conhecimento, por parte dos dirigentes, desses outros moçambiques dos espaços rurais.

Já nessa obra de 1983, questões que o inquietavam ganham dizimento poético. Questões que pedirão contas ao tempo do sentimento épico de pouco antes, que o interrogará sobre o futuro prometido com a certeza de quem aponta o dedo e diz "lá está", e que em nome dessa certeza decretou

---

91   COUTO, Mia. *Raiz de orvalho e outros poemas...*, p. 34.

o apagamento dos *eus*, silenciados pelo *Nós*, soberano, maiúsculo, único "sujeito" de uma história nova e revolucionária. Esta que é uma imagem (um poderoso dedo a indicar o futuro) captada pela escrita de um contemporâneo de Mia, o escritor e historiador João Paulo Borges Coelho, em seu romance *Crónica da rua 513.2*. É nela que temos a figura de Samora Machel, num comício, na rua 512.3, e seu "poderoso indicador":

> O Presidente Samora avança: punhos nas ancas e cabeça levantada, a pala do boné virada para o céu. O sorriso aberto faiscando. Uma farda pingo-de-chuva engomadíssima, imitando aquela com que lutou; as calças com uns bolsos de lado que ainda virão a ser moda; as rutilantes botas militares. Pisa com elas o palco improvisado, aproxima-se do microfone, bate nele três vezes – Toc! Toc! Toc! – com aquele poderoso indicador que, à uma, admoesta e aponta o futuro [...].[92]

Imagem 7: Fotografia de Samora Machel em discurso

Fonte: CHRISTIE, Ian. *Samora: uma biografia*. Trad. Machado da Graça. Maputo: Ndjira, 1996 [Caderno de Imagens].

De *Raiz de orvalho* para cá, porém, sua escrita vem *derivando para outros universos*, como dirá na nota de abertura, intitulada "Palavras iniciais",

---

92   COELHO, João Paulo Borges. *Crónica da rua 513.2*. Lisboa: Caminho, 2006, p. 159.

à reedição alterada da obra (em Portugal, em 1999, sob o título de *Raiz de orvalho e outros poemas*). Aí, Mia aponta, em poucas linhas, elementos do percurso do poeta ao prosador:

> Hesitei muito e muito tempo até aceitar republicar este livro de versos. [...] Desde então [refere-se à edição original de 1983], porém, a minha escrita derivou para outros universos e hoje sou um poeta cuja prosa é muito distante daquilo que se pode pressentir em *Raiz de orvalho*. Eu próprio não me reconheço em muitos desses versos. Alguns não resistiram ao tempo, outros adoeceram de serem tão íntimos.[93]

Como diz, muitos de seus versos "não resistiram ao tempo", que, a julgar pelos comentários a esse livro numa sua longa entrevista a Michel Laban,[94] seriam aqueles que poderíamos chamar-lhes *poemas engajados* (mas não planfetários), e que na obra vizinhavam versos de cunho intimista (alguns dos quais "adoecidos" e excluídos da reedição, como dito acima), algo que àquela altura, de predominância do cânone da chamada "poesia de combate", era algo *revolucionário*: trazer para a cena da escrita o corpo, os lábios, o toque, o beijo, a carne, tudo aquilo que não cabia nas *camaradas linhas militantes*.[95]

Dessa escrita primeira até o presente, a criação literária de Mia Couto vem se constituindo numa obra de repercussão, estando traduzida em dezenove países, tendo por ela recebido importantes distinções.[96] Trata-se, pois, de uma obra que se está a fazer, e que nasce e cresce à medida que seu país (pelo qual lutou) vai também em conturbada nascença, em *delicada escrevência*. Uma obra do tempo presente, que lida com materiais

---

93   COUTO, Mia. *Raiz de orvalho e outros poemas...*, p. 7.

94   In: LABAN, Michel. *Moçambique: encontro com escritores*. Vol. III..., p. 995-1040.

95   A esse respeito, ver BASTO, Maria Benedita. *A guerra das escritas: literatura, nação e teoria pós-colonial em Moçambique*. Viseu: Vendaval, 2006.

96   Informações disponíveis no sítio eletrônico de sua editora em Portugal, a Caminho. [CAMINHO. Mia Couto – biografia. Disponível em: <http://www.caminho.leya.com/autores/biografia.php?id=23143>. Acesso em: 12 jan. 2013.

de seu tempo, aí se incluindo o olhar para o passado, os juízos sobre ele, os trabalhos da memória, enfim, uma obra emaranhada no viver intenso do nascer de seu país, constituindo-se numa "maneira de outrar" a realidade, de propor olhares e percepções outros, como a percebe o poeta Luís Carlos Petraquim, em prefácio a *Vozes anoitecidas*, livro de contos, de 1986, com que Mia estreia na prosa:

> Contrariamente ao que se costuma fazer quando prefácios se escrevem, confesso-te que li os contos todos. Oito propostas, não é? *Ou outras tantas maneiras de "outrar" esta coeva, conservadora, frenética, delirante realidade.* Penso que conseguiste um bom flash "no invisível pescoço do vento" da escrita [...]. Nenhum sentido redutor que não se espraie *num miúdo saber fazer de ironia quando o imaginário colide com a realidade*, no querer dizer este nosso tempo onde as fórmulas se começam a deglutir e o slogan "explode" aquém minado pelo real e todos os seus arquétipos.[97]

"Maneiras de outrar" a realidade, diz Petraquim, ao que o meu entendimento concebe como sendo a capacidade de Mia em trazer à sua escrita olhares diversos, leituras outras sobre a "delirante realidade" do país, nisto se afastando de qualquer "sentido redutor". Uma escrita que, nesse sentido, nessa sua capacidade de "outrar" a realidade, constitui-se num "lugar" fecundo a partir do qual as inquietações da história podem encontrar cumplicidade, podem estabelecer um *pensar junto*, num entendimento, conforme o de Manuel Luiz Salgado, de que

> o recurso à Literatura, não como fonte histórica no sentido de manancial de informações a serem extraídas pelo pesquisador meticuloso, mas como lugar de boas perguntas acerca de um problema, como lugar de fecundação do pensamento, é um dos

---

97   PETRAQUIM, Luís Carlos. "Como se fosse um prefácio". In: COUTO, Mia. *Vozes anoitecidas*. 9ª ed. Lisboa: Caminho, 2009, p. 14. Em itálico no original. Os grifos são meus.

melhores exemplos de como pode o historiador pensar com a Literatura e não contra ela.[98]

Sobretudo quando aquilo a que se vai buscar dar uma *trama compreensível* é um universo de conflitos e ambiguidades, no qual se dá a independência de um país, o parto de uma nação na costa oriental africana na segunda metade do século XX (1975). Como diz o próprio Mia Couto, "em Moçambique vivemos um período em que encontros e desencontros se estão estreando num caldeirão de efervescências e paradoxos",[99] em que mudanças não cessam de redesenhar possíveis, furtivos retratos. Não admira, pois, que sua literatura não abra mão de reinterpretar representações do passado, de inventar memórias, de perguntar por promessas feitas, de criticar caminhos seguidos, de fazer "boas perguntas" acerca de muitas questões, enfim.

São "modos originais de observar, sentir, compreender, nomear e exprimir" os fenômenos históricos que a literatura insinua – as *maneiras de outrar* a realidade apontadas por Petraquim. O que quero com isto dizer é que a obra de Mia Couto – e a literatura moçambicana de um modo mais geral – está "presa à própria epiderme da história", para aqui usar de uma expressão/entendimento de Nicolau Sevcenko.[100]

Mas se trata de uma prisão que não prende; ao contrário, permite "explodir" a realidade em sua pluralidade, em seus diversos modos de ser lida (em largo sentido). Pensar Moçambique pelas linhas de um desanimista é ter presente que a formação (pessoal, literária) de Mia se dá nessa *trama* complexa de lutas e projetos, de confrontações das esperanças com o devir; daí a "mistura de sentimentos" – a epicidade da luta e

---

98 GUIMARÃES, Manuel Luiz Salgado. "Prefácio". In: ALBUQUERQUE JÚNIOR, Durval Muniz de. *História: a arte de inventar o passado*. Bauru-SP: Edusc, 2007, p. 17.

99 COUTO, Mia. "Línguas que não sabemos que sabíamos". In: *E se Obama fosse africano e outras interinvenções...*, p. 18.

100 SEVCENKO, Nicolau. *Literatura como missão...*, p. 287.

da independência, o *desanimismo* vindo depois e uma esperança que ainda persiste – "ao nível do indivíduo e da sociedade" – de que fala o autor.[101]

Assim, se o jovem poeta de 1983, um crente confesso na capacidade de luta dos homens e do que essa luta pode construir, escreve: "Sentir--me-ei como a onda que sabe que depois de desfeita se prolongará no eterno movimento dos homens lutando e construindo por amor aos outros que nem sequer conhecem",[102] o prosador que virá-a-ser logo em breve passará a interrogar essa crença tão absoluta. Obra, decerto, do confronto entre expectativa e experiência, que faz com que se reconheça, como dito no romance *O último voo do flamingo* (2000), que "o mundo não é o que existe, mas o que acontece",[103] e o que acontece é obra humana; "é o acontecer que faz o tempo existir".[104]

Se em seu primeiro livro temos o soldado da poesia – "e a poesia/convocava os seus soldados/e nos fuzis da imaginação/se abriram as baionetas da verdade"–,[105] no primeiro romance temos já nas primeiras linhas uma estrada morta, uma "paisagem [que] se mestiçara de tristezas nunca vistas, em cores que se pegavam à boca. Eram cores sujas, tão sujas que tinham perdido toda a leveza, esquecidas da ousadia de levantar asas pelo azul". Ali, naquele lugar, "o céu se tornara impossível. E os viventes se acostumaram ao chão, em resignada aprendizagem da morte".[106]

À medida que o tempo do prosador vai tornando o tempo do poeta em passado, vamos tendo a transmutação da afiada verdade ("as baionetas da verdade") em algo mais sutil, mais suscetível aos detalhes, ao movimento do tempo. Algo que toma expressão em sua própria escrita,

---

101 COUTO, Mia. "Entrevista". In: LABAN, Michel. *Moçambique: encontro com escritores*. Vol. III..., p. 1006.

102 COUTO, Mia. *Raiz de orvalho e outros poemas...*, p. 93.

103 COUTO, Mia. *O último voo do flamingo*. São Paulo: Companhia das Letras, 2005, p. 13. Citação que abre o primeiro capítulo do livro.

104 RAMOS, Francisco Régis Lopes. "Fundadores e fundamentos: José de Alencar e a escrita sobre o passado cearense". In: *Anais do Museu Histórico Nacional*, Rio de Janeiro, vol. 41, p. 87.

105 COUTO, Mia. *Raiz de orvalho e outros poemas...*, p. 46.

106 COUTO, Mia. *Terra sonâmbula*. São Paulo: Companhia das Letras, 2007, p. 9.

quando propõe que "incontornáveis verdades são os detalhes que sobrevivem ao tempo".[107] A história está nos detalhes que sobrevivem, ou, segundo minha leitura dizendo, nas tramas que fazemos sobreviver quando historiografamos. Percebamos bem: o ferino gume da baioneta não resistiu à ação do tempo; ou melhor dizendo, à ação dos homens no tempo. É essa ação que leva à "resignada aprendizagem da morte" de que fala Mia, foi ela que fez os homens sonambularem pelos caminhos, os quais haviam sido ditos abertos a futuros.

E o que ensinara tanta morte, tanta resignação?

A guerra: uma "guerra sem fragor/um lento rumor da morte/envenenando-nos devagar".[108] A guerra que opôs a Frente de Libertação de Moçambique (Frelimo) e a Resistência Nacional Moçambicana (MNR, depois Renamo), entre 1976 e 1992, quando enfim se deu, após um longo processo de negociação, a assinatura do Acordo Geral de Paz (o Acordo de Sant'Egidio), em 4 de outubro de 1992, em Roma, pondo fim ao conflito.[109] Foram dezesseis anos em que "um lento rumor da morte" espalhou seus venenos por todo o país. Foi essa guerra que matou a estrada pela qual seguiram os dois caminheiros de *Terra Sonâmbula* – um velho, de nome Tuhair, e um miúdo, de nome Muidinga –, na estreia de Mia Couto como romancista.

Uma guerra que matou mais que a estrada – espécie de não lugar em torno do qual se desenrola o romance –, ela matou os caminhos ditos

---

107 COUTO, Mia. "A cidade na varanda do tempo". In: *Pensageiro frequente*. Lisboa: Caminho, 2010, p. 55.

108 COUTO, Mia. *Raiz de orvalho e outros poemas...*, p. 78.

109 Segundo Leone Gianturco, o primeiro encontro entre a Comunidade de Sant'Egidio e autoridades moçambicanas foi já em 1976, por intermédio de D. Jaime Gonçalves, bispo da Beira. Desde então a Comunidade atuou no país, não só na mediação do conflito armado, mas também prestando ajuda humanitária, não só em decorrência da guerra, mas também das secas e enchentes que assolaram o país. No que toca ao conflito, o primeiro acordo assinado entre Frelimo e Renamo foi a 10 de julho de 1990, daí em diante seguindo-se outros, até o Acordo Geral de Paz (que, em sua versão final, foi composto de sete protocolos já anteriormente acordados e mais outros documentos), a 4 de outubro de 1992 (GIANTURCO, Leone. *Moçambique, Sant'Egidio e a paz*. Roma: Comunidade Sant'Egidio, 2002, p. 1-3). O texto desse acordo pode ser lido em RODRIGUES, Luís Barbosa; ALVES, Sílvia; NGUENHA, João. *Constituição da República de Moçambique e legislação constitucional*. Coimbra: Almedina, 2006, p. 225-272.

abertos a futuros, aqueles que a independência de um país proclama abrir. E que logo a seguir à euforia primeira se tornam intransitáveis, repletos de mortes (de insepultas e interminadas mortes) pela ação dos homens, pela incapacidade destes de dirimirem suas contendas sem recorrerem ao derramamento de tanto sangue, sendo certo que essas contendas se davam dentro de um campo complexo de interesses e tensões – aquele havido no cenário geopolítico internacional dos anos 1970 do século XX, em que as questões políticas globais polarizavam-se entre os dois "blocos" da chamada "Guerra Fria": os Estados Unidos e suas premissas ideológicas de um lado, a União Soviética e suas concepções de outro. Atuando também, para além dos "dois blocos", a China comunista e países europeus com interesses na região.

No caso da guerra em Moçambique, para muitos de seus estudiosos, caso de João Paulo Borges Coelho, seu início se deu "como um grande conflito, o que opunha os Estados brancos vizinhos [a Rodésia de Ian Smith e a África do Sul do apartheid] ao projecto que Moçambique representava [socialista primeiro, marxista-leninista depois de 1977]", fazendo parte, assim, do complexo tramado da chamada "frente africana da Guerra Fria".[110]

Para Christian Geffray, outro estudioso do conflito, o MNR (Mozambique National Resistance), depois Renamo, foi formado já em 1976, no ano logo após a independência, na então Rodésia, por seu serviço secreto (o Central Intelligence Office – CIO), com a colaboração dos grandes colonos portugueses que, após a subida ao poder da Frelimo, chegavam à Rodésia, "levando atrás de si comerciantes, pequenos proprietários, assim como grupos de soldados desmobilizados das unidades especiais do exército colonial e das milícias privadas dos grandes latifundiários". Assim, as ações do MNR começam, reitere-se, como "uma pura guerra de agressão" ao Moçambique independente e sua orientação socialista. Com o fim da Rodésia (Zimbábue, após a independência em 1980), o MNR, ao contrário do que

---

110 COELHO, João Paulo Borges. "Um itinerário histórico da moçambicanidade". In: ROSAS, Fernando; ROLLO, Maria Fernanda (orgs.). *Portugal na viragem do século. Língua portuguesa: a herança comum*. (Cadernos do Pavilhão de Portugal, Expo'98). Lisboa: Assírio & Alvim, 1998, p. 115-116 e 97.

seria esperável, não se finda; passa a ser apoiado pela África do Sul, recebendo também apoios, "embora de forma mais modesta", do Malaui, de Comores, de países árabes e de "meios de direita ocidentais". Mas, à medida de seu avanço, no tempo e no território moçambicano, a guerra, inicialmente de agressão, vai "alimentando-se também das rupturas sociais e políticas internas das sociedades rurais moçambicanas".[111]

Daí a consideração de que o processo da guerra compreendeu três períodos: o "período rodesiano", o "período sul-africano" e o "período da Renamo". O primeiro, o *período rodesiano* (indo do princípio do conflito até 1980), corresponderia à agressão da Rodésia de Ian Smith, na busca por desestabilizar o Moçambique socialista. O segundo, o *período sul-africano* (indo do princípio dos anos de 1980 até 1984, ano do Acordo de Nkomati[112]), seria aquele em que se dá a transferência da base da Renamo para a África do Sul após a independência da Rodésia e em que a influência de fatores externos é ainda considerável. O terceiro, o *período da Renamo* (indo do Acordo de Nkomati, em 1984, até o fim do conflito, em 1992), seria aquele no qual a Renamo "ganha dinâmica própria" e estende suas atividades à quase totalidade do território moçambicano.[113]

É principalmente no decorrer desse último período – mas já vindo do anterior, sobretudo após 1977 e a oficialização da Frelimo como partido de "vanguarda marxista-leninista", em seu III Congresso, realizado entre 3 e 7 de fevereiro de 1977, sendo o primeiro em território moçambicano – que

---

111 GEFFRAY, Christian. *A causa das armas: antropologia da guerra contemporânea em Moçambique*. Trad. Adelaide Odete Ferreira. Porto: Afrontamento, 1991, p. 10-14.

112 O Acordo de Nkomati foi um acordo assinado em 1984 entre o governo de Moçambique (comandado por Samora Machel) e da África do Sul (tendo à frente Pieter Willem Botha). Dentre os objetivos do acordo estava o de pôr termo aos apoios de ambos os países às forças que se opunham a ambos os governos: a Renamo em Moçambique e o ANC (partido Congresso Nacional Africano) na África do Sul. O acordo tratava ainda das relações econômicas, sobretudo em relação ao uso, pela África do Sul, de portos moçambicanos. Todavia, apesar do acordo, cada parte (Renamo e ANC) continuou a agir. Em Moçambique, como se disse já antes, o fim do conflito só se dará com a ssinatura do Acordo Geral de Paz, em 1992.

113 COELHO, João Paulo Borges. "Um itinerário histórico da moçambicanidade"..., p. 115.

a guerra vai se alimentando das "rupturas sociais e políticas internas" moçambicanas, como entende Christian Geffray.

Rupturas essas que se dão no confronto que se vai estabelecendo entre uma interpretação do mundo social pautada no materialismo histórico e uma realidade, sobretudo no espaço rural moçambicano (área de predominância do conflito), que se organiza com base em outras lógicas, em outros modos de interpretação do mundo.

Se no deflagrar da guerra o mundo africano de então – em que temos as questões todas da "frente africana da Guerra Fria" – é preponderante para uma compreensão mais ampla das "causas das armas", à medida que vai se dando o seu desenrolar (concomitante à busca por implementação do projeto socialista da Frelimo), a guerra vai se "moçambicanizando" ao colocar em conflito modos diversos de leitura do mundo, de organização e significação da vida (e da morte). Esses embates, segundo seus estudiosos, seriam elementos fundamentais no entendimento do processo e das interpretações da guerra para as populações rurais de Moçambique.

Mia compartilha do entendimento de que a guerra foi além de um conflito político. Em seu entender, ela "foi também uma guerra religiosa, era uma guerra de identidade, à procura de identidade. E isso explica a violência que essa guerra assumiu".[114] E todas essas questões não se apaziguaram de todo com o fim do conflito armado, em 1992. Ainda persistem *questões por resolver*, entende Mia:

> E sabemos que há coisas que não estão resolvidas, profundamente resolvidas, e que deram também... foram parte da razão da existência da guerra: as desigualdades sociais profundas, a exclusão de grande parte do país, daquilo que é a visibilidade desse

---

114 COUTO, Mia. "Mia Couto e o exercício da humildade. Entrevista a Marilene Felinto". *Thot*, São Paulo, nº 80, abr. 2004, p. 52-53. Esta questão será mais aprofundada no capítulo 2 deste trabalho.

país, os mecanismos de participar no futuro do país, isso não está resolvido portanto.[115]

Para Mia, a guerra pós-independência em Moçambique requer, na busca de sua compreensão, uma atenção a diversos fatores, pois que o conflito envolveu questões de variada ordem: respeitantes ao contexto da "Guerra Fria" em solo africano; elementos de ordem religiosa e identitária, sendo este um fator de agravamento das animosidades, pois que dizia respeito diretamente aos modos de organização social nos espaços rurais do país; e também um conflito político, opondo interesses divergentes no processo de formação de um Estado nacional. Uma compreensão do conflito envolve, pois, a consideração de todas essas variantes, além da consideração de que "há coisas que não estão resolvidas" e que, portanto, ainda perpassam as tensões do presente.

E há de ser por essas *coisas a resolver*, por essas *pendências históricas*, assim digamos, que se tenha a percepção de que,

> em Moçambique, o passado é presente. As conversas cotidianas são entremeadas constantemente por referências temporais, algumas difusas, outras precisas, mas todas cruciais para a compreensão dos acontecimentos presentes,[116]

ainda marcados por referências *àqueles tempos* – as várias e complexas temporalidades que se cruzam no viver moçambicano:

> Todos os indivíduos, das mais diferentes gerações, no campo ou nas cidades, têm algo a contar sobre tempos tão marcantes

---

115 COUTO, Mia. Entrevista. Programa *Roda Viva*, 10 jul. 2007. Entrevista realizada durante a Feira Literária Internacional de Parati – FLIP/2007. Versão impressa disponível em: <http://www.rodaviva.fapesp.br/materia/531/entrevistados/mia_couto_2007.htm>. Acesso em: 12 fev. 2010. Desta entrevista, há também versão em DVD: *Roda Viva*, julho/2007. São Paulo: TV Cultura, 85 min.

116 THOMAZ, Omar Ribeiro. "Prefácio". In: CABAÇO, José Luís. *Moçambique: identidade, colonialismo e libertação...*, p. 15.

nomeados como a "Primeira Guerra" (a da Independência) ou a "Segunda Guerra" (a guerra entre os "bandidos armados" e o "povo", entre a Renamo e a Frelimo); o "tempo colonial" (há somente 25 anos!), o "tempo Samora", "o tempo atual". Períodos que se sucedem, se confundem e sobre os quais vozes díspares se manifestam uma e outra vez e nas quais a história do país se traduz nas histórias de cada um dos moçambicanos.[117]

Mesmo na história daqueles que só existem no papel, mas cuja existência passa pela história de seu criador, pelo experenciar da vida de um jovem que fez a letra do hino de seu país,[118] que viu sua nascença numa madrugada em que mesmo o tempo retrocedeu para se pôr em ordem, em obediência aos ditames da história. Mas que, à medida das costuras do tempo, foi-se apercebendo de que "uma parte dessa expectativa ficou por realizar".

> Em 1975, nós mantínhamos a convicção legítima mas ingénua de que era possível, no tempo de uma geração, mudarmos o mundo e redistribuirmos felicidade. [...] Hoje já não acorreríamos com a mesma fé para celebrar uma nova anunciação. Mas isso não quer dizer que estamos menos disponíveis para a crença. Estaremos, sim, mais conscientes que tudo pede um caminho e um tempo.[119]

---

117 THOMAZ, Omar Ribeiro; CACCIA-BAVA, Emiliano de Castro. "Introdução – Moçambique em movimento: dados quantitativos". In: FRY, Peter (org.). *Moçambique: ensaios.* Rio de Janeiro: Editora UFRJ, 2001, p. 21.

118 O hino chamou-se "Viva, Viva a Frelimo"; vigorou da independência, em 1975, até 1992, quando, na sequência da assinatura do Acordo Geral de Paz, e no processo de democratização do país, foi mudado. O novo hino chama-se "Pátria Amada". A letra de "Viva, Viva a Frelimo", dizia, em sua primeira estrofe: "Viva, viva a Frelimo,/Guia do Povo Moçambicano!/Povo heróico que arma em punho/O colonialismo derrubou./Todo o Povo unido/Desde o Rovuma até o Maputo,/Luta contra imperialismo/Continua e sempre vencerá". A respeito, ver: COUTO, Mia. "Mia Couto e o exercício da humildade".

119 COUTO, Mia. *Moçambique: 30 anos de independência.*

Todas essas questões se colocam já em *Terra sonâmbula,* primeiro romance de Mia; já aí temos, assim percebo, a presença do *desanimismo* que entendo marcante em sua obra. E que se dá a ver numa metáfora "simples, quase linear", segundo Mia.[120] Quem nos conta dela, no romance, é Kindzu, um menino escrevente de uns cadernos encontrados à beira duma estrada morta, junto a um *machimbombo* [ônibus] incendiado, por um miúdo e um velho:

> Recordo meu pai nos chamar um dia. Parecia mais uma dessas reuniões em que ele lembrava as cores e os tamanhos de seus sonhos. Mas não. Dessa vez, o velho se gravatara, fato e sapato com sola. A sua voz não variava em delírios.
>
> Anunciava um facto: a Independência do país. Nessa altura, nós nem sabíamos o verdadeiro significado daquele anúncio. Mas havia na voz do velho uma emoção tão funda, parecia estar ali a consumação de todos seus sonhos. Chamou minha mãe e, tocando sua barriga redonda como lua cheia, disse:
>
> — *Esta criança há-de ser chamada de Vinticinco de Junho.*
>
> Vinticinco de Junho era nome demasiado. Afinal, o menino ficou sendo só Junho. Ou de maneira mais mindinha: Junhito. Minha mãe não mais teve filhos. Junhito foi o último habitante daquele ventre.[121]

Ocorre que o pai de Vinticinco de Junho tem um pressentimento: esse seu filho será morto. Para salvá-lo, decide que será posto no galinheiro, viverá como bicho, junto das galinhas; em sua casa, dele não se falará. Será esse, no entender de Taímo, o velho pai de Vinticinco, o modo de o salvar da morte. Segundo Mia, o que aí (na metáfora) se denunciava era "a nossa [moçambicana] progressiva perda de soberania, e uma crescente domesticação do nosso espírito de ousadia".[122]

---

120 *Ibidem.*

121 COUTO, Mia. *Terra sonâmbula...*, p. 16-17.

122 COUTO, Mia. *Moçambique: 30 anos de independência.* E aqui vale lembrarmos a "efervescência dos espíritos", de que já antes falou Elikia M'Bokolo [*África negra: história e civilizações* – Tomo II...*, p. 511.].

Um *espírito* em cujo princípio esteve, justamente, uma parábola sobre um "galináceo que se transformou em águia e deixou a capoeira voando sozinho". Foi esse o teor de um sermão proferido por Eduardo Mondlane na Igreja de Chamanculo (bairro na periferia de Maputo), em 1961, quando de sua visita a Moçambique (entre janeiro e maio), ainda como funcionário das Nações Unidas. Segundo José Manuel Duarte de Jesus, "com esta visita, Mondlane decide deixar as Nações Unidas e com o auxílio do Dr. Julius Nyerere, da Tanzânia, fixar-se em Dar es Salam e, de ali, organizar a luta pela independência de Moçambique". Teria sido essa visita – o contato com a realidade moçambicana – que desiludira Mondlane em relação a uma solução negociada para a independência de Moçambique, despertando nele o *espírito de ousadia* que esteve na base da luta independentista.[123]

E a metáfora do não nascer da nação (ou de sua incompletude) é por Mia reiterada noutro romance, *Um rio chamado tempo, uma casa chamada terra*. Nele, temos Fulano Malta, um jovem idealista, revolucionário, que, como já antes dito, "mal escutou que havia guerrilheiros lutando por acabar com o regime colonial, se lançou rio afora para se juntar aos independentistas". Em seu regresso, para sua alegria, sua esposa, Mariavilhosa, está a esperar um filho, a nascer em tempos novos: "— *Daqui a um mês a bandeira vai subir. Quem sabe se isso acontece quando eu estiver a dar à luz este nosso filho?*" Um filho de um *fulano*, da *malta*, termo que em Moçambique refere multidão, o coletivo das gentes, povo.[124]

---

123 JESUS, José Manuel Duarte de. *Eduardo Mondlane: um homem a abater...*, p. 95-105.

124 Expediente que, para Maria Nazareth Soares Fonseca e Maria Zilda Ferreira Cury, "aponta para um sujeito comum, para sua insignificância nos rumos políticos da revolução que ele mesmo ajudara a concretizar" (FONSECA, Maria Nazareth Soares; CURY, Maria Zilda Ferreira. *Mia Couto: espaços ficcionais*. Belo Horizonte: Autêntica, 2008, p. 55). Outro estudo sobre "os diálogos" entre os "processos linguísticos de elaboração da linguagem" (em que podemos pensar os nomes criados por Mia) e a "problemática da identidade cultural nas literaturas pós-coloniais", a partir da obra de Mia Couto (e de Édouard Glissant), é o de Enilce Albergaria Rocha, cujo estudo centra-se em perceber como o uso de "des", "de" e "dis" (incluindo o uso na criação de neologismos) busca traduzir "negatividades acumuladas" (dissolução de laços, resignação ao sofrimento, perda da linguagem) no processo histórico de formação da nação, marcado por dolorosas guerras (ROCHA, Enilce Albergaria. "Os vocábulos em 'des' nas

Mas "nenhum dos dois, contudo, podia adivinhar o que estava guardado para esse anunciado dia":[125] o filho de Fulano Malta e Mariavilhosa "não se abraçara à vida":

> Podia ser estranho, mas o parto – chamemos parto àquele acto vazio – se deu na noite da Independência. Naquela noite, enquanto a vila celebrava o deflagrar de todo o futuro, minha mãe morria de um passado.[126]

Expediente – esse da morte quando da subida da bandeira nacional – também utilizado em *A varanda do frangipani* (1996). No romance, temos a confissão de Ermelindo Mucanga, o morto-narrador, a dizer-nos de seu *exílio* deste mundo quando da festa:

> Deixei o mundo quando era a véspera da libertação da minha terra. Fazia a piada: meu país nascia, em roupas de bandeira, e eu descia ao chão, exilado da luz. Quem sabe foi bom, assim evitado de assistir a guerras e desgraças.[127]

Como lermos esses faleceres em tempos de festas, de vivas, de nascenças? Mia defende-se da acusação de ser um "desencantado": "quem disse que não lavramos esperança?";[128] põe na rubrica do tempo – do *tempo histórico,* obra do confronto entre expectativa e experiência – a conta por esses falecimentos: "mas não sou um desencantado". "Não estou a falar com amargura, com desilusão. Não faço parte do grupo dos desiludidos. Acho é que tudo tem um tempo" e, como se sabe, "o tempo não é aquele

---

escritas de Édouard Glissant e Mia Couto". In: CHAVES, Rita; MACÊDO, Tania (orgs.). *Marcas da diferença: as literaturas africanas de língua portuguesa.* São Paulo: Alameda, 2006, p. 47-55).

125 COUTO, Mia. Um rio chamado tempo, uma casa chamada terra..., p. 72-73.

126 Ibid., p. 191.

127 COUTO, Mia. *A varanda do frangipani.* São Paulo: Companhia das Letras, 2007, p. 10.

128 COUTO, Mia. Carta ao mano Nelson. In: ANGIUS, Fernanda; ANGIUS, Matteo. *O desanoitecer da palavra...,* p. 61.

que a gente quer".[129] "Entendo que historicamente era impossível aquele tipo de projecto":[130] de uma sociedade socialista revolucionária, igualitária, que poria abaixo a "exploração do homem pelo homem", que seria "o túmulo do capitalismo", palavras de ordem das quais apenas restaram, em velhas paredes descascadas, "o letreiro já sujo pelo tempo", "resto de pintura, em letra quase ilegível".[131]

Letras que se escreveram não apenas nessas paredes da ficção. Ficaram também promulgadas no texto da Constituição do país, mais precisamente em seu artigo 6º, a dizer que "o Estado procederá à liquidação do sistema de exploração do homem pelo homem".[132] São essas letras, constitucionais, filhas de tempo crente no triunfo da vontade, que, pela ação do tempo (dos homens agindo, fazendo-o), tornaram-se apenas resto de pintura, letra morta, carcomida pelo mato.

É esse sentimento, marcado pelo *tempo histórico*, que perpassa a obra miacoutiana. O *desanimismo* que nela leio é circunstancial, é *histórico*, não uma essência, uma qualquer espécie de afropessimismo genético;[133] tem

---

129 COUTO, Mia. "Sou um contrabandista entre dois mundos". Entrevista a Luísa Jeremias. *A capital*, Lisboa, 25 mai. 2000.

130 COUTO, Mia. "A Frelimo de hoje dá cobertura a coisas que combateu". Entrevista a Jeremias Langa. *O País*, Maputo, 3 abr. 2009. Disponível em: <http://www.opais.co.mz/opais/index.php?option=com_content&view=article&id=324:a-frelimo-de-hoje-da-cobertura-a-coisas-que-combateu-&catid=76:entrevistas&itemid=305>. Acesso em: 3 abr. 2009.

131 COUTO, Mia. *Um rio chamado tempo, uma casa chamada terra...*, p. 114 e 27.

132 MOÇAMBIQUE. Constituição (1975). In: RODRIGUES, Luís Barbosa; ALVES, Sílvia; NGUENHA, João. *Constituição da República de Moçambique e legislação constitucional...*, p. 24.

133 Aliás, o "afropessimismo" é justamente uma das discussões que se colocam num dos romances de Mia, *O outro pé da sereia*. Nele, esse *afrossentimento* seria, supostamente, um dos objetivos de combate da organização não governamental (a Save Africa Found) do historiador norte-americano Beijamin Southman, ele que, juntamente com sua esposa, a socióloga "afro-brasileira" Rosie, vem àquele lugarejo de Vila Longe em busca (supostamente) de histórias de escravos. Supostamente, pois que, ao final do romance, outros não tão científicos objetivos são revelados: "O dinheiro que o casal trazia era de uma associação religiosa afro-americana, a Save Africa Fund. Acontecia, no entanto, o seguinte: Benjamin vivia de esquemas, de enganos, de cambalachos. Era assim que ele ganhava a vida: em vez de subtracções ele fazia subtraições, atrapalhando as aritméticas, baralhando os cifrões" (COUTO, Mia. *O outro pé da sereia....*, p. 324).

haver com aquilo que as gentes, em sua ação no tempo, fizeram; tem a ver com os rumos tomados por seu país no pós-independência; tem a ver com *o modo como o mundo está*, com o modo como Moçambique se fez nesse tempo do mundo; tem a ver com os caminhos percorridos, as escolhas feitas, as pressões sofridas, com as circunstâncias nas quais se teve de buscar o edificar de projetos; tem a ver, enfim e em suma, com a história – reitere-se. É ela, entendo eu, o fio que costura as missangas da imaginação (aqui usando, vez mais, da imagética miacoutiana) na escrita das páginas das diversas obras desse autor.

Sendo essa uma leitura, mais que de um indivíduo, de uma geração. Muitos são os contemporâneos de Mia a dela partilharem. Caso do poeta Eduardo White, em cujas palavras pode-se apreender o mesmo sentimento que entendo ser o de Mia. Diz-nos White:

> E havia um entusiasmo que me era transmitido pelos mais velhos, evidentemente, mas ouvia-os muitas vezes a falar de projecto, falavam com um entusiasmo que me motivou. Eu estava absolutamente fascinado, enamorado, e houve uma entrega.
>
> Mas depois comecei a aperceber-me que o projecto tinha deixado de ser colectivo. Havia uma agressão exterior, é verdade, de força e de resistência para que o projecto não se concretizasse, mas também uma agressão interna das ambições pessoais, quando o dirigente proletário se começou a aburguesar. Dizia-se que a riqueza era para ser partilhada, mas apercebi-me que a riqueza estava a ser acumulada. Está aqui a prova no país hoje: há riquezas brutais![134]

"Riquezas brutais" nem sempre explicadas e, muitas vezes, estranhamente construídas a partir da subida ao poder político. Como então não constatar, como o faz o historiador indiano Partha Chatterjee, que "os líderes das lutas africanas contra o colonialismo e o racismo

---

134 WHITE, Eduardo. "Entrevista". In: LABAN, Michel. *Moçambique: encontro com escritores.* Vol. III..., p. 1188.

haviam destruído seu passado, transformando-se em chefes de regimes corruptos"?[135] É isso, mais que tudo, que traz o *desanimismo*: perceber a transformação dos utopistas de antes em predadores do presente, como se referirá Mia a esses dirigentes num seu texto.[136]

Uma discussão que se deu em Moçambique, em fevereiro de 2008, a partir da divulgação na imprensa de uma lista – a "lista dos magnatas" –, na qual dirigentes da cena política, atuais e passados, figuram ostentando riquezas sobre cujas origens se colocam dúvidas, dá dimensão às palavras de White e Chatterjee. Ei-la, a lista:[137]

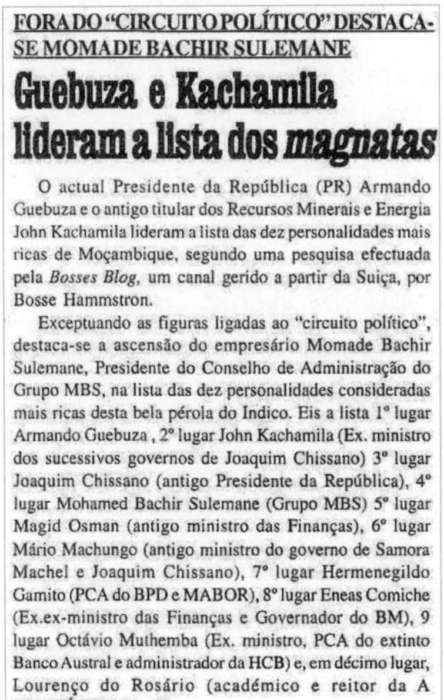

FORA DO "CIRCUITO POLÍTICO" DESTACA-SE MOMADE BACHIR SULEMANE

Guebuza e Kachamila lideram a lista dos *magnatas*

O actual Presidente da República (PR) Armando Guebuza e o antigo titular dos Recursos Minerais e Energia John Kachamila lideram a lista das dez personalidades mais ricas de Moçambique, segundo uma pesquisa efectuada pela *Bosses Blog*, um canal gerido a partir da Suiça, por Bosse Hammstron.

Exceptuando as figuras ligadas ao "circuito político", destaca-se a ascensão do empresário Momade Bachir Sulemane, Presidente do Conselho de Administração do Grupo MBS, na lista das dez personalidades consideradas mais ricas desta bela pérola do Indico. Eis a lista 1° lugar Armando Guebuza , 2° lugar John Kachamila (Ex. ministro dos sucessivos governos de Joaquim Chissano) 3° lugar Joaquim Chissano (antigo Presidente da República), 4° lugar Mohamed Bachir Sulemane (Grupo MBS) 5° lugar Magid Osman (antigo ministro das Finanças), 6° lugar Mário Machungo (antigo ministro do governo de Samora Machel e Joaquim Chissano), 7° lugar Hermenegildo Gamito (PCA do BPD e MABOR), 8° lugar Eneas Comiche (Ex.ex-ministro das Finanças e Governador do BM), 9 lugar Octávio Muthemba (Ex. ministro, PCA do extinto Banco Austral e administrador da HCB) e, em décimo lugar, Lourenço do Rosário (académico e reitor da A POLITÉCNICA). Z

Imagem 8: Reprodução de recorte jornalístico intitulado "Guebuza e Kachamila lideram a lista dos magnatas"

Disponível em: <http://oficinade-sociologia.blogspot.com/>. [Reproduzido do jornal *Zambeze*, edição de 07/02/2008]

---

135 CHATTERJEE, Partha. "Comunidade imaginada por quem?" In: BALAKRISHNAN, Gopal (org.). *Um mapa da questão nacional*. Trad. Vera Ribeiro. Rio de Janeiro: Contraponto, 2007, p. 228.

136 COUTO, Mia. "Dar tempo ao futuro". In: *E se Obama fosse africano e outras interinvenções...*, p. 133. Os dois termos referidos – utopistas e predadores – remetem a dois celebrados romances do escritor angolano, amigo de Mia, Pepetela, nos quais essa "mutação" (dos utopistas em predadores) pode ser lida. São eles (os romances): *A geração da utopia* e *Predadores*.

137 Dentre outros espaços em que essa discussão se deu está o blog Diário de um sociólogo [http://oficinadesociologia.blogspot.com], mantido pelo sociólogo Carlos Serra (professor da Universidade Eduardo Mondlane, em Maputo), donde reproduzo a "lista dos magnatas".

No país de hoje, pois, as "riquezas brutais" havidas estão nas mãos daqueles que, no passado, proclamaram outras aritméticas, bem diversas dos escandalosos acúmulos do presente. "— *Você viu como o luxo escandaloso se encosta na miséria?*",[138] pergunta o velho Silvestre Vitalício a seu filho Mwanito ao adentrarem à cidade depois de habitarem por longo tempo na sua isolada e afastada Jesusalém, no romance *Antes de nascer o mundo* (2009). Riqueza essa que, muitas vezes, se faz suja de "sangue e luto", "germinada sabe-se lá em que obscuros ninhos", como lemos em *Um rio chamado tempo, uma casa chamada terra.*[139]

A literatura de Mia Couto é obra desses tempos. Assim, ela é escrita "entre as margens da mágoa e da esperança",[140] como o próprio bem o percebeu, sendo as inquietações desse *lugar* ambíguo, liminar, que o leva à necessidade de se (nos) perguntar pelo futuro do passado, a interrogar se "no passado, o futuro era melhor".

É também desse *lugar* que ele busca uma escuta: a das *vozes anoitecidas*. Foram essas as vozes que o foram dizendo dos muitos e diversos moçambiques que Moçambique é.

VOZES DESANOITECIDAS

Em versos de *Raiz de orvalho e outros poemas*, Mia Couto diz-nos: "para sermos homens/desocupamos o silêncio".[141] São versos do poema "Eles", escrita de sua juventude (1979). Tomarei esses versos como mote para a reflexão que aqui desejo sobre o *desanoitecer das vozes* que leio na obra miacoutiana.

Que comporta dois aspectos.

---

138 COUTO, Mia. *Antes de nascer o mundo.* São Paulo: Companhia das Letras, 2009, p. 224. Em Moçambique, Portugal e noutros países, este romance foi intitulado "Jesusalém".

139 COUTO, Mia. *Um rio chamado tempo, uma casa chamada terra...*, p. 118.

140 COUTO, Mia. *Estórias abensonhadas.* Rio de Janeiro: Nova Fronteira, 1996, p. 5 (Nota de abertura).

141 COUTO, Mia. *Raiz de orvalho e outros poemas...*, p. 34.

Um primeiro, mais amplo, que diz respeito à emergência das literaturas pós-coloniais, ou pós-independentes, para que se marque de modo mais enfático o sentido cronológico/histórico desse primeiro momento, como observado por Ana Mafalda Leite: "depois da segunda guerra mundial o termo 'post-colonial' state, usado por historiadores, designa os países recém independentes, com um claro sentido cronológico".[142] Assim, *literatura pós-colonial*, a literatura produzida nos novos Estados independentes, num primeiro momento (o logo após as independências), era, pois, a literatura das vozes, até então anoitecidas, do até então silenciado "Terceiro Mundo", cuja marca seria "uma mistura de euforia, de optimismo e de esperança", conforme a percepção de Elikia M'Bokolo.[143] "O Terceiro Mundo agora se tornava o pilar central da esperança e da fé dos que ainda acreditavam na revolução social", diz-nos Eric Hobsbawm.[144]

E a literatura era percebida como uma voz a contar desse tempo, a *desanoitecê-lo*. Se dentro da chamada *literatura colonial*[145] esses espaços eram não mais que cenários para venturas e desventuras alheias, agora as gentes desses espaços podiam figurar como sujeitos das narrativas. Podiam fazer ouvir suas vozes. Havia então um certo fervor nessa possibilidade de "fala" pela escrita criadora. Que num primeiro momento voltou-se para a busca de traços que pudessem compor um retrato desses Estados recém-independentes.

Em sua estreia em livro, ainda que se colocando contra o apagamento do *eu* em nome do *nós*, sujeito da história revolucionária que se buscou

---

142 LEITE, Ana Mafalda. *Literaturas africanas e formulações pós-coloniais*. Lisboa: Colibri, 2003, p. 11.

143 M'BOKOLO, Elikia. *África negra: história e civilizações.* – Tomo II..., p. 593.

144 HOBSBAWM, Eric. *A era dos extremos...*, p. 424.

145 Na definição de Francisco Noa, *literatura colonial* é "toda a escrita que, produzida em situação de colonização, traduz a sobreposição de uma cultura e de uma civilização manifesta no relevo dado à representação das vozes, das visões e das personagens identificadas com um imaginário determinado. Isto é, trata-se de um sistema representacional hierarquizador caracterizado, de modo mais ou menos explícito, pelo predomínio, num espaço alienígena, de uma ordem ética, estética, ideológica e civilizacional, neste caso, vincadamente eurocêntrica" (NOA, Francisco. *Império, mito e miopia: Moçambique como invenção literária*. Lisboa: Caminho, p. 21-22).

DÉRCIO BRAÚNA

criar no pós-independência moçambicano, os versos de Mia Couto não deixaram de partilhar da crença, da "estrutura de sentimento", então "dominante", de que agora a história havia de ser outra.[146] O sentimento de que falo pode ser lido nos versos do poema "Eles":

> Desde que chegaram
> ficou sem repouso a baioneta
> e os chicotes tornaram-se
> atentos e sem desleixo
> [...]
> Na esperança que nos restava
> escavaram um cego labirinto
> instalaram pontual a humilhação
> para que os *nossos* sonhos
> não tivessem residência
> e para que não *déssemos* conta
> de que *havíamos* nascido
> os *nossos* nomes *nos* retiraram
>
> Quanto tempo demorou esse tempo
> quantas palavras *sepultámos* nesse silêncio
> em quantos bares se esfumou a *nossa*
> revolta
> em quantos planetas sem luz

---

146 Remeto aqui ao pensamento de Raymond Williams, em seu *Marxismo e literatura* (Trad. Waltensir Dutra. Rio de Janeiro: Zahar, 1979). Sobre essa discussão, vale tomarmos as considerações de Beatriz Sarlo sobre o pensamento de Williams. Para a autora, uma *estrutura de sentimento*, na proposição de Williams, podia ser pensada como "tom geral" de um período, incluindo: a trama do passado vivido e o surgimento do novo que ainda não se impôs. Seria "um *compositum* em que os tons, os matizes, os desejos e as constrições são tão importantes quanto as idéias e as convenções estabelecidas". Seria uma *hipótese cultural*, e, como tal, "aspira a dar conta dos processos de passagem e mediação". Assim, "na medida em que ela capta os tons de uma época, permite ver o que há de comum entre discursos e práticas cujos materiais são diferentes. O que impregna um período, para além das diferenças sociais, se inscreveria no campo coberto por essa noção". Daí a articulação de *estrutura de sentimento* com as noções de *dominante, residual* e *emergente*, as quais "caracterizariam as relações dinâmicas e os contrastes no interior de uma mesma cultura" (SARLO, Beatriz. "Raymond Williams: uma releitura". In: *Paisagens imaginárias*. São Paulo: Edusp, 1997, p. 91-92).

tivemos que esperar por uma bandeira?
Nós éramos tribo
carvão aceso nos altos-fornos
e pelo gesto escravo em *nossas* mãos
se poliram os minerais
se alinharam caminhos de ferro
se uniram pontes
fazendo morrer abismos e torrentes
transpiram de vapor as grandes fábricas
e uma emaranhada teia
recobriu a *nossa* dimensão
despovoando-*nos*
adiando a *nossa* vida
por incontáveis vidas
[...].[147]

Temos em "Eles" a denúncia de muitas práticas dos tempos coloniais: o trabalho degradante nas minas de carvão e de minérios, inclusive na África do Sul, sendo essa exportação de mão de obra uma das grandes fontes de divisas para o colonialismo português (e também para o Estado socialista independente);[148] nos caminhos de ferro, nas grandes fábricas; e mesmo outras de ordem mais simbólica, como a substituição dos nomes nas línguas locais por nomes portugueses, algo que outras obras de Mia Couto nos trazem. Como os Malilanes, rebatizados como Marianos, em *Um rio chamado tempo, uma casa chamada terra*. Como os Tsotsi, tornados Sozinhos, em *Venenos de deus, remédios do diabo*, sendo que estes já em decorrência de um processo de *colonialismo interno*, como nos conta o narrador da obra acerca do caso de Bartolomeu Tsotsi/Sozinho:

---

147 COUTO, Mia. *Raiz de orvalho e outros poemas...*, p. 32-34. Os grifos são meus.

148 Segundo João Carlos Colaço (da Universidade Eduardo Mondlane), "a política do trabalho migratório para as minas na África do Sul, iniciada pelo governo colonial, teve continuidade no governo da Frelimo", dada a necessidade das divisas oriundas do pagamento dessa força de trabalho (COLAÇO, João Carlos. "Trabalho como política em Moçambique: do período colonial ao regime socialista". In: FRY, Peter (org.). *Moçambique: ensaios...*, p. 102).

> Primeiro, foram os outros que lhe mudaram o nome, no baptismo [trocaram-lhe o nome em língua local por Bartolomeu]. Depois, quando pôde voltar a ser ele mesmo, já tinha aprendido a ter vergonha do seu nome original. Ele se colonizara a si mesmo. E Tsotsi dera origem a Sozinho.[149]

Práticas como a substituição, ou melhor, a negação da própria humanidade dos indivíduos: "nós éramos tribo", diz Mia; era-se "indígena", era-se "branco de segunda categoria".[150] Tudo isso eram vivências de um tempo em que *os sonhos não tinham residência*. Nem bandeira: "em quantos planetas sem luz/tivemos que esperar por uma bandeira?"

Mas, alçada ao alto essa bandeira, dado residência aos sonhos, qual haveria de ser o sentimento dos que se viam vivendo numa "fase exultante" da história? É esse espírito que anima as palavras de Samora Machel, um dos líderes da luta independentista e primeiro presidente moçambicano, quando de seu discurso na tomada de posse do governo transitório (20/09/1974 – 25/06/1975) que conduziu o processo de independência do país:

> Não escondemos as dificuldades nem perante elas fechamos os olhos. Mas nada nos pode fazer esquecer que nos engajamos

---

149 COUTO, Mia. *Venenos de deus, remédios do diabo*. Lisboa: Caminho, 2008, p. 110. E esta é uma prática denunciada por outros diversos autores moçambianos, entre os quais Marcelo Panguana, em seu livro de contos *As vozes que falam de verdade*. Nela, no conto "O percurso", temos a figura do "assimilado" Luís Madubana, que, na aquisição desse estatuto, torna-se Justino Freitas de Albuquerque: "Madubana, apelido da família, deixou de constar na sua caderneta [documento de identificação dos "indígenas" nos tempos coloniais] e foi riscado em todos documentos das repartições" (PANGUANA, Marcelo. *As vozes que falam de verdade*. Maputo: Associação dos Escritores Moçambicanos, 1987, p. 78).

150 "Eu mesmo, privilegiado pela minha cor da pele, era tido como um 'branco de segunda categoria'" (COUTO, Mia. *Moçambique: 30 anos de independência*). No entender de Elísio Macagno, a distinção jurídica entre "indígenas" e "não-indígenas" foi "uma distinção que se perpetuou durante toda a presença portuguesa na África" (MACAGNO, Elísio. "O discurso colonial e a fabricação dos usos e costumes: António Enes e a 'Geração de 95'". In: FRY, Peter (org.). *Moçambique: ensaios...*, p. 78). Eram entre essas duas categorias jurídicas extremas que se colocavam as *gradações* (de modo geral depreciativas) a que Mia remete, como no caso do "branco de segunda" (os nascidos no "Ultramar").

> hoje numa *fase exultante da nossa História*: pela primeira vez o Povo Moçambicano tem um Governo que é seu, um Governo dos seus representantes, um Governo para o servir.
>
> O Povo Moçambicano tem assim um instrumento capaz e pronto para fazer frente aos graves problemas da fase presente: Governo dirigido pela Frelimo.[151]

E numa "fase exultante" da História, a literatura deveria também partilhar dessa exultação, deveria assumir-se coletiva, abdicar do *eu* em nome do *nós*. Assim, como conclui o estudo de Maria Benedita Basto,

> os anos que se seguem [à independência] são anos de institucionalização desse cânone oficial, de abertura à produção poética das largas massas [todos podem escrever, era um dos estribilhos da Frelimo], e de fechamento da literatura numa óptica dicotómica entre a torre de marfim do "romantismo" burguês e a experiência histórica e transformadora da escrita revolucionária.[152]

Diante de tal dilema, "o que vai fazer a literatura?"[153]

Um dilema que traduz uma diferença, "que resumirei", com Kwame Anthony Appiah, "a título de *slogan*, como a diferença entre a busca do eu e a busca de uma cultura".[154] A escrita pós-independência, parte dela por jovens que lutaram (de armas na mão ou não) pela autonomia de seus países, tinha diante de si um compromisso: o de "pôr-em-escrita

---

151 MACHEL, Samora. *Mensagem ao povo de Moçambique – por ocasião da tomada de posse do governo de transição em 20 de setembro de 1974.* Porto: Afrontamento, 1974, p. 5-6. Grifos meus.

152 BASTO, Maria Benedita. "Relendo a literatura moçambicana dos anos 80". In: RIBEIRO, Margarida Calafate; MENESES, Maria Paula (orgs.). *Moçambique: das palavras escritas.* Porto: Afrontamento, 2008, p. 79.

153 *Ibidem.*

154 APPIAH, Kwame Anthony. *Na casa de meu pai: a África na filosofia da cultura.* Trad. Vera Ribeiro. Rio de Janeiro: Contraponto, 1997, p. 113.

a nação".[155] Daí, decerto, a diferença de propósitos apontada por Appiah entre a escrita de autores contemporâneos, na África (a busca por uma cultura, por escrever uma nação) e na Europa (a busca pelo *eu*, já dentro de coletividades de estabelecimento histórico mais antigo). No caso das jovens nações africanas, era preciso pôr em ação (*pôr-em-escrita*) os "dispositivos das nacionalidades", esse conjunto de regras que, conforme entendimento expresso por Durval Muniz de Albuquerque Júnior,

> impunha aos homens a necessidade de ter uma nação, de superar suas vinculações localistas, de se identificarem com um espaço e um território imaginários delimitados por fronteiras instituídas historicamente, por meio de guerras ou convenções, ou mesmo, artificialmente. Este dispositivo faz vir à tona a procura de signos, de símbolos que preencham esta idéia da nação, que a tornem visível, que a traduzam para todo o povo.[156]

Que sejam também capazes de preencher "o vazio deixado pelo desenraizamento de comunidades e parentescos, transformando esta perda na linguagem da metáfora", segundo Homi K. Bhabha.[157] No caso de Moçambique, essa metáfora se disse como O *Povo Moçambicano, Povo do Rovuma ao Maputo*. Uma metáfora anunciadora (mas que se pretendia tradutora) de uma unidade. Mas uma unidade que se sabia ainda em formação. Mesmo aqueles que comandaram o processo de luta independentista, não obstante a busca por costurar tal unidade com fios mais antigos, são cientes da necessidade de dar a ver a nação nascente, aí se incluindo sua narratividade (sua *escrevência*). Mesmo aqueles que falavam em nome da nação eram sabedores da tenuidade dos fios que costuravam essa ideia, quiçá por isso a necessidade de uma escrita da história – como a da Frelimo – que busca "Moçambique" quando ainda essa comunidade sequer era

---

155 Na expressão de Maria Benedita Basto, em *A guerra das escritas...*, p. 296.

156 ALBUQUERQUE JÚNIOR, Durval Muniz de. *A invenção do Nordeste e outras artes*. 3ª ed. Recife: FJN/Massangana; São Paulo: Cortez, 2006, p. 48.

157 BHABHA, Homi K. "DissemiNação". In: *O local da cultura...*, p. 199.

imaginada.[158] A nação, a ideia de se ser uma nação, foi-se construindo no caminho, à medida do avançar da luta pela independência, bem assim como na sequência desta.[159]

Daí o entendimento de um dos mais destacados estudiosos da história dos territórios que hoje é Moçambique, José Capela, de que buscar a "nação moçambicana" antes do tempo da luta independentista é "um equívoco" ("deliberado ou não"):

> Que é o [equívoco] de tratar a História de Moçambique como se esta fosse a de um território, de um povo, de uma nação perfeitamente definidos, formando uma unidade ao longo do tempo.
>
> Ora, como é sabido, só há 100 anos [o texto é de 1991] é que se fixaram as fronteiras actuais de Moçambique. Mas o problema não reside na delimitação de terreno. Outrossim nas sociedades que elas acantonam ou dividem, nos seus conflitos, também nas incidências que sobre elas se abatem com os traçados fronteiriços comandados à distância.
>
> A unidade física de Moçambique é fruto da última fase do sistema colonial mas a sua unidade moral, isto é, a consciência ou identidade nacional referida ao todo moçambicano só terá sido adquirida com a luta pela independência.[160]

Além disso, havia ainda outros fatores a dificultar o processo de construção imaginária dessa comunidade. Caso da propaganda da ideia de

---

158 Os *fios mais antigos* com que se busca costurar a nação que digo fazem referência ao trabalho de escrita da história moçambicana pela Frelimo, no qual há a busca por dar à unidade "Povo Moçambicano" uma nascença que ultrapasse, que negue os marcos da escrita da história colonizadora. É o que temos posto na introdução de *História de Moçambique*, edição da Frelimo, já antes referida (FRENTE DE LIBERTAÇÃO DE MOÇAMBIQUE. *História de Moçambique*).

159 É essa a percepção que encontramos em Eduardo Mondlane, em seu *Lutar por Moçambique*.

160 CAPELA, José. "O apriorismo ideológico na historiografia de Moçambique". In: JOSÉ, Alexandrino; MENESES, Paula Maria G. (orgs.). *Moçambique – 16 anos de historiografia: focos, problemas, metodologias, desafios para a década de 90*. Vol. I. Maputo: Cegraf, 1991 (Col. Painel Moçambicano) [p. 73-78], p. 77. A obra é uma coletânea de artigos e depoimentos resultantes do Primeiro Painel de Historiografia de Moçambique, realizado em Maputo, de 31 de julho a 3 de agosto de 1991.

um "Portugal Maior", segundo a qual Moçambique (assim como as demais colônias) seria parte da grande nação portuguesa. Essa ideia de um *Portugal Maior*, por ser uma construção distante, dificultava mais ainda o desenvolvimento "dum conceito de 'Moçambique'", propiciando, inclusive, no entender de Eduardo Mondlane, a acentuação do "tribalismo" e sua unidade social mais imediata.[161]

Para transpor essa barreira da falta de comunicação de experiências comuns, para desenvolver uma "consciencialização única" para o espaço moçambicano, a Frelimo fez uso da palavra, da narração. Instituiu um ritual: "a narração de sofrimentos". Mia passou por ele: "há uma história de quando eu passei de simpatizante a militante da Frelimo: tínhamos que fazer uma prova, e a prova chamava-se 'a narração do sofrimento'".[162] Para descrição dessa prova, recorro ao antropólogo José Luís Cabaço:

> O acesso ao espaço da revolução nacional obedecia a um ritual de passagem que ganhou o nome de "narração de sofrimentos".
>
> Sem excepção, todo o moçambicano que aderisse à luta passava por ele. Perante uma assembleia de todos os combatentes presentes no local, o elemento recém-chegado deveria declarar sua minuciosa identificação (nome, família, aldeia, chefe etc.) e narrar a sua própria história de vida, detalhando as motivações de sua decisão de se juntar à luta: as situações de opressão e exploração vividas, as humilhações sentidas, os sofrimentos físicos e psicológicos pelos quais passara. Após sua apresentação, a assistência pedia esclarecimentos sobre algumas passagens e teciam-se comentários e declarações. De apoio ou crítica. Um comissário político moderava o debate. Como fase conclusiva da sessão, os presentes eram convidados a apresentar outras experiências de humilhação e sofrimento por eles vividas, ou do seu conhecimento, passadas em outras regiões de Moçambique. Os quadros mais qualificados, ou o próprio comissário político,

---

161 MONDLANE, Eduardo. *Lutar por Moçambique...*, p. 108.

162 COUTO, Mia. "'Posso ter que sair de Moçambique': Mia Couto denuncia 'discurso da raça' em entrevista ao Público. Entrevista a Alexandra Lucas Coelho". *Público*, Lisboa, 15 jun. 2000.

> recordavam histórias de anteriores "narrações de sofrimentos", ouvidas de recrutas de outras proveniências etnolinguísticas, estabelecendo paralelismos.
>
> A "cerimônia" desempenhava, simultaneamente, uma função de vigilância, outra de natureza psicológica e a terceira, a mais importante, de carácter ideológico. [...]
>
> As fronteiras da experiência extrapolavam, por analogia, a geografia da "sua região".[163]

E nesse *extrapolar* da geografia da região (com todas as marcas identitárias que a ideia de região comporta no estabelecimento de *paralelismos* entre experiências) desenhavam-se os contornos de uma buscada unidade da nação. Desse modo, podemos dizer que a narração de experiências de vidas ia também narrando a nação. O que, bem se sabe, trata-se de um complexo processo, que envolve lembrar e esquecer (a seleção do que lembrar e do que esquecer), processo no qual a narração, como se viu, é crucial. Assim como também o é a escrita, a literatura.

E o é porque, operando no "território simbólico da nação", ela é um dos meios através dos quais se realiza o duplo trabalho de *vazamento* e *repovoamento* desse território simbólico, numa busca por construir um imaginário, "que mostra não tanto o que somos, mas *o que poderemos ser*".[164] É nesse sentido que podemos falar de um caráter instrumental da literatura: ao lidar com o passado, ao tomá-lo em sua oficina criadora para lê-lo e relê-lo, para despedaçá-lo e retramá-lo, a literatura atua como partícipe na fabricação do futuro. Prática moderna, ela atua dentro daquela concepção de tempo que Hartog nominou de "regime moderno de historicidade", no qual a ideia de futuro é fundamental. Mesmo quando lida com o passado, quando o valoriza ou o questiona, a criação literária não deixa de estar atrelada ao futuro. Por meio de

---

163 CABAÇO, José Luís. *Moçambique: identidade, colonialismo e libertação...*, p. 298.

164 COUTO, Mia. "O novelo ensarilhado". In: *E se Obama fosse africano e outras interinvenções...*, p. 205-206. Grifos meus.

seus mecanismos, como a fabricação de cânones, a literatura (aqueles que atuam em seu "campo") alinhava passado, presente e futuro, nisso articulando tempo e autoridade – esse "outro nome da tradição", segundo François Hartog –, a qual, por meio dos "modos de sua expressão" e do "aparelho de sua transmissão" busca garantir que não se parta a linha que costura os contornos (simbólicos) da nação.[165]

Mais uma vez, temos expressa a tensa relação entre expectativa (*o que poderemos ser*) e experiência (o imaginário do que somos, que inclui a percepção do que entendemos que fomos) que permeia o trabalho de *escrevência da nação,* no qual a literatura está imbricada, desse modo deixando perceber uma sua "ambivalente característica", qual seja: a de "reflectir as dinâmicas identitárias, por um lado, e de se afirmar, ela própria, como um dos elementos inexoráveis dessas identidades em movimento, por outro",[166] sendo essa uma especificidade sua (ou da arte, de um modo mais geral), que é a de apreender as experiências sociais em processo, ainda "em solução", no entender de Raymond Williams, as quais só são capturáveis noutros "sistemas formais" quando já estão "categoricamente reduzidas".[167]

A literatura, pois, tem o desejo de captar *sentires em processo,* ambivalentes, liminares, "em solução". E é nessa ambivalência, nessa relação tensa que a *delicada escrevência* da nação se opera, que a *Nyumba-Kaya* moçambicana, enquanto metáfora, ganha textualidade. E "a metáfora, como sugere a etimologia da palavra, transporta o significado de casa e de sentir-se em casa".[168] Assim o é a Nyumba-Kaya; já em seu nome ela abriga, acolhe os muitos que a casa/nação é:

---

165 HARTOG, François. "Tempos do mundo, história, escrita da história"..., p. 23-24.

166 JOSÉ, Adriano Cristiano. "Revolução e identidades nacionais em Moçambique: diálogos (in) confessados". In: RIBEIRO, Margarida Calafate; MENESES, Maria Paula (orgs.). *Moçambique: das palavras escritas...*, p. 143.

167 WILLIAMS, Raymond. *Marxismo e literatura...*, p. 135-136.

168 BHABHA, Homi K. "DissemiNação". In: *O local da cultura...*, p. 199.

> Por fim, avisto a nossa casa grade, a maior de toda a Ilha. Chamamo-lhe Nyumba-Kaya, para satisfazer familiares do Norte e do Sul. "Nyumba" é a palavra para nomear "casa" nas línguas nortenhas [suaíli]. Nos idiomas do Sul [línguas bantofônicas], casa se diz "Kaya".
>
> [...] A grande casa está defronte a mim, desafiando-me como uma mulher. Uma vez mais, matrona e soberana, a Nyumba-Kaya se ergue de encontro ao tempo.[169]

Ou mais propriamente: *é erguida* no tempo, textualizando-o, dando a ele um sentido, uma significância, uma problematização. Assim, podemos entender, como o fazem Maria Nazareth Soares Fonseca e Maria Zilda Ferreira Cury, que "a casa nos romances de Mia Couto tanto pode ser entendida como metonímia da nação moçambicana quanto problematizar essa mesma relação" ao inseri-la na temporalidade,[170] pois, como expressa um dito de Tizangara – uma invenção de Mia em *O último voo do flamingo* –, "o mundo não é o que existe, mas o que acontece".[171] Bem como a história não é o que existe, mas o que, do acontecido, é narrado.

É absolutamente significativo que nessas casas de sua invenção – seja a Nyumba-Kaya, seja a casa doutros romances, como a velha casa da família Sozinho, em *Venenos de deus, remédios do diabo*; como a "fraqualeza" São Nicolau, o asilo-casa de *A varanda do frangipani* – a escrita (e também a fala, o contar) desempenhem um papel fundamental nas "revelações" que se dão, ao final das narrativas, enredando os seus viventes nas tramas de um passado. Nos romances miacoutianos, a casa só ganha repouso depois que seus viventes ajustam contas com seu passado. Trata-se, pois, de narrativas que desenham a experiência temporal dos habitantes das *casas-narradas*.

---

169 COUTO, Mia. *Um rio chamado tempo, uma casa chamada terra...*, p. 28-29.

170 FONSECA, Maria Nazareth Soares Fonseca; CURY, Maria Zilda Ferreira. *Mia Couto: espaços ficcionais...*, p. 98.

171 Dito da Tizangara, aposto à abertura do primeiro capítulo de *O último voo do flamingo*.

Assim e em suma, um primeiro aspecto para se pensar o *desanoitecer das vozes* é este: da *desocupação do silêncio* pela possibilidade de narrar, de *pôr--em-escrita* a casa-nação e sua experiência no e do tempo. As literaturas pós-coloniais trouxeram essas *falas outras* para o campo dos embates da significação e resignificação da história, inscrevendo uma dizibilidade onde antes se dizia nada haver, tornando um espaço exótico (a África até então) num "*locus* enunciativo", produtor de escritas fustigadoras de dogmas e cânones.[172]

Mas há, como ao princípio deste tópico anunciado, um segundo sentido para o pensamento do *desanoitecer das vozes*, mais próprio (mais específico) ao caso da obra miacoutiana. Um sentido portador de um senso de ambiguidade em relação ao sentido primeiro, antes colocado, de *possibilidade de narrar*, de *pôr-em-escrita* a nação. É o sentido da "deslegitimação" da nação narrada, como entende Appiah;[173] da *desilusão crítica*, apontada por Elikia M'Bokolo;[174] num processo que reivindica, agora, mais que o anterior direito de narrar, o direito de ressignificar, como colocado por Lynn Mário T. M. de Souza;[175] de ler criticamente a "des-realização" (termo tomado a Homi K. Bhabha[176]) da igualdade prometida, de cobrar pelas

---

172 REIS, Eliana Lourenço de. *Pós-colonialismo, identidade e mestiçagem cultural: a literatura de Wole Soyinka*. Rio de Janeiro: Relume-Dumará; Salvador: Fundação Cultural do Estado da Bahia, 1999, p. 120.

173 APPIAH, Kwame Anthony. *Na casa de meu pai...*, p. 213.

174 M'BOKOLO, Elikia. *África negra: história e civilizações.* – Tomo II..., p. 593.

175 SOUZA, Lynn Mário T. Meneses de. "Hibridismo e tradução cultural em Bhabha". In: ABDALA JÚNIOR, Benjamin (org.). *Margens da cultura: mestiçagens, hibridismo & outras misturas*. São Paulo: Boitempo, 2004, p. 130.

176 BHABHA, Homi K. "Democracia des-realizada". *Tempo brasileiro*, Rio de Janeiro, nº 148, jan.-mar. 2002, p. 67-80. Bhabha anota que o uso do termo "des-realização" segue o sentido do conceito de "distanciamento" proposto por Bertold Brecht: "uma *distância* crítica ou alienação desvelada no início da nomeação da construção da experiência democrática e suas expressões de igualdade". Bhabha atribui ainda outro sentido a seu uso de "des-realização", o "sentido surrealista", "isto é, situar um objeto, idéia, imagem ou gesto num contexto *que não lhe é próprio*, com o propósito de desfamiliarizá-lo, para frustrar sua *referência* naturalística ou normativa" (p. 70, os grifos são do autor). O uso que faço aponta de modo mais detido ao primeiro sentido apontado por Bhabha (o de uma distância crítica), mas também não deixa de apontar para o segundo (o deslocamento da referência original), pois que meu uso

NYUMBA-KAYA **101**

palavras ditas e escritas, de perguntar, como faz Mia em *Terra sonâmbula*: "onde estão os princípios, a razão que pediram aos mais jovens para dar suas vidas?"[177]

O *desanoitecer das vozes*, neste segundo sentido que proponho, mais específico à obra miacoutiana, diz respeito a esses processos – deslegitimação da nação narrada, desilusão crítica, direito de resignificação, crítica à des-realização de promessas – apontados pelos pensadores convocados ao texto; diz respeito aos modos como eles se deram na história moçambicana, aos modos como em sua literatura Mia os ler e os escreve, entendendo, com Paul Ricoeur, que "uma das funções da ficção, misturada com a história, é liberar retrospectivamente certas possibilidades não realizadas do passado histórico".[178] Penso que a obra miacoutiana se constitui acatando essa "função" da escrita literária.

Algo que começa já em *Raiz de orvalho*, o primeiro livro. Nele, Mia um pouco *des-realiza* a linha oficial seguida pela literatura moçambicana de então. Sua poesia, marcada por um lirismo mais intimista, pretendia, em suas palavras, ser uma "certa reacção contra esta única forma de escrever", então dominante em Moçambique, que era a de uma literatura marcadamente militante, "explicitamente política, ao serviço da causa revolucionária etc." O projeto que animava o livro, para Mia, era uma afirmação do *eu*, "não contra o *nós*, mas a favor dum colectivo mais verdadeiro." Tanto que, apesar desse intento de afirmação de um lirismo intimista, também havia, junto a esses, "poemas de exaltação de uma causa", "marcados do ponto de vista ideológico"[179] (veja-se o poema "Eles", já antes transcrito). A poesia de *Raiz de orvalho* surgia carregando nas linhas

---

de "des-realização" não incide necessariamente sobre a "experiência democrática", mas sim sobre todo o ideário de sonhos e projetos pós-independentes, que não se colocaram por meio de uma via democrática, mas sim por meio de um partido único (a Frelimo).

177 COUTO, Mia. *Terra sonâmbula...*, p. 171.

178 RICOUER, Paul. *Tempo e narrativa. Vol. III (O tempo narrado)*. Trad. Claudia Berliner. São Paulo: WMF Martins Fontes, 2010, p. 327.

179 COUTO, Mia. "Entrevista". In: LABAN, Michel. *Moçambique: encontro com escritores.* Vol. III..., p. 1000-1001.

de seus versos algumas questões prementes àqueles tempos de Moçambique, e que tinham a ver justamente com o papel, o *compromisso* – termo complexo[180] – da literatura em pôr-em-escrita a nação.

Para Mia, era essa concepção do mundo – excludente dos *eus* – que fazia anoitecer as vozes. Sem estar disponível à escuta das muitas nações havidas dentro da nação moçambicana, produzia-se, no máximo, indivíduos como um certo "marxista não-praticante", ou, "por respeito ao marxismo", um "marxistianista", retratado por Mia em "O secreto namoro de Deolinda", um dos textos de *Cronicando*:

> Ele desconhecia a alma da sua nação, despatriado, autogâmico. A política dera-lhe um véu, em vez de uma ponte para atravessar as distâncias. Ele deixou de escutar Moçambique, seus muitos protagonistas.
>
> Durante catorze anos, este homem não falou: apenas usou da palavra. Seu único cenário de existência era a reunião. Não se deteve na rua, no caudal do passeio. Não repartiu bula-bulices [conversa fiada] com a vizinhança. O povo, para ele, começa e acaba no empregado doméstico. O resto, são as massas. Assim mesmo, vagas e cacimbolentas [de cacimbo, névoa]. Nem ele sabe o concreto de um vivente, seu nome, sua história. Coitado do marxistianista, sem aperto de mão que lhe aqueça.[181]

---

180 A complexidade que aponto é aquela que podemos ler em Raymond Williams, em seu *Marxismo e literatura*, e que passa pela percepção de que o compromisso e o alinhamento de uma escrita não devem ser tidos como algo fora da escrita (determinando-a), uma "mensagem" a ser transmitida. O entendimento proposto por Williams (a "posição marxista mais significativa") é o de se pensar a "ligação radical e inevitável entre as relações sociais do escritor (consideradas não só individualmente, mas em termos das relações sociais gerais da 'literatura' numa sociedade e períodos específicos, e dentro destes as relações sociais existentes em determinados tipos de literatura), e o 'estilo', ou 'formas', ou 'conteúdo' de sua obra, agora considerados não abstratamente, mas como expressões dessas relações" (p. 203). Ou seja: compromisso/alinhamento não são um *fora* que determinam um *dentro* da obra; é na tensão que eles se dão, "nas complexidades da prática" (p. 202) (WILLIAMS, Raymond. *Marxismo e literatura...*, p. 202-203).

181 COUTO, Mia. *Cronicando...*, p. 134.

O coitado do marxistianista, se era um homem usador da palavra, certo era ser um homem de voz anoitecida, voz sem fala, que não aquecia, que não encostava na vida, nas bula-bulices das gentes.[182]

Gentes cujas vozes incitaram a necessidade da prosa no poeta Mia Couto. Ao se iniciar aí (na prosa), são justamente as vozes que entende estarem anoitecidas que Mia traz, em sua recriação literária, a suas páginas. São elas que lhe dão título e substância.

Vozes anoitecidas, de 1986, é uma reunião de oito contos (aumentados para doze na edição portuguesa de 1987). Na nota de abertura ao livro, Mia escreve: "estas estórias desadormeceram em mim sempre a partir de qualquer coisa acontecida de verdade mas que me foi contada como se tivesse ocorrido na outra margem do mundo".[183] E esse fio de *qualquer coisa acontecida de verdade* diz respeito, em boa medida, aos tempos da guerra civil que, de 1976 a 1992, foi-se, paulatinamente, alastrando por todo o país, sobretudo no espaço rural, espaço do desenrolar da maioria dos contos do livro. Tempos depois, em 1992 (quando se finda a guerra), numa entrevista a Michel Laban, indagado sobre como explicava esse título (*Vozes anoitecidas*), Mia remete à sua nota de abertura ao livro, esclarecendo que:

> trata-se de histórias que foram recolhidas através de depoimentos, através de vozes que, estando presentes na realidade moçambicana, estão como se fossem ocultas numa certa neblina. Não estão adormecidas, porque elas estão num estado de vigília latente, mas estão como se estivessem sujeitas a uma espera tal qual a noite. Daí vozes que estão em estado de noite, aguardando este toque da madrugada que as faça despertar.[184]

---

182 Gentes como as do conto "Na hora da mudança", do livro *As vozes que falam de verdade*, de Marcelo Panguana – aqui emaranhando as questões postas pela obra de Mia à de seus pares –, sempre dadas a "mexericos": "Ali, naquele recanto do bairro de Inhagoia era sempre assim. Um mexerico aqui, outro acolá, e a conversa desenvolvia-se, intrigava, tranformando-se em cada hora e local em mistério ou humor, conforme a conveniência e a eloqüência de cada um" (PANGUANA, Marcelo. *As vozes que falam de verdade...*, p. 52).

183 COUTO, Mia. *Vozes anoitecidas...*, p. 19.

184 COUTO, Mia. Entrevista. In: LABAN, Michel. *Moçambique: encontro com escritores*, vol. III..., p. 1017.

A guerra, que opôs Frelimo e Renamo, seria o tempo dessa espera a que as vozes se viam então sujeitas. Ela que trouxe a ruptura de um ordenamento do mundo presente nesses espaços, que incluía não apenas os viventes, pois que se sustentava no equilíbrio da relação havida entre os vivos e os idos. Não é acaso que um estudioso desse conflito, Christian Geffray, debruce-se sobre tais rupturas ao buscar "a causa das armas" da guerra em Moçambique. *Dando voz* a "chefes linhageiros", estes lhe dão sua "teoria" sobre as origens da guerra. É o caso de Yamaruzu, "a decana duma linhagem nobre da região". Eis a sua versão:

> Eram os mpéwé [chefes] que faziam existir a comunidade através do epepa [...]. Graças ao epepa a desgraça nunca atingia a comunidade. Esta guerra que nos aflige hoje foi fabricada pelo "abaixo". Não podíamos fazer nada: não podíamos depositar o epepa nem podíamos ir a nenhum local sagrado porque tínhamos medo. Quando nos surpreendiam a depositar o epepa, éramos presos.
>
> Foi por isso que deixámos de depositar o epepa: para deixar os donos [a Frelimo] fazerem o que queriam, para deixar os akunha fazerem o que queriam. Deixámos de por o epepa e por causa disso a guerra, quando chegou, não pediu autorização para entrar. A comunidade era regularmente protegida pelo epepa. Então, quando a guerra veio..., esta guerra, na nossa comunidade, já ninguém a podia impedir.[185]

E aqui vale trazermos para o corpo do texto as notas que Geffray apõe à fala de sua depoente. Creio que elas são de fundamental importância para percebermos o *anoitecimento* das vozes a que se refere Mia Couto.

Primeiramente, por ser a espinha dorsal da fala da depoente, consideremos a conceituação de Geffray para o "epepa":

---

185 GEFFRAY, Christian. *A causa das armas...*, p. 27-28. As interpolações entre colchetes são do autor. Sua investigação se dá no distrito de Erati, província de Nampula, região norte de Moçambique.

O epepa é a farinha de sorgo que cada chefe de linhagem (humu) tem e que lhe permite comunicar com os antepassados do seu grupo. No momento da consagração do mpéwé, chefe de chefatura, este recebe uma porção do epepa de cada um dos chefes de linhagem que pertencem a sua chefatura. O epepa do mpéwé é, pois, especial e permite-lhe comunicar com o espírito dos antepassados de todos os membros de sua chefatura, independentemente da sua origem linhagística. A protecção desses espíritos é frequentemente invocada em caso de doença, de seca, para conjurar malefício ou, no caso presente, o flagelo da guerra.[186]

Outra nota de Geffray é a que remete ao termo "abaixo". Nela, ele nos informa de que sua depoente está se referindo "aos *slogans* ritualmente proferidos pelas novas autoridades locais, que marcam o início e o fim das suas intervenções públicas". Assim, o "abaixo" referido designa, na fala de Yamaruzu, "a Frelimo e a veemência do seu discurso".[187] Um discurso "materialista", *crente* confesso nos seus *iluminados* valores, os quais, com uma certeza inquebrantável, *poriam abaixo* "o tribalismo" e o "obscurantismo", "a superstição" e "as ideias tradiconalistas e reaccionárias" que caracterizavam, no entender do "poder novo", as "feudais sociedades tradicionais" ainda presentes, vivas em sua reprodução social, no espaço (sobretudo rural) moçambicano.[188]

Uma última nota de Geffray refere o termo "akunha":

> *Akunha* (sing. n'kunha) significa literalmente "brancos" (a cor) e designava outrora os europeus. O termo designa hoje por extensão todas as pessoas bem vestidas, ricas ou que dispõem

---

186 *Ibidem*, nota de rodapé de nº 3.

187 *Ibidem*, nota de rodapé de nº 4.

188 Trata-se de ideias e imagéticas reiteradas por toda a produção discursiva dos líderes frelimistas. Os termos destacadas nesta passagem estão no discurso proferido por Samora Machel, em 16 de fevereiro de 1978, durante a reunião de abertura do ano letivo de 1978, realizada em Maputo (MACHEL, Samora. *A educação é uma tarefa de todos nós: orientações do presidente Samora Machel no início do ano lectivo de 1978*. Maputo: Tipografia Notícias, 1978).

duma autoridade exterior à sociedade local, qualquer que seja a cor da sua pele. No caso presente [da fala de Yamaruzu], trata-se das novas autoridades políticas da Frelimo.[189]

Estes apontamentos do pensamento de Christian Geffray acerca da "causa das armas" em Moçambique aqui trazidos vão ao encontro do de Mia Couto em sua percepção sobre o *anoitecimento* das vozes por ele percebido (e ficcionalizado) em Moçambique.

Em suas obras, temos evidenciada a força da presença dessas relações com o mundo dos idos – antes lida no depoimento de Yamaruzu a Geffray – no ordenar do mundo rural moçambicano, em seu ciclo de reprodução social, em diálogo com o mundo natural. São eles (os idos, os antepassados), por exemplo, que "mandam na vontade da chuva", como nos lembra um velho senhor, de nome Jossias, personagem do conto "De como o velho Jossias foi salvo das águas", de *Vozes anoitecidas*. Chuva essa que, nos tempos de sofrimento da guerra, não vinha. No conto, nos é dito que "durante três anos os velhos insistiram, conversando com os mortos", mas "nem uma gota se convencera a descer",[190] tudo que se via eram "os destroços dos machimbombos [ônibus] queimados" ajuntados "ao sofrimento das machambas [roças, terras de cultivo] castigadas pela seca". Daí que muitos já se perguntassem: "agora só o sol é que chove?"[191] As lembranças do velho Jossias remetem aos tempos de longas secas por que passou Moçambique (década de 1980 e 1990[192]) e que, na interpretação de mundo das comunidades rurais, mantinham laços de relação com os

---

189 GEFFRAY, Christian. *A causa das armas...*, p. 28, nota de rodapé de nº 5.

190 COUTO, Mia. *Vozes anoitecidas...*, p. 106.

191 *Ibidem*, p. 98.

192 João Paulo Borges Coelho, em estudo sobre as calamidades naturais vivenciadas em Moçambique desde a independência, apresenta-nos um quadro dessas calamidades. Nesse quadro, que vai de 1976 a 2001, há registro de secas para os anos de 1981, 1987, 1991 e 1994. No quadro, são destacados ainda cheias e ciclones (COELHO, João Paulo Borges. "Estado, comunidades e calamidades naturais no Moçambique rural". In: SANTOS, Boaventura de Sousa (org.). *Semear outras soluções: os caminhos da biodiversidade e dos conhecimentos rivais*. Rio de Janeiro: Civilização Brasileira, 2005, p. 217-251).

acontecimentos da guerra, em seu desrespeito para com os ritos e deveres devidos aos mortos.[193]

E se as secas fizeram acumular sofrimentos, depois delas vieram as águas transbordadas, as cheias que assolaram Moçambique, sobretudo ao longo das décadas de 1990 e 2000,[194] tempo em que "os poços começaram a cuspir"; "a água crescia, as coisas e os bichos era só nadarem", e os viventes a se perguntarem: "por que não descansas sofrimento? Depois de depois voltas mais outra vez...".[195] Sofrimento lido por esses sofrentes como uma fratura com os tempos em que a terra *conversava*, e em que essa *conversa* dos viventes com seus idos ordenava as linhas de sustento de seu mundo, em que essa conversa não era solapada pelos rebentamentos da guerra, em que a "tríade indivisível" natureza/sociedade/culto era respeitada.[196]

Tanto que, findada a guerra, é a chuva – a *abensonhada*, "recado dos antepassados" e não apenas "assunto de clima" – que vem "lavar" a terra do sangue derramado pela guerra. É essa a versão de Tristereza, a velha do

---

193 Renato Manuel Matusse, Airton Bodstein de Barros e Angela Maria Abreu de Barros, em texto apresentado no V *Seminário Internacional de Defesa Civil* (realizado em São Paulo, entre 18 e 20 de novembro de 2009), nos dizem dessas calamidades, enfatizando a importância dos fatores culturais das populações no dimensionamento dos riscos e na gestão de calamidades naturais. Reconhecem, contudo, que o sistema de gestão de calamidades em Moçambique não incorporou esses fatores culturais e aqueles a ele ligados – as chamadas "autoridades tradicionais" (MATUSSE, Renato Manuel; BODSTEIN, Airton; BARROS, Angela Maria Abreu de. Análise e avaliação do sistema de gestão de calamidades em Moçambique. Texto apresentado no V *Seminário Internacional de Defesa Civil*. São Paulo, 18-20 nov. 2009. Anais eletrônicos. Disponível em: <http://www.defencil.gov.br>. Acesso em: 30 jul. 2010). Tal percepção é também partilhada por João Paulo Borges Coelho. Para esse historiador, "decorridos quase trinta anos desde a independêcia do país, as políticas de resposta a calamidades naturais continuam, pois, a reservar um lugar altamente marginal para as comunidades rurais neste processo" (COELHO, João Paulo Borges. "Estado, comunidades e calamidades naturais no Moçambique rural"..., p. 233).

194 No quadro elaborado por João Paulo Borges Coelho, antes referido, há apontamento de cheias, em diferentes regiões, para os anos de 1977, 1978, 1985, 1989, 1996, 1998, 2000 e 2001.

195 COUTO, Mia. *Vozes anoitecidas*..., p. 108-110.

196 COELHO, João Paulo Borges. "Estado, comunidades e calamidades naturais no Moçambique rural"..., p. 235.

conto "Chuva: a abensonhada" de *Estórias abensonhadas* [1994]. Para a idosa senhora, não havia dúvida:

> a chuva está a acontecer devido das rezas, cerimónias oferecidas aos antepassados. Em todo o Moçambique a guerra está parar. Sim, agora já as chuvas podem recomeçar. Todos estes anos, os deuses nos castigaram com a seca. Os mortos, mesmo os mais veteranos, já se ressequiam lá nas profundezas. [...].
>
> *— Nossa terra estava cheia do sangue. Hoje, está ser limpa, faz conta é essa roupa que lavei. [...]*
>
> [...] Para Tristereza a natureza tem seus serviços, decorridos em simples modos como os dela. As chuvadas foram no justo tempo encomendadas: os deslocados [da guerra] que regressam a seus lugares já encontram o chão molhado, conforme o gosto das sementes. A Paz tem outros governos que não passam pela vontade dos políticos.[197]

"A Paz tem outros governos", nos é afirmado; tem outros modos de ser interpretada, significada, percebida pelas diversas gentes moçambicanas. Assim, quando Mia traz essas outras versões sobre os acontecimentos, sobre os motivos da guerra – qual seja: uma quebra com o mundo dos antepassados e não apenas uma questão de ordem político-militar, daí sua interferência nos ciclos da natureza, levando a constantes e seguidas secas e cheias –, ele está a nos propor um olhar (e uma escuta) mais atento para com esses outros modos de percepção e significação do mundo, não necessariamente regidos por ditames "racionalistas", tidos como os "únicos" capazes de permitir cognição e ação, como pretendido pela Frelimo e sua ideologia "materialista", que podemos ler a partir das palavras de Samora Machel:

---

197 COUTO, Mia. *Estórias abensonhadas...*, p. 61-62.

> A transformação dum raciocínio metafísico, próprio à nossa sociedade tradicional, num raciocínio científico e materialista, único capaz de analisar e transformar a sociedade e de mobilizar as leis da natureza a nosso favor, a libertação da energia criadora das massas, asfixiadas pelo conservantismo e imobilismo da sociedade passada [...], constituem exigências presentes do desenvolvimento da guerra e da reconstrução nacional.[198]

Ao nos propor um tal olhar (e escuta) mais atento aos diversos modos de significação presentes no espaço rural moçambicano, Mia coloca-nos à reflexão a percepção de que esses outros modos de estar e perceber o mundo permanecem vivos, dinâmicos na realidade social do país, não se tratando, pois, de algo do domínio do passado, mas antes da dinâmica da vida. E vale enfatizar que, para Mia,

> não se trata de romantizar os conhecimentos chamados empíricos. Esses conhecimentos são insuficientes para enfrentar os desafios da modernidade. Mas eles constituem um património experimentado durante séculos. Se estes ensinamentos foram incorporados na cultura, é porque revelaram eficácia. Há que os reconhecer, testar e proceder a mestiçagens entre diferentes sistemas de ciência e sabedoria.[199]

Trata-se, pois, de vozes a merecerem ser ouvidas, mas que, dentro da "sociedade nova" e "revolucionária" pretendida, foram ouvidas apenas como resquícios obscurantistas, como transmissoras de práticas de um mundo "feudal" (segundo a interpretação frelimista), já em vias de extinção graças à "revolução" que se vivenciava; desouvidas vozes tidas como falas do avesso da razão e da ciência, indesejáveis nesse tempo

---

198 MACHEL, Samora. *O processo da revolução democratica popular em Moçambique...*, p. 31. Grifo meu.

199 COUTO, Mia. "Uma natureza pouco natural?" In: SAÚTE, Nelson (org.). *Moçambique: a oitava cor do arco-íris/Mozambique: el octavo color del arco iris*. Madri: Agencia Española de Cooperación Internacional, 1998 [p. 19-27], p. 25-26.

novo em formação. Qualquer ligação a esse mundo não materialista era tida como forma de camuflagem da opressão; "os mitos e a superstição", caucados na autoridade dos antepassados, eram não mais que uma máscara à "realidade cruel da opressão dos senhores feudais"[200] (leia-se "autoridades tradicionais").

Assim, a guerra – um processo doloroso, complexo – confrontava diferentes leituras, sendo que uma delas, justamente a das gentes dos espaços rurais, ali "onde a nação estava ardendo",[201] permaneceu, por longo tempo, silenciada. O que não implica dizer que essas *vozes* e suas *falas* tenham desaparecido. Houve um anoitecimento, propõe Mia, mas não um aniquilamento.

Se esse tempo da guerra foi um tempo de espera, decerto haveria um tempo do despertar, do *desanoitecimento* das vozes. E que tempo seria esse? Que *madrugada* viria desanoitecê-las, como referido por Mia em sua nota de abertura a *Vozes anoitecidas*? Em seu entender,

> a madrugada [desanoitecedora das vozes] é este encontro com os outros mundos que se harmonizam em Moçambique – ou que se desharmonizam [sic], ao mesmo tempo –, que convivem como se fosse uma comunhão de diferentes tempos, de diferentes séculos. Na medida em que elas [as "vozes anoitecidas"] conseguem repassar de um espaço para o outro, elas vão despertando, vão desanoitecendo. Vão desanoitecer através da via da poesia, da recriação literária.[202]

Eis que aqui temos confessada a percepção de Mia acerca do "trabalho" da literatura em relação àqueles que não "cabem" no "retrato" oficial da nação: recriar, à medida que inventa, os moçambiques (os muitos moçambiques) que, em seu entender, convivem – se harmonizam e

---

200 MACHEL, Samora. *Estabelecer o poder popular para servir às massas*. Rio de Janeiro: Coderci, 1979, p. 15.

201 COUTO, Mia. *Antes de nascer o mundo...*, p. 19.

202 COUTO, Mia. Entrevista. In: LABAN, Michel. *Moçambique: encontro com escritores*, vol. III..., p. 1017.

desarmonizam – no país do presente. Poder-se-ia dizer, e não creio ser demasiado esta implicação, que *o desanoitecer das vozes* pode ser lido como um "espírito de insatisfação", que "não é uma emoção negativa nem um colapso da esperança", mas insatisfação como "a capacidade de compreender" a partir do "'regressar' às condições sociais e históricas daqueles que se encontram no domínio da morte social – os excluídos, os marginalizados, os desprovidos",[203] aqueles que estão como que ocultos *numa certa neblina*, que estão *sujeitos a uma espera.*

São gentes, essas a que a ficção do autor objetiva desanoitecer as vozes, como os "aparecidos" Luís Fernando e Aníbal Mucavel, do conto "A história dos aparecidos", de *Vozes anoitecidas*; dois "mortos certos", idos nas águas dos tempos das enchentes, mas que teimaram em viver, em voltar à sua aldeia. Regressados, depois de muito sofrerem, longe de uma qualquer alegria pela sobrevivência, o que receberam foram as cobranças ao respeito dos normativos daqueles tempos:

> [...] chamaram os milícias. Compareceu Raimundo que usava a arma como se fosse enxada. Estava a tremer e não encostou outras palavras:
>
> — *Guia de marcha.* [uma autorização, criada no governo pós-independência, que se carecia para transitar fora do lugar de morada]
>
> — *Você está maluco, Raimundo. Baixa lá essa arma.*
>
> [...]
>
> A conversa não se resolvia. Luís e Aníbal foram autorizados a entrar para se explicarem às autoridades.
>
> — *Vocês já não são contados. Vão morar onde?*[204]

---

203 BHABHA, Homi K. "Ética e estética do globalismo: uma perspectiva pós-colonial". In: BHABHA, Homi K. *et al. A urgência da teoria.* Trad. Catarina Mira *et al.* Lisboa: Tinta da China/ Fund. Calouste Gulbenkian, 2007, p. 43.

204 COUTO, Mia. *Vozes anoitecidas...*, p. 117-118.

Depois da "estrutural" recepção, os aparecidos foram levados à presença de mais autoridades: "vamos falar com o chefe dos assuntos sociais. Ele é que tem a competência do vosso assunto". Por estas palavras, os aparecidos mais se entristeceram: "agora somos assuntos?" Na presença da autoridade competente, foram explicados do "peso deles, mortos de regresso imprevisto": "— Olha: mandaram os donativos. Veio a roupa das calamidades, chapas de zinco, muita coisa. Mas vocês não estão planificados". Cogitou-se a possibilidade de consulta às "estruturas superiores", mas se ponderou:

> — Não podemos consultar as estruturas do distrito, dizer que já apareceram fantasmas. Vão responder que estamos envolvidos com o obscurantismo. Mesmo podemos ser punidos.
>
> — É verdade — confirmou outro — Já assistimos um curso da política. Vocês são almas, não são a realidade materialista como eu e todos que estão connosco na nova aldeia.[205]

Não obstante o receio de consulta às "estruturas do distrito" (superiores), uma comissão veio à aldeia e, por fim, decidiu e anunciou a "conclusão oficial: os camaradas Luís Fernando e Aníbal Mucavel devem ser considerados populações existentes". Mas, advertiu-se: "é bom serem avisados que não devem repetir essa saída da aldeia ou da vida ou seja lá de onde. Aplicamos a política da clemência, mas não iremos permitir a próxima vez".[206] Em resumo: os dois aparecidos que ficassem agradecidos por terem o direito (oficial) de serem considerados gentes, populações existentes, uma realidade materialista.

Como alguém que viveu o tempo épico da independência, da vitória da luta contra o colonialismo irá pensar (sentir, imaginar, recriar, escrever) esse desprivilegiar das pessoas, em nome de quem se conceberam todos os sacrifícios? Essa indagação deve ser colocada à obra de Mia Couto e às suas memórias; é ela (essa indagação) que nos impõe a consideração da historicidade – o confronto entre expectativa e experiência, lembremos

---

205 Ibidem, p. 119.
206 Ibidem, p. 123.

– como um dos elementos marcantes na escrita do autor. Essa dimensão que quero colocar pode ser lida nas linhas de um texto por ele pronunciado em uma sua conferência sobre os trinta anos de independência de Moçambique. Nesse texto, Mia faz uso de suas memórias da madrugada de nascença de sua nação, na qual mesmo o tempo "se curvou" aos imperativos da história. Leiamos:

> Na noite de 24 de Junho, juntei-me a milhares de outros moçambicanos no Estádio da Machava [em Maputo, a capital] para assistir à proclamação da Independência Nacional, que seria anunciada na voz rouca de Samora Moisés Machel.
>
> O anúncio estava previsto para a meia-noite em ponto. Nascia o dia, alvorecia um país. Passavam 20 minutos da meia-noite e ainda Samora não emergia no Pódio. De repente, a farda guerrilheira de Samora emergiu entre os convidados. Sem dar confiança ao rigor do horário, o Presidente proclamou: "às zero horas de hoje, 25 de Junho..." Um golpe de magia fez os ponteiros recuarem. A hora ficou certa, o tempo ficou nosso.
>
> [...] Mais que um país celebrávamos um outro destino para as nossas vidas. Quem tinha esperado séculos não dava conta de vinte minutos a mais.[207]

"Quem tinha esperado por séculos não dava conta de vinte minutos a mais": leio nesta frase breve um longo horizonte de expectativas, ponto fulcral para as referências de todas as experiências por que passou Mia e Moçambique aquela madrugada. Que, no rastro de suas memórias, representava o *grau zero* da escrita da nação, um momento partilhado por milhares de "moçambicanos" naquele estádio e por muitos outros milhares por todo o país.

---

207 COUTO, Mia. *Moçambique: 30 anos de independência.*

A nação desanoitecia – "o tempo ficou nosso", diz Mia. Todas as vozes, agora, se fariam ouvir, numa babel libertária[208] daqueles que, por longo tempo, haviam permanecido em *estado de noite*, em sofrida espera. Era o que se cria: "nós ainda pensávamos [...] que era possível mudar o mundo, pelo menos criar uma sociedade nova naquele espaço".[209]

Não foi bem assim. É isto que a obra de Mia Couto nos dá a ler. É isto que suas intervenções, em muitas e diversas oportunidades, nos dizem: "Trinta anos depois poderíamos ainda fazer recuar os ponteiros do tempo?" [como naquela madrugada de 25 de junho de 1975] "A mesma crença mora ainda no cidadão moçambicano? Não, não mora",[210] responde-se Mia. Tanto que essa noite de nascença da nação – em que mesmo o tempo vergou-se à vontade –, acionada por sua memória, convive com outras noites, por ele imaginadas.

Noites como as que temos em *Terra sonâmbula* e em *Um rio chamado tempo, uma casa chamada terra*, nas quais esse nascer, metaforizado em dois partos, se converte num ato vazio (em *Um rio...*) ou se vê relegado à completa desumanização (em *Terra sonâmbula*). Definitivamente, aquela mesma crença não mora mais no cidadão moçambicano. "Hoje [fala em 1992] eu já não tenho essa ilusão."[211] E esse processo de perda da ilusão (e da confiança, sobretudo) é também parte – são linhas do mesmo tramado – dos "trabalhos da memória" de que fala o historiador Elikia M'Bokolo, quando nos diz que,

---

208 Expressão que, para o caso moçambicano, vai além do ornamento textual, pois que Moçambique "está classificado entre os primeiros 15 países da África com elevada diversidade linguística", incluindo-se aí o fato de partilha linguística (línguas que "violam as fronteiras geográficas") com países vizinhos: Tanzânia, Malaui, Zâmbia, Zimbábue, África do Sul, Suazilândia [Cf. LOPES, Armando Jorge. "Reflexões sobre a situação linguística de Moçambique". In: CHAVES, Rita; MACÊDO, Tania (orgs.). *Marcas da diferença: as literaturas africanas de língua portuguesa...*, p. 35-46.]

209 COUTO, Mia. *Moçambique: 30 anos de independência*.

210 *Ibidem*.

211 COUTO, Mia. In: LABAN, Michel. *Moçambique: encontro com escritores*, vol. III..., p. 1001.

paralelamente às investigações dos especialistas, um muito complexo trabalho da memória não cessou de agitar as sociedades africanas após as independências, sem dúvida em relação com as desilusões nacionais, muito visíveis nos anos 1980.[212]

Este apontamento de M'Bokolo alude a questões fundamentais para as reflexões sobre a pós-colonialidade africana, sobretudo para aquelas que tomam a literatura por matéria e pensamento: essa literatura faz parte do "complexo trabalho da memória" que se efetiva nesses espaços, que se dá "paralelamente às investigações dos especialistas". É esse trabalho que Inocência Mata nomina de "'funcionamento' extraliterarário" da literatura africana. Para Mata,

> talvez devido à natureza recente e por vezes ambígua das instituições do saber nas sociedades africanas, a literatura acaba por ser subsidiária de saberes que as Ciências Sociais e Humanas proporcionam. [...]
>
> Neste contexto, acabam os referenciais literários, em princípio apenas ficcionais, por enunciar problemáticas (políticas, ético-morais, socioculturais, ideológicas e económicas) que seriam mais adequadas ao discurso científico strictu senso. Assim, a literatura, baralhando os "canónicos" eixos da dimensão prazerosa e gnoseológica, do prazer estético e da função sociocultural e histórica, vai além da sua "natureza" primária, a ficcionalidade.[213]

Por tais circunstâncias, de formação recente e desenvolvimento por vezes incipiente dos saberes "canônicos", é que, "não raro",

---

212 M'BOKOLO, Elikia. *África negra: história e civilizações*, tomo II..., p. 605-606. Os grifos são meus. Lembremos que *Vozes anoitecidas* sai editado em 1986, três anos após os poemas de *Raiz de orvalho*, de 1983.

213 MATA, Inocência. "A crítica literária africana e a teoria pós-colonial: um modismo ou uma exigência?" *Ipotesi* – revista de estudos literários, Juiz de Fora, vol. 10, n.os 1 e 2, 2006, p. 34.

apenas por via da literatura [é] que as linhas do pensamento intelectual nacional se revelam, e se vêm revelando, em termos de várias visões sobre o país, actualizando identidades sociais, colectivas e segmentais, conformadas nas diversas perspectivas e propostas textuais.[214]

No que se refere ao saber historiográfico, a sua natureza recente nas sociedades africanas é destacada por Elikia M'Bokolo. Para o historiador, a história, "como disciplina científica", em África, começou com a chamada "geração de 1956". Esse marco em 1956 deve-se ao fato de ser esse

o ano em que se viram vários universitários africanos receber na Europa os seus títulos académicos mais elevados e que, sobretudo, deu simultaneamente a alguns jovens historiadores a oportunidade de suscitar a questão "do lugar e da função da história numa África em emancipação" na altura do Congresso dos Escritores e Artistas Negros, organizado na Sorbonne, pela revista Présence Africaine.[215]

Uma questão – essa que respeita ao escrever da "própria história" – a que Mia se refere numa sua conferência proferida em Maputo, em 2006, em homenagem a Henri Junod (missionário e estudioso suíço, autor de destacadas obras sobre diversos povos de Moçambique), quando diz:

Durante séculos, missionários [e não só; pensemos nos muitos estudiosos, sobretudo das chamadas "ciências dos povos primitivos"] europeus tiveram a incumbência de escrever a

---

214 *Ibidem*, p. 34.

215 M'BOKOLO, Elikia. *África negra: história e civilizações*, tomo II..., p. 591. Saliente-se que, no caso de Moçambique, essa primeira geração historiadora coincide, enquanto marco, com a independência política do país, em 1975. É isto que temos proposto nos trabalhos reunidos na obra *Moçambique – 16 anos de historiografia: focos, problemas, metodologias, desafios para a década de 90*, vol. I [JOSÉ, Alexandrino; MENESES, Maria G. (orgs.)], oriunda de trabalhos apresentados durante o Primeiro Painel de Historiografia realizado em Maputo, de 31 de julho a 3 de agosto de 1991.

História de África. Daí resultou que parte do retrato do nosso passado mais recente seja uma imagem produzida por missionários como Henri Junod. Como se fosse um caso de "vingança", nós estamos agora a escrever a história desses indivíduos que escreveram a nossa história.[216]

São questões como essa que se colocam à reflexão dos estudos pós-coloniais, nos quais as histórias africanas ganham escrita e discussão, num processo de tomada de rédeas da própria história, da possibilidade de expor o próprio olhar sobre as "verdades" escritas por outros. Daí o caráter analítico, mais que cronológico, do conceito de *pós-colonial*, como ressaltado por diversos autores,[217] não obstante o entrelaçar desse caráter analítico com o tempo histórico a que ele remete, numa imbricação que se faz contestadora das narrativas legitimadoras, sejam as do cânone colonial, sejam as da escrita pedagógica (oficial) da nação.

Uma escrita que, no caso de Mia Couto, mantém uma relação íntima com o pensamento e a escrita da história de seu país, uma ficção que tem tomado em sua oficina criativa a mesma matéria de que se serve o historiador: os vestígios e as memórias do passado – "decretos, recortes de jornal etc.", material que têm sido antropofagiado em sua escrita, e, a partir desses materiais, nos tem proposto uma leitura outra da complexidade do passado, num rico entrecruzamento entre a história e a ficção.[218]

Um jogo que podemos expressar num pensamento de Mia, segundo o qual "a história de qualqueríssimo país é um texto de parágrafos salteados.

---

216 COUTO, Mia. "A última antena do último insecto – vida e obra de Henri Junod". In: *E se Obama fosse africano e outras interinvenções...*, p. 156.

217 Como APPIAH, Kwame Anthony. *Na casa de meu pai*; SANTOS, Boaventura de Sousa. "Entre Próspero e Caliban: colonialismo, pós-colonialismo e inter-identidade". In: RAMALHO, Maria Irene; RIBEIRO, António Sousa Ribeiro (orgs.). *Entre ser e estar: raízes, percursos e discursos da identidade*. Lisboa: Afrontamento, 2001; BHABHA, Homi K. *O local da cultura*.

218 Sobre esse "antropofagiar" dos materiais da história pela literatura, ver: BURKE, Peter. *História e teoria social*. Trad. Klauss Brandini Gerhart e Roneide Venâncio Majer. São Paulo: Unesp, 2002, p. 177. Mesma questão colocada por Roger Chartier, em seu *A história ou a leitura do tempo* [Trad. Cristina Nunes. Belo Horizonte: Autêntica, 2009, p. 27].

Só o futuro os ordena, alisando as linhas, retocando as versões".[219] É nesse trabalho de *ordenar* e *alisar linhas*, de *retocar versões*, de *ajuntar parágrafos salteados*, que história e ficção se entrecruzam.

Seria a esse processo criativo que Christine Broke-Rose chama de "história palimpsesta", enfatizando, a partir da imagética propiciada pela expressão, o trabalho de uma escrita que se faz rasurando outras escritas e desse modo sugerindo as tramas que se tecem entre a literatura e a história. A expressão aponta-nos ainda para a complexidade dessas relações em nações que têm de lidar com passados ainda presentes (o colonial, o dos projetos nacionais desmoronados), ainda próximos, bem como nos aponta para o intricamento dessas relações com as problemáticas neocoloniais, a persistirem nesses espaços.[220] E não se pode esquecer – quem nos lembra é Raymond Williams – que "a percepção de 'uma nação' que tem 'uma literatura' é um desenvolvimento decisivo no plano social e cultural, e provavelmente também político".[221]

No caso de Moçambique, o "provavelmente" é certamente.

LITERATURA MOÇAMBICANA: CONSIDERAÇÕES SOBRE "UM EDIFÍCIO AINDA A SER"

Em um texto acerca de um livro de contos de Nelson Saúte, *O rio dos bons sinais,* Mia Couto nos possibilita ler algo da sua percepção do entrelaçamento do fazer literário aos domínios do social e do político em seu país. Em seu entendimento, "a literatura moçambicana vive como se

---

219 COUTO, Mia. *Cronicando...*, p. 134.

220 Para Broke-Rose, a ficção *palimpsesta* (que outros autores preferem nominar como "realismo mágico") surgiu no último quartel do século XX e "renovou por completo a arte agonizante do romance" (p. 149), tendo sua possível nascença se dado com *Cem anos de solidão*, romance do colombiano Gabriel Garcia Márquez. Dentre outros nomes que a autora inclui nessa perspectiva, estão: Carlos Fuentes, Umberto Eco, Milan Kundera, Salman Rushdie. A ideia do termo "história palimpsesta" vem da expressão "palimpsesto descascado", de Rushdie, em seu romance *Vergonha* (BROKE-ROSE, Christine. "História palimpsesta". In: ECO, Umberto (org.). *Interpretação e superinterpretação*. Trad. Martins Fontes. São Paulo: Martins Fontes, 1993).

221 WILLIAMS, Raymond. *Palavras-chave: um vocabulário de cultura e sociedade*. Trad. Sandra G. Vasconcelos. São Paulo: Boitempo, 2007, p. 256 [no vocábulo "Literatura"].

fosse o outro nome de Moçambique. O país, em estado de ficção, encontra no escritor um parceiro cúmplice da sua própria invenção".[222]

Esse reconhecimento de Mia de tal cumplicidade é uma percepção que, já há algum tempo, vem sendo destacada por diversos estudiosos da literatura produzida em Moçambique. Como lembram esses pesquisadores, em seu processo formativo, essa literatura foi-se constituindo como um modo de contestação de uma ordem (política, social, cultural) estabelecida: o colonialismo. Não admira, pois, a tenuidade existente entre arte e militância em seu desenvolvimento, sendo esta uma das "mais marcantes características" da literatura produzida em África no século XX.[223]

Aqueles que se têm dedicado à escrita da história africana corroboram a percepção dos estudiosos da literatura. Ali A. Mazrui, no capítulo dedicado à literatura na *História Geral da África* (volume VIII), obra de referência nos estudos sobre o continente, faz especial destaque à "justa medida dos laços internos [da literatura] com a história geral da África".[224]

Um laço que, no que toca a Moçambique, fica evidenciado nas propostas de periodização daqueles que se têm dedicado ao estabelecimento de uma *história da literatura moçambicana*, na qual ciclos/momentos/períodos literários vão sendo discernidos a partir e em paralelo aos ciclos/momentos/períodos históricos nos quais se busca compartimentar, nas análises levadas a cabo, a história do país, como mais adiante se explanará.

E já aqui uma consideração se nos impõe: dimensionar a extensão do entendimento do que seja a *literatura moçambicana*, pois que na extensão desse entendimento deparamos com complexas questões. A começar

---

222 COUTO, Mia. Texto de contracapa. In: SAÚTE, Nelson. *O rio dos bons sinais*. Rio de Janeiro: Língua Geral, 2007.

223 MAZRUI, Ali A. "O desenvolvimento da literatura moderna". In: *História geral da África*, vol. VIII. Brasília: Unesco, 2010, p. 663-696. Disponível em: <http://www.unesco.org/brasilia>. Acesso em: 28 jan. 2011. A respeito, ver, entre outros: COELHO, João Paulo Borges. "E depois de Caliban?"; LEITE, Ana Mafalda. *Literaturas africanas e formulações pós-coloniais...*; NOA, Francisco. "Literatura moçambicana: os trilhos e as margens..."; HAMILTON, Russell G. "A literatura dos PALOP e a teoria pós-colonial". *Via atlântica* – Revista do Departamento de Letras Clássicas e Vernáculas da FFLCH-USP, São Paulo, nº 3, p. 12-22, 1999.

224 MAZRUI, Ali A. "O desenvolvimento da literatura moderna"..., p. 664.

pela generalização na construção de tal objeto – a *literatura moçambicana* –, "uma coesão que ela, de facto, está longe de ter", como pondera o historiador e escritor João Paulo Borges Coelho.[225] Mia partilha desse chamar de atenção de Borges Coelho acerca do "objeto" *literatura moçambicana*. Sua percepção comporta uma dúvida em relação à existência dessa unidade:

> Existe uma literatura em Moçambique, mas eu tenho dúvida se existe uma literatura moçambicana. A minha idéia de literatura é dinâmica. Não basta que haja uma pessoa escrevendo, é preciso que haja pessoas lendo, discutindo, vivendo esta literatura, em bibliotecas, casas de leituras, que se estude, que se critique esta literatura. Isto é quase ausente em Moçambique, que é um país muito jovem, com apenas 23 anos [em 1998] e portanto tem uma literatura que é feita de casos. Não falo de mim, mas cada autor é uma espécie de universo literário formando aquilo que seriam as bases de *um edifício ainda a ser, que é a literatura moçambicana*.[226]

Em sua ideia dinâmica de literatura – implicando algo mais que haver uma pessoa a escrever –, Mia aponta para elementos sobre os quais podemos pensar a partir da concepção de "campo" de Pierre Bourdieu, que compreende a busca pela "afirmação da especificidade do 'literário'" como sendo "inseparável da afirmação da autonomia do campo de produção que ela supõe e, ao mesmo tempo, reforça".[227] Nesse sentido, o estudo da obra literária deve levar em conta não apenas os seus criadores ("produtores diretos"), "mas também o conjunto dos agentes e das instituições que participam da produção do valor da obra".[228]

---

225 COELHO, João Paulo Borges. "E depois de Caliban?"..., p. 61.

226 COUTO, Mia. "Moçambique é uma ilha". Entrevista. *Jornal do Brasil*, Rio de Janeiro, 29 ago. 1998. Grifos meus.

227 BOURDIEU, Pierre. *O poder simbólico.* 12ª ed. Trad. Fernando Tomaz. Rio de Janeiro: Bertrand, 2009, p. 70.

228 BOURDIEU, Pierre. *As regras da arte: gênese e estrutura do campo literário.* Trad. Maria Lucia Machado. São Paulo: Companhia das Letras, 1996, p. 259.

Mas se, para Mia, todo um conjunto de agentes e instituições é algo "quase ausente" em Moçambique, isso não invalida sua percepção/sentimento de que o "edifício" *literatura moçambicana* ainda virá a ser. Há uma crença-certeza (não há dúvida) de que o futuro elevará mais alto esse edifício. Um edifício que dependerá de muitos construtores, como o próprio Mia aponta: escritores, leitores, debatedores, estudiosos, críticos, espaços de circulação da literatura etc. O que é dizer que o *edifício* é também um *artifício*, uma construção sempre posterior (um ajuntamento de coisas no futuro), a que se agrega "o novo", sempre costurando-o (ainda que tortuosamente, ainda que conflituosamente) ao "antigo".

É a essa ordem de questões, a esse complexo processo envolvido na "definição do sistema literário nacional" que se refere Fátima Mendonça, professora na Universidade Eduardo Mondlane, de Maputo, ao ponderar que na definição de tal sistema não intervém

> apenas o conjunto de obras produzido. Na verdade, o desejo (consciente ou não) de nação vai sedimentando temas e formas discursivas como parte de um novo sistema literário, mas a sua existência só é assegurada por um reconhecimento posterior, pelos diversos elementos de recepção – crítica, reconhecimento nacional e internacional, prémios, edições nacionais e traduções – que, integrados no sistema de ensino – curricula, programas, manuais –, reproduzem conceitos e valores que, actuando em cadeia, convergem para a instituição do novo cânone, a literatura nacional.[229]

Se para Mia esses diversos elementos (de edição, recepção, crítica etc.) são quase ausentes em Moçambique, não se pode esquecer que, em tempos pós-coloniais, tal fato não tem impedido que esses diversos elementos possam atuar a partir doutros espaços externos ao espaço "nacional". Nesse sentido, seu caso é exemplar, pois que sua edição, recepção,

---

229 MENDONÇA, Fátima. "Literaturas emergentes, identidades e cânone". In: RIBEIRO, Margarida Calafate; MENESES, Maria Paula (orgs.). *Moçambique: das palavras escritas...*, p. 23.

circulação, leitura e crítica tem-se, a cada obra, ampliado mais e mais. Não a partir de Moçambique, é certo, mas de Portugal, a ex-metrópole colonizadora, que tem buscado instituir um outro "edifício": o de uma *literatura lusófona*. Todavia, não obstante essa exterioridade de elementos atuantes no *campo literário* moçambicano, ambiguamente, suas atuações não têm deixado de contribuir para o erguimento do "edífcio" *literatura moçambicana*. Mesmo porque, em meu entender, o "edifício" *literatura lusófona*, para existir, carece – ambiguamente – dos "edifícios" das *literaturas nacionais* das ex-colônias "lusófonas"; senão (e certamente não) como um "campo" plenamente desenvolvido em todos os seus elementos constituintes, mas ao menos enquanto ponto de referência e legitimação.

Nesse tocante, talvez o que tenhamos diante de nossos olhos seja o remodelamento – em parte, obra das problemáticas e reflexões pós-coloniais – de nosso entendimento das formações literárias (inclusive seus cânones) em termos nacionais. Se um dos campos de maior incisão de tais discussões é o que diz respeito ao ideário de nação, não admira que aqueles outros campos que a ele se ligam estejam sendo postos em questão, como é o caso da concepção de literatura em termos nacionais. Quiçá a dúvida de Mia sobre o *edifício literário* moçambicano passe por aí.

Uma dúvida a que estão imbricadas algumas discussões. Como as apontadas por Mia acerca da *quase ausência* de elementos do "campo" literário em Moçambique. Alguns apontamentos sobre essa realidade nos ajudarão a melhor ponderar suas (de Mia) dúvidas.

Segundo António Sopa, estudioso do campo editorial moçambicano, nos tempos coloniais a atividade editorial no território "deveu-se sempre ao voluntarismo de algumas personalidades, instituições e empresas comerciais, que estabeleceram algumas iniciativas verdadeiramente pioneiras na época", sendo essa uma realidade sem mais significativa alteração nos tempos pós-independentes, exceto aquela proporcionada pelo Estado, em seu esforço alfabetizador da grande massa populacional analfabeta ao fim dos tempos coloniais. Em suma, defende Sopa, nos

NYUMBA-KAYA **123**

tempos independentes o quadro de reduzido espaço editorial voltado à criação literária não se alterou com significância.[230]

Uma realidade não só moçambicana. Considerando o espaço geral da África, Ali A. Mazrui enfatiza as dificuldades enfrentadas pelos escritores do continente: "a escassez de gráficas, a falta de editoras de um porte razoável, na maioria das regiões do continente, bem como o oneroso custo dos livros constituem os maiores obstáculos".[231]

No Moçambique independente as atividades editoriais e de distribuição de livros estiveram à cargo do Instituto Nacional do Livro e do Disco (INLD), por meio de cuja iniciativa se editou, na década de 1980, a coleção *Autores moçambicanos*, em parceria com as Edições 70, de Portugal, sendo ela a primeira coleção a publicizar, na ex-metrópole colonial, uma *literatura nacional, moçambicana*. Outras iniciativas foram as da revista *Tempo* (de que Mia foi diretor entre 04/03/1979 e 31/05/1981), publicando antologias de poesia e crônicas, antes publicadas em suas páginas. Já a partir de 1982, com a fundação da Associação dos Escritores Moçambicanos (Aemo), a edição de obras literárias fica a cargo dessa instituição.[232]

Mas, afora essas iniciativas, apenas algumas poucas editoras privadas ou ligadas a instituições (algumas estrangeiras) editam a literatura que se produz em Moçambique. Em seu texto, datado de 2005, António Sopa enumera 14 casas com atividades editoriais no país, sendo, destas: uma a Imprensa Universitária da Universidade Eduardo Mondlane, que edita alguns escritores (como Ungulani Ba Ka Khosa e Eduardo White), todavia não sendo esta a sua diretiva; três voltadas ao mercado da educação e dos livros didáticos, só esporadicamente publicando alguma literatura; uma vinculada ao missionarismo católico, editando também

---

230 SOPA, António. "Editoras em Moçambique". In: CRISTÓVÃO, Fernando (dir. e coord.). *Dicionário temático da lusofonia*. Lisboa: Texto Editores, 2005, p. 280. E aqui vale referir que em relação às "iniciativas pioneiras" mencionadas, uma delas, segundo Sopa, foi a edição das coleções *Poetas de Moçambique* e *Prosadores de Moçambique*, pelo jornal *Notícias da Beira*, na década de 1950, sob a direção de Nuno Bermudes e Fernando Couto, pai de Mia Couto (p. 281).

231 MAZRUI, Ali A. "O desenvolvimento da literatura moderna"..., p. 664

232 SOPA, António. "Editoras em Moçambique"..., p. 280-282.

alguns estudos; quatro ligadas a instituições, voltadas à edição de trabalhos de cunho científico. Contando-se e descontando-se, pois, restariam cinco casas editoriais para dar vazão a toda a criação literária moçambicana, valendo enfatizar que o número de edições, bem como o quantitativo das tiragens são, em sua maioria, consideravelmente reduzidos.[233]

Isto considerado, vemos expressos, em alguns números, certos elementos constituintes da dúvida expressa por Mia Couto em relação a haver já uma *literatura moçambicana*, entendida como um "campo" autônomo, composto de todas as suas instâncias: de produção, edição, circulação, crítica etc. Mas é certo que essa dúvida pode ser pensada a partir de eventos nos quais ele próprio tomou parte, e que nos possibilitam dimensionar elementos constituintes do processo formativo desse "campo", desse "edifício" em construção da *literatura moçambicana*.

É o caso do *Concurso literário nacional* (o primeiro com esse caráter) promovido pela revista *Tempo*, em 1980, e que gerou, por certo tempo, uma série de debates (e embates) acerca do fazer literário no jovem país. O concurso foi anunciado em 28 de setembro de 1980, no nº 520 da revista. À sequência desses debates, que trouxeram às páginas da *Tempo* uma série de discussões (algumas não de todo explicitadas), é que Maria Benedita Basto, estudiosa da produção literária do período, denomina "o caso do concurso literário". O "caso", pois, diz respeito a um conjunto de textos publicados pela revista entre os meses de fevereiro e março de 1981 após o anúncio do resultado do concurso. Um especial detalhe: à altura deste "caso do concurso", o diretor da revista *Tempo* era um certo jovem de vinte e cinco anos, de nome Mia Couto.

Conforme anunciava, o concurso objetivava "projectar a nova literatura" moçambicana.[234] E qual seria essa "nova literatura"? Eis o embaraço do caso. Mas antes de seu desfecho, em que essa questão se coloca, vale aqui vislumbrarmos o tempo em que esse "caso" se dá. A isso nos convida Basto:

---

233 *Ibidem*, p. 280-282.

234 *Revista Tempo*, Maputo, nº 520, 28 set. 1980. *Apud* BASTO, Maria Benedita. *A guerra das escritas...*, p. 24.

> Cinco anos depois da independência, 1980 é um ano charneira [de transição] entre a afirmação de um projecto [o projeto socialista da Frelimo] e a confirmação das deficiências do mesmo. Começando com o discurso presidencial [de Samora Machel] que inaugura a "década da vitória contra o subdesenvolvimento", um discurso que vive ainda do fulgor do III Congresso da Frelimo em 1977 [no qual a Frelimo assumiu-se oficialmente como um "partido de vanguarda" marxista-leninista], [...] o ano termina sendo o ponto de viragem para os primeiros reconhecimentos dos maus resultados de projectos de desenvolvimento económico e social, para o reconhecimento de uma falta de "laço de sentido" entre o Estado e as populações, abrindo para as medidas menos socialistas que o IV Congresso, em 1983 [...] virá a adoptar, ou mesmo para a assinatura de um controverso Acordo de Nkomati com a África do Sul, em 1984 [que acordou o cessar do apoio da África do Sul à Renamo e o fim do apoio de Moçambique ao Congresso Nacional Africano (ANC), entre outros pontos]. É também neste início da década que a guerra com o MNR-Renamo se torna particularmente destruidora.[235]

Como se lê, 1980, não obstante o "fulgor" em seu princípio, findava apontando para "viragens" de alguns rumos no projeto frelimista. O concurso literário da revista *Tempo*, apoiado pela Direção Nacional de Cultura, *poria-em-escrita* a nova nação moçambicana, seus novos valores literários. Era esse o intento.

Ocorre que, na apreciação do júri (composto por Álvaro Belo Marques, Bruno da Ponte, Gulamo Khan, Luís Carlos Petraquim e Willy Waddigton), após lidos os 93 trabalhos inscritos, não houve nenhuma "nova literatura" a ser premiada. Por isso, decide-se o júri por atribuir apenas uma menção honrosa ao conto *Abatido ao efectivo*, de autoria de Guilherme Afonso dos Santos. Em suas alegativas, o júri aponta para questões candentes aos escritores de então. Eis as palavras dos julgadores:

---

235 BASTO, Maria Benedita. *A guerra das escritas...*, p. 23.

Em face do material que lhe foi entregue para sua apreciação, a decisão do júri não podia ser outra. Para isso o júri atendeu ao facto importante de se tratar de um 1º Concurso Literário de âmbito nacional, organizado por uma revista de justo prestígio, o que automaticamente confere às suas decisões uma função didáctica.

A poesia, o conto, a narrativa, o teatro que leu, situavam-se aquém de um mínimo de elaboração conseguida a partir dos materiais ou *a matéria-prima com que se faz a literatura: as palavras*.

O critério utilizado não foi o de um juízo de valor, estético ou outro, exterior às obras concorrentes, mas o de ler nessas obras a produção coerente e conseguida dos seus próprios valores.

O fracasso foi completo, à excepção do conto "Abatido ao Efectivo", onde perpassa alguma coisa de técnica narrativa articulada, embora a servir um tema já gasto e de "cliché". Com isto não queremos dizer que a Luta Armada ou esta realidade que hoje nos circunda sejam "clichés", mas que nisso se tornam se confundirmos Literatura com palavras de ordem ou qualquer outro suporte de boa consciência ideológica.

Queremos dizer ainda que *a literatura não é discurso político*, embora haja discursos políticos que sejam autênticas obras literárias e qualquer texto seja o lugar onde circula, entre outras muitíssimas coisas, a posição ideológica de quem o escreveu.

Depois havia o perigo grave e, confessemos, já posto em prática de um qualquer conto ou poema que falasse do "guerrilheiro heróico e a luta de classes", premiado pelo Júri, ser constituído em modelo do que se deve ser ou do que não deve ser. Porque a revista tem prestígio e "se isto ganhou um prémio então é assim e dentro desta temática que eu devo escrever".

Referimo-nos a esta temática porque, infelizmente, os que se iniciam na produção literária poucos ou quase nenhuns pontos de referência literária possuem.

> Para escrever é preciso ler. Ler outros livros e ler a realidade. E este duplo exercício deve constituir-se em prática permanente.[236]

As questões colocadas pelo júri eram prementes às discussões sobre o fazer literário àquela altura em Moçambique. A que modelos faziam referência os membros do júri? Que valor estético exterior à obra os preocupava? Eram questões que, pelo seu (do júri) pronunciamento, se colocavam. Todavia, elas não eram "de fácil enunciação em praça pública nos tempos que corriam", como dito por Luís Carlos Petraquim, poeta, membro do júri, a Maria Benedita Basto. Tanto assim era que "foram precisos três parágrafos para o dizer e a frase saiu cautelosa": "com isto não queremos dizer que a Luta Armada ou esta realidade que hoje nos circunda sejam 'clichés', mas que nisso se tornam se confundirmos Literatura com palavras de ordem".[237]

Os "tempos que corriam" eram ainda marcados por processos ocorridos na sequência do III Congresso da Frelimo, em 1977. Dentre eles a *Ofensiva cultural das classes trabalhadoras*. Que foi uma série de acontecimentos, organizados através do Instituto Nacional da Cultura, entre fevereiro e maio de 1977, antecedendo e preparando a *Reunião Nacional de Cultura*, em julho de 1977, incluindo-se nesses acontecimentos a divulgação, em jornais, de uma série de textos "teóricos", com o objetivo de servirem de base a um "levantamento cultural do país". Seu texto inicial dizia:

> Nesta ofensiva será apelado às classes trabalhadoras moçambicanas o relato das suas experiências a nível do local de trabalho e residência, nomeadamente as conquistas da nossa revolução, sobre a neutralização dos sabotadores económicos, e a ofensiva da produção e da produtividade, a aliança operário-camponesa, o internacionalismo proletário, a nossa

---

236 *Revista Tempo*, Maputo, nº 538, 1º fev. 1981, p. 61. *Apud* BASTO, Maria Benedita. *A guerra das escritas...*, p. 25. Grifos meus.

237 BASTO, Maria Benedita. *A guerra das escritas...*, p. 27.

> solidariedade com o Povo do Zimbawe [sic], a resistência e a luta contra o colonial-fascismo.
>
> A recepção deste trabalho permitirá um estudo de pesquisa e avaliação cultural, sendo posterior o início de edições literárias, o apoio da prática artística e literária nos locais de trabalho e residência.[238]

As "considerações sobre literatura" saem logo depois, constando de uma introdução, "na qual se procura definir o que se entende por literatura", sendo dito que "ela é oral e escrita", que em África ela é sobretudo oral, que "tem uma função didáctica", que é "uma escola da vida"; depois, segundo nos informa Maria Benedita Basto, "o resto do espaço é ocupado com uma lista de temas a tratar pelos futuros escritores", todos eles relacionados ao "Povo" e à "Revolução".[239] Daí o dizer desses escritores, aqui sintetizado numa fala do poeta Luís Carlos Petraquim, de que "éramos [os escritores] receptáculos de orientações".[240]

É nesse tempo, pois, que "o caso do concurso" se desenrola, trazendo a público, com as devidas nuances e cautelas, as questões que tensionavam a criação literária e a busca de imposição de um modelo. Tudo isto ficou patente na sequência de textos recebidos e publicados pela revista *Tempo*, a partir da manifestação do júri. Incluindo-se a do único premiado. Que se manifesta, após recebimento de uma carta assinada pelo diretor da *Tempo*, senhor Mia Couto, parabenizando-o pela menção honrosa. Em sua manifestação, Guilherme Afonso dos Santos entendeu que o júri "prestou um mau serviço a Moçambique", que sua apreciação, partindo dos valores próprios das obras, como anunciado, constituía-se num outro

---

238 *Jornal Notícias*, Maputo, 16 abr. 1977, p. 3. *Apud* BASTO, Maria Benedita. *A guerra das escritas...*, p. 34-35.

239 BASTO, Maria Benedita. *A guerra das escritas...*, p. 35.

240 PETRAQUIM, Luís Carlos. Entrevista. In: LABAN, Michel. *Moçambique: encontro com escritores*, vol. III..., p. 914.

"ditactismo" (intelectualista, descomprometido), oposto ao didatismo, dito "clichê", da temática da luta armada.[241]

O "novo": eis em torno do que giravam todas as discussões do "caso do concurso" – lembremos que era a promoção da "nova literatura" o objetivo anunciado do concurso. Por um lado, havia a "via oficial" (frelimista), entendendo o "novo" como a escrita subordinada à "linha oficial", aos valores e temas "revolucionários"; por outro lado, para alguns jovens escritores, o "novo" era a possibilidade de fugir a essa "linha", de poder dizer do eu, "não contra o *nós*, mas a favor dum coletivo mais verdadeiro", como já antes dito por Mia.

E para além do "caso" do concurso literário da *Tempo* (em que toma parte na qualidade de diretor dessa revista), Mia Couto, ao publicar suas primeiras obras, assim adentrando na cena literária moçambicana na qualidade de escritor, gera uma série de discussões acerca da "moçambicanidade" literária.

Assim foi com *Raiz de orvalho*, em 1983, obra poética publicada num momento em que os questionamentos e discussões acerca do "cânone militante" se acentuavam, em que novos autores se juntavam buscando novos caminhos, novas propostas literárias, sendo a iniciativa mais bem sucedida a que reuniu alguns jovens ao redor do projeto da revista *Charrua*, criada 1984, por Juvenal Bucuane, Hélder Muteia e Pedro Chissano, e ao redor da qual se juntaram outros autores, como Eduardo White e Ungulani Ba Ka Khosa. A revista, que teve vida ativa entre 1984 e 1986, tendo publicado oito números,

> apresentou um certo ecletismo, tendo em vista não ter chegado a definir um projeto único, abrigando perspectivas várias e plurais, coincidentes, apenas, quanto à opção por um intenso labor metafórico dos versos, à recusa de uma poética engajada e à afirmação de uma lírica voltada para os meandros subjetivos da alma humana,

---

241 *Revista Tempo*, Maputo, nº 540, 15 fev. 1981, p. 57. *Apud* BASTO, Maria Benedita. *A guerra das escritas...*, p. 32.

conforme a análise de Carmen Lucia Tindó Ribeiro Secco, em estudo sobre a poesia moçambicana contemporânea. Para Secco, "uma parte da poesia da *Charrua* se caracterizou por um lirismo de afetos [termo tomado a Alfredo Bosi], cujo discurso literariamente elaborado funcionou como antídoto aos slogans poéticos dos tempos guerrilheiros" e sua "ortodoxia marxista leninista que reprimia as emoções individuais dos cidadãos em prol da valorização dos sentimentos patrióticos".[242]

Imagem 9: Reprodução de capas da revista literária *Charrua*

[*Charrua* nº 1, junho/1984]   [*Charrua* nº 3, outubro/1984]   [*Charrua* nº 4, dezembro/1984]

[*Charrua* nºs 5/6, abril-junho/1985]   [*Charrua* nº 7, agosto/1985]   [*Charrua* nº 8, dezembro/1986]

---

242 SECCO, Carmen Lucia Tindó Ribeiro. "Paisagens, memórias e sonhos na poesia moçambicana contemporânea". In: *A magia das letras africanas: ensaios sobre as literaturas de Angola e Moçambique e outros diálogos*. 2ª ed. Rio de Janeiro: Quartet, 2008, p. 316-321.

A estreia literária de Mia Couto, pois, dá-se nesse momento de *aragem*, de revolvimento de preceitos e concepções feitas,[243] não só acerca do fazer literário, mas também no que dizia respeito à vida social no Moçambique dos anos de 1980.

Assim é que, na análise de Pires Laranjeira,

> a publicação dos poemas de *Raiz de orvalho*, de Mia Couto (em 1983) e sobretudo da revista *Charrua* (a partir de 1984, com oito números), da responsabilidade de uma nova geração de novíssimos (Ungulani Ba Ka Khosa, Hélder Muteia, Pedro Chissano, Juvenal Bucuane e outros), abriu novas perspectivas fora da literatura empenhada, permitindo-lhes caminhos até aí impensáveis, de que o culminar foi o livro de contos *Vozes anoitecidas* (1986), de Mia Couto, considerado como fautor de uma mutação literária em Moçambique, provocando polémica e discussão acesas.[244]

Polêmica e discussão que, no entendimento de Fátima Mendonça, marcaram "a transição de uma reflexão fundamentada nos princípios rígidos do realismo socialista para o confronto entre posicionamentos diversificados", num claro afastamento dos "pressupostos dirigistas" até então vigentes, e cujos debates giravam em torno de questões como: a falta de vivência do universo rural moçambicano por parte do autor; a obra era ou não uma "nova proposta estética" e linguística na literatura moçambicana?; podia ou não um branco falar dos temas que a obra tratou? Para Mendonça, o esgotamento da polêmica, iniciada desde o lançamento da obra em 1986, deu-se com a edição portuguesa, em 1987, com prefácio (datado de abril desse ano) de José Craveirinha, o nome maior das letras moçambicanas, "cuja autoridade dificilmente alguém questionava",[245] não só por sua reconhecida qualidade literária, mas

---

243 Para aqui usar da imagética da "charrua", que é um arado, ferramenta para revolvimento da terra, etapa necessária para o posterior plantio, para o semear de algo novo.

244 LARANJEIRA, Pires. *Literaturas africanas de expressão portuguesa*. Lisboa: Universidade Aberta, 1995, p. 256.

245 MENDONÇA, Fátima. "Literaturas emergentes, identidades e cânone"..., p. 29-31.

também por sua autoridade moral, como militante e como ex-preso político durante o regime colonial. Nesse prefácio, Craveirinha perpassa pelos temas das críticas à obra. Diz, a exemplo, que, "indo afoitamente remexer as tradicionais raízes do Mito, o narrador concebe uma tessitura humano-social adequada a determinados lugares e respectivos quotidianos", numa referência aos apontamentos feitos acerca da falta de vivência, por Mia, do universo tratado (o da ruralidade moçambicana); aponta ainda que a obra não se deixa "descer ao exotismo gratuito, ao folclorismo cabotino", nem se estatela em linguajar de baixo nível ou no "indigenismo burlesco".[246]

Mas dentre os elementos apontados por Craveirinha em seu prefácio, um de especial significância é seu estabelecimento de um "elo", de uma "continuidade" entre *Vozes anoitecidas* e obras anteriores, tidas como marcos no estabelecimento de uma "moçambicanidade" literária, como os contos de *Godido*, de João Dias (de 1952), e os de *Nós matámos o cão tinhoso*, de Luís Bernardo Honwana (de 1964). Em suas palavras, diz-nos Craveirinha:

> Portanto, ao notável projecto literariamente moçambicano de João Dias (década de 50), a feliz proposta de Luís Bernardo Honwana (década de 1960) vemos afluir com a mesma surpresa e também quase à socapa, dialecticamente, este Vozes Anoitecidas (década de 80) de Mia Couto. Uma trilogia que nos apetece exaltar como base e fase da nossa criação na arte de escritor ou – por que não? – *capítulo cultural importante de uma fisionomia africana com personalidade identificavelmente moçambicana*.[247]

E o que é isto senão a proposição, pelo "nome maior" das letras moçambicanas, de que estas já podem reclamar um cânone para "nossa [de Moçambique] criação na arte de escritor", uma arte de "fisionomia africana com personalidade identificavelmente moçambicana", uma arte criada pela imaginação, é certo, mas cujo substrato, cujo húmus gerador

---

246 CRAVEIRINHA, José. "Prefácio". In: COUTO, Mia. *Vozes anoitecidas...*, p. 9-10.

247 *Ibidem*, p. 11. Grifo meu.

seria "extraído da própria vida", algo apenas capaz de feitura por uma visão preenhe "deste nosso universo sentido do lado de dentro", o que é dizer, por um *moçambicano*?[248]

Prefaciando uma obra geradora de polêmica (justamente por ir "afoitamente remexer" em temas relacionados às questões identitárias), participando dos embates em torno do afazer literário, o que faz Craveirinha é um exercício de juntar coisas no tempo (obras literárias neste caso), propor-lhes como obras filhas de um lugar (geográfico, mas também sentimental) e dar-lhes uma sequência (uma temporalidade). Em suma, ele toma parte nos complexos dilemas da constituição de um cânone literário – uma costura de passado, presente e futuro.

Consideradas as polêmicas e discussões aqui trazidas – sobre o concurso literário da revista *Tempo*, em 1980, e os debates acerca da publicação de *Raiz de orvalho*, em 1983, e *Vozes anoitecidas*, em 1986 –, o que quero salientar é que todas essas polêmicas estavam tramadas umas às outras, faziam parte de uma mesma "estrutura de sentimento" (pensando com Raymond Williams), partilhada por grande parte dos criadores literários dessa década de 1980 em Moçambique; diziam respeito aos embates entre a liberdade criadora e a necessidade de afirmação de uma "revolução" da qual nascia o Moçambique independente; e, sobretudo, que em meio a esses embates, cujo cerne implicava uma ideia de identidade (literária, mas não só) em formação, a "moçambicanidade", Mia Couto foi intenso partícipe, seja em suas funções jornalísticas, inicialmente, seja como ator ativo no cenário literário moçambicano.

E estas questões de constituição de um *campo* e de um *cânone* (pensando com Bourdieu), no caso moçambicano, entrelaçam-se a outras de não menor complexidade. Falo da ideia de *Lusofonia*, do entrelaçamento das literaturas das ex-colônias portuguesas a um possível campo literário mais vasto, o da língua portuguesa (dito lusófono), no qual os autores (alguns autores) dessas literaturas são reivindicados, e, mais que reivindicados, são editados (com apoios institucionais portugueses, por grupos

---

248 *Ibidem*.

editoriais portugueses), comentados, premiados, estudados etc., todas aquelas atividades que, atuando em cadeia, participam na constituição de um *campo*.

Autores como Mia Couto. Que é editado em Portugal em coleções intituladas *Uma terra sem amos, Outras Margens (autores estrangeiros de língua portuguesa), Caminho de abril, Nosso Mundo*, que, se buscam fazer chegar a Portugal vozes que reinventam parte importante de sua história recente (passada além-mar), não deixam de reforçar a ideia de centralidade da língua (e da história) portuguesa em relação a suas ex-colônias.[249] Alfredo Margarido, que, "com a crueza – que não é crueldade – necessária", analisa essa questão, desafia-nos a considerarmos, a exemplo, o percurso dos acordos ortográficos para percebermos a "inquietação" portuguesa em "assegurar o controle da língua",[250] o controle de um *patrimônio* que Portugal se recusou – ou só minimamente o fez, e segundo interesses das circunstâncias históricas – a difundir em suas ex-colônias, no esteio de sua (dita) "missão civilizadora".

Uma preocupação antiga, institucionalizada em órgãos do Estado, como o Instituto Camões,[251] vinculado ao Ministério dos Negócios Estran-

---

249 Gérard Genette, em estudo sobre os "paratextos editoriais", ao tratar das "coleções", nos lembra de que sua prática no mercado editorial hoje é "poderosa", uma vez que ela "indica imediatamente ao potencial leitor que tipo ou gênero de obra tem a sua frente" (GENETTE, Gérard. *Paratextos editoriais*. Trad. Álvaro Faleiros. Cotia: Ateliê Editorial, 2009, p. 26). Se pensarmos nos *traumas históricos* contemporâneos portugueses (falo da guerra colonial) e na necessidade destes de lidarem com um passado ligado a "outras margens", não é de somenos importância os títulos que suas coleções editoriais (de diversas editoras), destinadas a autores "lusófonos", carregam estampados em suas capas.

250 MARGARIDO, Alfredo. *A lusofonia e os lusófonos: novos mitos portugueses.* Lisboa: Edições Universitárias Lusófonas, 2000, p. 6.

251 Que já passou por inúmeras mudanças, tendo já se chamado: Instituto para a Alta Cultura (1936), Instituto de Alta Cultura (1952), Instituo de Língua Portuguesa (1976), Instituto de Cultura Portuguesa (1979), Instituto de Cultura e Língua Portuguesa (1980), até tornar-se Instituto Camões, em 1992 (*Diário da República*, Decreto-lei nº 135/92, de 15/07/1992). O Instituo Camões desenvolve atividades visando à promoção da língua e cultura portuguesas (e "lusófonas") em 95 países, sendo 27 na África, 12 na América, 21 na Ásia, 34 na Europa e 1 na Oceania. É possível consultar as atividades do IC por país. Disponível em: <http://www.instituto-camoes.pt/paises.htm>. Acesso em 18 out. 2010.

geiros; como o Instituto Português do Livro e das Bibliotecas, vinculado ao Ministério da Cultura, com o apoio do qual muitos autores portugueses e africanos de língua portuguesa chegam a diversos países.[252] No caso do mercado editorial brasileiro, esse apoio

> cobre entre 30% e 60% dos custos totais da edição de livros portugueses e africanos de língua portuguesa no Brasil. [...] De 2003, quando foi criado, até 2006, o programa de apoio a edições de autores portugueses e africanos no Brasil já ajudou a publicar, por mais de 20 editoras, cerca de 110 títulos.[253]

Ajuda que se estende ainda à divulgação dessas obras. Não só com esse apoio governamental, mas também com o da iniciativa privada, como a criação de prêmios literários, sendo um dos mais reconhecidos na atualidade o *Prêmio Portugal Telecom* (empresa de telecomunicações de capital português), que em seu regulamento guarda um percentual obrigatório de vagas a obras de autores portugueses e africanos de língua portuguesa editados no Brasil, e o *Prêmio Leya*, instituído pelo grupo editorial português homônimo, para obras literárias inéditas (romance) de "autores lusófonos".[254]

---

252 No que concerne à edição de autores portugueses e africanos de língua portuguesa no Brasil, quatro editoras já dispõem de coleções específicas para sua publicação. É o caso da Planeta, com a coleção "Tanto mar"; da Escrituras, com a coleção "Ponte Velha"; da Gryphus, com a coleção "Identidades"; e da Língua Geral, com a coleção "Ponta de lança". No que toca especificamente aos autores africanos, entre os nomes mais recentemente publicados com o apoio do Instituo Português do Livro e das Bibliotecas (IPLB) estão: [de Angola] Ruy Duarte de Carvalho (*Os papéis do inglês*), José Luandino Vieira (*Luuanda*), Ondjaki (*Bom dia camaradas*), Pepetela (*Parábola do cágado velho*); [de Moçambique] Paulina Chiziane (*Niketche: uma história de poligamia*) e Mia Couto (*O outro pé da sereia* e *A varanda do frangipani*).

253 ARAÚJO, Luciana. "Nau da ficção portuguesa". *EntreLivros*, São Paulo, nº 23, ano 2, 2007, p. 46.

254 Sobre o *Prêmio Portugal Telecom*, informações e regulamento estão disponíveis em: <http://www.premioportugaltelecom.com.br/sobre-o-premio/>. Acesso em: 15 abr. 2013. Para o *Prêmio Leya*, informações e regulamento constam em: <http://www.leya.com/gca/?id=122>. Acesso em: 15 abr. 2013.

Como se pode perceber pelas iniciativas enunciadas, mais que nunca segue ativo o projeto do Estado português de propaganda internacional de uma *identidade lusófona*, tendo como seu cerne a promoção e difusão da língua portuguesa. Resta saber – uma questão que nos é incitada por Alfredo Margarido – até que ponto essas iniciativas de promoção e difusão da literatura em língua portuguesa se faz "em nome da autonomia dos criadores e dos países" ou somente (ou maiormente) "em função da língua portuguesa".[255] Uma compreensão sobre o espaço literário moçambicano passa pela consideração dessas questões, que apontam para as implicações da literatura além dos limites das linhas impressas no papel; apontam para todo o complexo *campo* em que esta se produz, circula e é valorada – tornada um patrimônio de uma nação.

E nisto há uma questão crucial, não apenas para a *literatura moçambicana* mas para as literaturas africanas de modo mais amplo: os agentes e instituições que participam da produção do valor da obra operam dentro de um campo mais vasto que aquele que o conceito de "literatura nacional" delimita.

Onde e quem produz o "valor das obras" literárias africanas? Quem as insere no mercado internacional de bens culturais? Que *rótulos* são postos nessas obras? Eis algumas das problemáticas que nos aproximam das reflexões de Kwame Anthony Appiah sobre a literatura pós-colonial em África. Para o filósofo de origem ganesa, os intelectuais africanos desses tempos (pós-coloniais) sofrem uma "dupla dependência" nos processos de produção do valor de suas obras: "da universidade e do editor euro-americano". Appiah lembra-nos de que muito da produção literária africana é escrita de modo a atender a esse mercado editorial euro-americano.[256] Um lembrar que se aproxima do que nos é apontado por Eliana Lourenço de Lima Reis, estudiosa da obra do romancista e dramaturgo nigeriano Wole Soyinka, o primeiro autor africano a receber o Prêmio No-

---

255 E o que coloco como uma dúvida incitada, para Alfredo Margarido (é como está em seu texto) é uma afirmação: o estudo das literaturas africanas em língua portuguesa e do Brasil se dão em função da língua portuguesa e não da autonomia de seus escritores e seus respectivos países (MARGARIDO, Alfredo. *A lusofonia e os lusófonos...*, p. 53).

256 APPIAH, Kwame Anthony. *Na casa de meu pai...*, p. 209.

bel de Literatura, em 1986. Para Reis, "os *subalternos* agora *podem falar;* no entanto, essa fala continua ligada aos antigos centros".[257]

Uma questão que nos é claramente colocada por Aijaz Ahmad, estudioso do campo literário do "Terceiro Mundo", em seu *trânsito* dos tempos coloniais aos pós-coloniais. Para este pensador indiano, a rede de relações em que está inserida essa literatura, em sua dependência das universidades dos ex-centros metropolitanos, cria uma "dependência intelectual parasita", a qual precisa ser pensada, questionada. Para Ahmad, é crucial não se perder de vista que

> é no país metropolitano, em todo caso, que um texto literário é primeiro designado como um texto de Terceiro Mundo, nivelado num arquivo de outros textos iguais e depois globalmente redistribuído com aquela aura anexada a ele.[258]

É essa mesma perspectiva a partilhada por Eliana Lourenço de Lima Reis, e que a faz concluir que "a chamada literatura pós-colonial não consegue, assim, escapar ao neocolonialismo".[259]

Quando Mia Couto fez referência, anteriormente, à quase ausência, em Moçambique, de "pessoas lendo, discutindo, vivendo esta literatura [moçambicana]", quando referiu a falta de estudos e de crítica dessa produção literária, penso que sua menção aponta a essas amarras *neocoloniais* de que falam Reis e Ahmad.

E se pensarmos nas literaturas das ex-colônias portuguesas em África, parte importante das carências por Mia apontadas em Moçambique encontram satisfação em Portugal. É aí, na ex-metrópole, que as obras dos "autores lusófonos" são etiquetadas com selos de coleções editoriais – *Uma terra sem amos* e *Outras margens,* no caso das obras de Mia –, bem como

---

257 REIS, Eliana Lourenço de. "Pós-colonialismo, identidade e mestiçagem cultural"..., p. 14.

258 AHMAD, Aijaz. "Teoria literária e a 'literatura do terceiro mundo': alguns contextos". In: *Linhagens do presente.* Trad. Sandra Guardini Vasconcelos. São Paulo: Boitempo, 2002, p. 53-81, p. 55.

259 REIS, Eliana Lourenço de Lima. "Pós-colonialismo, identidade e mestiçagem cultural"..., p. 14.

são "uniformizadas" por meio de projetos gráficos destinados a dar uma unidade, uma coerência a essas diversas obras, de diversas partes; uma "coerência" que encontra seu fundamento justamente no extinto (?) elo colonial, esse que, como uma assombração, como uma fantasmagoria, não deixa de emitir seus sussurros, seus murmúrios; não se pode esquecer que, n'*Uma terra sem amos*, não obstante, são ainda os antigos *amos* que produzem (editam, criticam, premiam) as escritas dos antigos *servos*; que as escritas de *Outras margens* vêm ainda aportar e ganhar o mundo a partir da antiga margem colonizadora. É só depois desse processo que, então, essas obras passam a ser redistribuídas no mercado editorial. Um mercado que, pela ação de seus mecanismos, também opera mudanças nesses processos que envolvem o campo literário.

Veja-se o caso da mutação de coleção das obras de Mia Couto. Se as suas primeiras obras editadas em Portugal o foram dentro da coleção *Uma terra sem amos*, da Editorial Caminho, coleção que trazia ao público português não só obras de autores moçambicanos ou das partes de África de língua oficial portuguesa, mas de várias partes do mundo (África do Sul, Argélia, Brasil, Cuba, Estados Unidos etc.), paulatinamente, ou melhor dizendo, à medida do sucesso editorial de suas obras, Mia Couto passa a ser editado dentro da coleção *Outras margens (autores estrangeiros de língua portuguesa)*, além de ter as reedições de obras primeiramente enquadradas em *Uma terra sem amos* agora dentro da coleção *Outras margens*, fato que nos incita a pensar num gradativo processo de apropriação de Mia Couto (bem como de outros autores "lusófonos") ao cânone literário da língua portuguesa. Não é acaso que em não raras livrarias portuguesas as obras de Mia Couto fiquem expostas em prateleiras de "literatura portuguesa".

Um outro exemplo desse processo de apropriação podemos tê-lo em textos que, dedicados à literatura portuguesa, enquadram Mia Couto e sua obra nesse marco literário. É o caso da obra *O romance português contemporâneo – 1950-2010*, de Miguel Real.[260] Tratando sobre romances portugueses das décadas de 1960/1970 e da busca de seus autores por libertar

---

260 REAL, Miguel. *O romance português contemporâneo – 1950-2010*. 2ª ed. Lisboa: Caminho, 2012.

a língua portuguesa "da normatividade imperativa legada pelo realismo estilístico e pela reforma na 1ª República" [1910], busca essa que Real identifica na escrita de Maria Velho da Costa, diz-nos esse autor que, busca-se aí,

> com esta nova fundação (que é sempre refundação), novos re-ferentes, novas conjugações encantatórias, novas pautas es-criturais, donde sairão mais tarde os textos linguisticamente revolucionários de José Saramago, Luandino Vieira, Mia Couto e António Lobo Antunes.[261]

Mais adiante, à página 146, Real, analisando o romance *Comissão das Lágrimas*, de António Lobo Antunes, este autor português é novamente colocado lado a lado a Mia Couto:

> Em *Comissão das Lágrimas*, os lugares sintáticos e morfológicos clássicos são amiúde alterados e as relações entre as palavras abrem novos campos semânticos, gerando uma outra e nova figuração escrita da língua, que, sem dúvida, confunde e es-panta o leitor. Neste sentido, absolutamente singulares no trabalho estético da língua, abrindo esta a novas paisagens linguísticas, dois escritores se notabilizam hoje: António Lobo Antunes e Mia Couto. Aquele, refletindo um tempo europeu fragmentário [...]; Mia Couto, a partir de um notabilíssimo tra-balho de elisão, adição e permuta linguística, abrindo a língua a novas ideias, antes gramaticalmente vazadas com dificulda-de, refletindo criativamente o embate livre entre a mentalida-de africana e a estrutura clássica da língua portuguesa.[262]

Ainda que considerando o fato de Real estar-se a dirigir a um público leitor português, a quem o nome Mia Couto não deve soar desconhecido, a

---

261 *Ibidem*, p. 101. Ressalte-se aqui a também incorporação de Luandino Vieira (escritor angola-no) ao cânone português analisado por M. Real.

262 *Ibidem*, p. 146.

um leitor estrangeiro, ou mesmo a um leitor português de não mais apurados conhecimentos sobre os nomes do contemporâneo cânone literário lusitano, a leitura do texto, do modo como se coloca, faz passar Mia Couto por romancista português. Não há na obra nenhuma menção à nacionalidade moçambicana do autor (apenas uma menção a certa "mentalidade africana"). Toda a centralidade da questão reside na língua portuguesa. Eis uma questão a merecer atenção e mais detidas análises, certamente.

E se aqui retornarmos ao pensamento de Aijaz Ahmad, percebemos que as "literaturas do Terceiro Mundo" (caso das africanas) não circulam dentro do "Terceiro Mundo" de modo direto ou autônomo, "mas através de redes de acumulação, interpretação e recolocação geridas a partir dos países metropolitanos." Assim, e a exemplo, quando um romance vai de um espaço a outro dentro desse "Terceiro Mundo", ele já foi

> selecionado, traduzido, publicado, resenhado, interpretado e foi-lhe atribuído um lugar no arquivo da "Literatura do Terceiro Mundo" através de um complexo de mediações metropolitanas. Isto é, ele chega aqui com aqueles processos de circulação e classificação já inscritos em sua textura.[263]

Daí a necessidade de, ao lidarmos com "produções culturais globais" – como as literaturas pós-coloniais –, não perdermos de vista "o poder coercitivo dos próprios canais por meio dos quais temos acesso àquelas [a essas] produções".[264]

Em relação ao espaço "lusófono", mesmo os demais países (os não africanos, caso do Brasil) carecem passar pelo "centro" distribuidor, Portugal, para fazerem chegar a seus mercados os autores africanos. É em Portugal que os direitos autorais são adquiridos, não em África e a editoras africanas.

---

263 AHMAD, Aijaz. "Teoria literária e a 'literatura do terceiro mundo'"..., p. 54-55.

264 *Ibidem*.

E nesse campo de discussão vale um olhar em relação a um fenômeno recente: o *fenômeno LeYa*.

O que chamo de *fenômeno LeYa* diz respeito à criação, em janeiro de 2008, de um gigantesco grupo editorial (uma *holding*, nos termos do mercado econômico) denominado *LeYa*, com sede em Portugal, tendo por acionista majoritário o empresário português Miguel Paes do Amaral. Atualmente, o grupo é constituído por dezessete casas editoriais em Portugal (Academia do Livro, Edições Asa, Caderno, Editorial Caminho, Casa das Letras, Dom Quixote, Estrela Polar, Gradilivro, Livros d'Hoje, Lua de Papel, Nova Gaia, Oficina do Livro, Quinta Essência, Sebenta, Teorema, Texto Editores e Leya), sendo que uma delas, a Texto Editores, possui chancelas em Angola e em Moçambique; duas em África, sendo uma em Angola (a Nzila) e uma em Moçambique (a Ndjira); e uma no Brasil (a Leya Brasil).

A atuação em África não é, absolutamente, acaso. Em entrevista à revista portuguesa *Os meus livros* (nº 60), de fevereiro de 2008, Isaías Gomes Teixeira, administrador do grupo editorial, declarou:

> Acreditamos que os países africanos de expressão portuguesa são mercados de futuro para o livro escolar. Logo, a compra da Texto Editores não tem só a ver com o seu posicionamento em Portugal, mas com todo o posicionamento global.[265]

"Posicionamento global" que significa o intento estratégico de buscar consolidação do grupo num "mercado" de "200 milhões a falar português". Na apresentação do grupo em seu sítio eletrônico lemos que "a LeYa apresenta-se com objectivos concretos de vir a ser protagonista, nomeadamente pelo papel que desempenha no *mundo de língua portuguesa*".[266] Dentro desse objetivo de protagonismo inclui-se o inves-

---

265 TEIXEIRA, Isaías Gomes. Entrevista. *Os meus livros*. Lisboa: Entusiasmo Media Publicações, nº 60, fev. 2008, p. 51.

266 LEYA [Grupo editorial]. Sobre a Leya. Disponível em: <http://www.leya.com/gca/?id=68>. Acesso em: 26 dez. 2012. Grifo meu.

timento na ampliação das redes de distribuição de livros, inclusive por meio do comércio via livrarias eletrônicas, o domínio do mercado de livros didáticos, a criação do maior (em valor monetário) prêmio literário de língua portuguesa, o *Prêmio LeYa*, no valor de cem mil euros. No que se refere a Moçambique, lemos no sítio eletrônico do grupo que sua presença no país "é estratégica para o cumprimento da missão de dar a conhecer os autores em todo o espaço lusófono e de ser um grupo de referência na língua portuguesa".[267]

Com essas considerações sobre o *fenômeno LeYa*, e ainda tendo em referência as observações, de um pouco antes, de Kwame Anthony Appiah, Eliana Lourenço de Lima Reis e Aijaz Ahmad, e claro, as dúvidas/inquietações de Mia sobre a existência de uma *literatura moçambicana*, o que intento é chamar a atenção para o fato de que a "ideia dinâmica" de literatura dita por Mia, cuja consecução possibilitaria o erguimento do "edifício literário" moçambicano como um sistema autônomo, tem de ser pensada dentro da rede editorial a que aqui se fez referência, na qual as relações entre ex-metrópole e ex-colônia se dão de modos desiguais, permanecendo os agentes e instituições euro-americanos como instâncias legitimadoras (lugar de produção do pensamento sobre) das produções literárias africanas, o que é dizer: chamemos como chamemos (neocolonialismo ou outra designação), uma relação de dependência persiste.

E isto se torna crucial em espaços como a África subsaariana, onde a literatura desempenha um papel mais modesto que noutras partes.

Mais modesto mas não menos importante. Explico-me na aparente contradição: num país como Moçambique, saído há pouco mais de trinta anos de uma situação colonial, no qual não houve, não obstante o profuso discurso da *missão civilizadora* colonizadora (o que passa, supostamente, pela difusão da instrução), um privilegiar do acesso ao ensino formal. Tanto que quando da independência do país, em 1975, os números do analfabetismo

---

267 LEYA [Grupo editorial]. Leya em Moçambique. Disponível em: <http://www.leya.com/gca/?id=111>. Acesso em: 26 dez. 2012.

rondavam os 90% da população, principalmente nos meios rurais[268] – e que o digam os tantos personagens de Mia que só sabem ler o mundo por outros modos (pelo chão, pelas águas) que não a escrita.

Desde então, esses números têm-se alterado, mas é claro que entre um processo (longo) de alfabetização e o desenvolvimento de um sistema literário (autores, leitores, difusão do livro, crítica, ensino etc.) não há uma equação matemática. Tal desenvolvimento passa por outras questões, de outras ordens.

Como a do papel dessa literatura na textualização da nação. Daí o dizer-se de a modéstia desse sistema literário andar de braços dados com sua importância. Ainda mais quando se partilha da compreensão de que foi a partir da "grande narrativa gerada pela luta anticolonial" (uma narrativa "mais promissora de futuro que revisora dos passados") que "surgiu de forma objectiva e directiva a ideia de Moçambique para os moçambicanos e moçambicanas e daquilo que se veio a designar de moçambicanidade".[269]

É isso o que lemos em palavras de Samora Machel. Para o líder da luta independentista, foi na luta armada

> onde se forjou a unidade e consciência nacional. Foi na luta armada de libertação nacional que, pela primeira vez na história do nosso Povo, moçambicanos de todas as partes se encontram, vivem, trabalham e lutam juntos, sofrem juntos. Compartilham alegrias e compartilham também as nossas vitórias. É na luta armada que os moçambicanos *superaram mitos tribais, mitos raciais, mitos regionais*.[270]

---

268 Ver FERREIRA, Eduardo de Sousa. *O fim de uma era: o colonialismo português em África*. Lisboa: Sá da Costa, 1977.

269 RIBEIRO, Margarida Calafate; MENESES, Maria Paula (orgs.). *Moçambique: das palavras escritas...*, p. 11.

270 MACHEL, Samora. *A educação é uma tarefa de todos nós: orientações do presidente Samora Machel no início do ano lectivo de 1978*. Maputo: Tipografia Notícias, 1978, p. 24. Grifo meu.

O que, por outras palavras, implica dizer que a *moçambicanidade* é uma ideia que se forja numa situação limite: a luta armada independentista, e que, por tal situação histórica, sua concepção tendeu a buscar a unidade (*O Povo Moçambicano, unido do Rovuma ao Maputo*), e, mais que isso, uma unidade assente numa concepção "revolucionária" de sociedade, sendo que essa sociedade (as muitas sociedades que a formam) é uma conformação historicamente híbrida, plural em sua constituição. E que decerto, a considerar o que nos propõe o conjunto da obra miacoutiana, ainda não "superaram", como decretou Samora Machel, seus "mitos tribais, mitos raciais, mitos regionais" e outros mais "mitos" que são parte do imaginário e das vivências de toda sociedade. Daí a dificuldade em defini-la: ela não é um artefato da razão pura, de um decreto revolucionário; ela se faz no tempo, nas ambiguidades e contradições das vidas das gentes.

Uma dificuldade que ganha expressão nas palavras do poeta Luís Carlos Petraquim, em seu prefácio à edição portuguesa de *Vozes anoitecidas*. Pergunta-nos o poeta:

> *Pois que raio de coisa será essa da Moçambicanidade?* O despedaçado boi étnico a que um excesso de etnocentrismo rotula de tribalismo?[271] A orteguiana circunstância de sermos os embaraçados "herdeiros", cada um por sua privada genealogia, ou do cantochão latino, ou de muezins arábicos, ou de Monomotapas nostálgicos, ou já algum sincretismo histórico disso tudo, mas ainda na ilha onde Caliban e Próspero lambem as últimas feridas? Ou já nem será bem isto por milagre de um denominador comum em projecto político estruturado?[272]

---

271 Aqui Petraquim faz referência à narrativa do conto "O dia em que explodiu Mabata-bata", no qual um boi explode pelos ares. O núcleo do conto gira em torno das conflitantes interpretações para a causa do sucedido: efeito de uma mina terrestre ou obra da ave do relâmpago, o *ndlati*?

272 PETRAQUIM, Luís Carlos. "Como se fosse um prefácio". In: COUTO, Mia. *Vozes anoitecidas...*, p. 15. Grifo meu.

Nestas palavras de Petraquim sobre "que coisa será essa da Moçambicanidade", estão tramadas as muitas influências formadoras da dita "coisa": o latinismo lusitano; o arabismo, de antiga presença nas costas índicas; as muitas e diversas formações socioculturais africanas, sintetizadas na menção a "Monomotapas nostálgicos". A "moçambicanidade" possível terá de ser – inferimos das palavras de Petraquim – o "sincretismo histórico disso tudo".

Um "sincretismo" que tem seus poréns. Ou, noutros termos dizendo: não se pode esquecer que o que sobrevive nesse "sincretismo histórico" é aquilo que a cultura dominante vai dando dizibilidade, pois que às culturas não dominantes busca-se reservar-lhes o *anoitecimento* de suas vozes. Mas é claro que, considerando-se sua obra, Mia é sabedor de que "o povo não fala, mas estão sempre nascendo falagens".[273] Nesse sentido, se há *anoitecimento*, não há, contudo, silenciamento, total apagamento da capacidade *dizedora* das gentes, pois há sempre um tempo para o *desanoitecimento*, há sempre uma madrugada (e as *raízes do orvalho* que ela traz) depois da noite.

São essas "falagens", pertubadoras de qualquer possível "sincretismo histórico" estável, que suas páginas nos colocam diante. Em meu entender, esta disponibilidade de escuta do autor é um dos aspectos incontornáveis de sua obra (e também da literatura moçambicana pós-colonial), uma escuta que o leva a lidar com a história, para perturbá-la, para propor outras possibilidades de leitura. Para os estudiosos da obra miacoutiana e da literatura moçambicana, uma de suas características fundamentais (de ambas) é uma "relação profunda com a história", daí o entendimento de que,

> neste sentido, a história, seja qual for a sua faceta ou vertente, tem interferido de forma decisiva na literatura, dando-lhe não só o assunto fundamental, mas também o método

---

273 COUTO, Mia. *O último voo do flamingo...*, p. 83.

fundamental de interrogação sobre os espaços e os seus sucessivos preenchimentos e esvaziamentos.[274]

Não é de admirar, pois, que nas sistematizações da história literária moçambicana os processos históricos vivenviados no país sejam determinantes. Assim o fazem Margarida Calafete Ribeiro e Maria Paula Meneses, para quem "os três principais momentos" de interferência decisiva no campo literário moçambicano são: "[1] o colonialismo tardio e as lutas nacionalistas; [2] a independência e o ciclo socialista; e [3] a ambiguidade do tempo presente".[275]

Sistematização bem próxima da estabelecida por João Paulo Borges Coelho. Em seu estabelecimento dos *caminhos* da literatura moçambicana, Borges Coelho identifica três ciclos principais. O primeiro, "o ciclo colonial tardio", nominado de *"a construção do nacionalismo"*: seria este o "momento fundador da literatura moçambicana", na viragem do século XIX ao XX, representado pelas figuras dos irmãos João e José Albasini, fundadores dos jornais *O Africano* [1909-1920] e, depois, de *O Brado Africano* [1918-1932].[276] Para este historiador e literato, dá-se nesse período a constituição de um ambiente cultural, que propicia convivências (um *campo*) e resulta numa "notável coesão", inédita nessa literatura em gestação, decorrente de certo "consenso na interpretação da realidade colonial", notadamente por mestiços letrados, citadinos.

Outro *ciclo,* o segundo proposto por Borges Coelho, é "o ciclo socialista", nominado de *"socialismo real e erosão"*: que se dá com a tomada do poder pela Frelimo, e que alterou – "e de forma dramática" – o contexto cultural

---

274 RIBEIRO, Margarida Calafate; MENESES, Maria Paula (orgs.). *Moçambique: das palavras escritas...*, p. 11.

275 *Ibidem.*

276 Acerca desses periódicos, ver: ROCHA, Ilídio. *A imprensa de Moçambique: história e catálogo (1854-1975).* Lisboa: Livros do Brasil, 2000, p. 236 [*O Africano*] e p. 268 [*O Brado Africano*]. Para uma outra dimensão da importância desses periódicos (como espaço de reivindicações, de denúncia das mazelas e violências coloniais), ver o trabalho de Valdemir Zamparoni, *De escravo a cozinheiro: colonialismo e racismo em Moçambique* [Salvador: EDUFBA/CEAO, 2007].

moçambicano, por conta de um "fechamento acentuado do país", decorrente do bloqueio econômico e ideológico ao regime socialista assumido pelo país independente. No entender de Borges Coelho, "a Frelimo entrou no país com uma grande desconfiança das cidades" e seus valores, vistos como viciosos e decadentes (burgueses); em tal concepção, a literatura (e tudo o mais) deveria servir à revolução, daí se dando um privilegiar da escrita militante de combate. Processos como o "julgamento" dos ex-presos políticos do regime colonial, em 1977, para julgar o comprometimento destes com a causa revolucionária, demonstrariam bem a veemência dessa perspectiva.

Sobre esse processo, as palavras de José Craveirinha, um dos "julgados" (ou "convocados", como prefere), nos ajudam a dimensionar as marcas por ele deixadas:

> Nós estávamos fechados! Ficámos fechados lá dentro e eles a julgarem-nos! E eu disse: "— Como é possível julgar uma pessoa pelas fraquezas que ela possa ter tido durante a prisão?! Sabem o que é estar preso? E agora a Frelimo que vem julgar-nos porque fraquejámos dentro da prisão?!"
>
> Mas quando falo em julgamento, aí é em linguagem figurada. Somos convocados, todos os ex-presos políticos [cerca de trezentas pessoas], e somos postos na pousada dos trabalhadores dos Caminhos de Ferro, com membros do Governo a interrogarem e a estabelecer responsabilidades em relação a possíveis atitudes de fraqueza ou colaboração com as autoridades naquele período da prisão. Isso levou-nos a não considerar aquilo correcto nem legítimo, porque era uma espécie de julgamento dos nossos dirigentes por possíveis fraquezas durante o período de prisão – onde não tínhamos possibilidade de nos defender, de reagir perante os carcereiros. Que opções poderíamos ter, presos? Eu fui daqueles que não consideraram que fosse justo e muito menos por se terem sentado, junto aos dirigentes, pessoas que não passaram por nada e estavam no Governo.[277]

---

277 CRAVEIRINHA, José. Entrevista. In: LABAN, Michel. *Moçambique: encontro com escritores*, vol. I..., p. 120. Muitos dos "julgados" foram encaminhados para "campos de reeducação" na

O terceiro ciclo (ou interciclo) proposto por Borges Coelho é o "interciclo transitório actual", nominado de *a procura de uma nova modernidade*: que estaria relacionado a mais uma alteração no contexto do país (Acordo de Paz, em 1992; instauração do multipartidarismo e fim do regime de partido único; adoção de reformas econômicas neoliberais por meio de acordos com o Fundo Monetário Internacional) e cuja marca literária seria uma "perplexidade" em relação ao real, diante do qual o fazer literário via-se obrigado "a afastar-se, a refractar, a sondar interpretações paralelas", inclusive da própria história, como o tem feito uma nova geração de escritores, da qual cita Suleiman Cassamo, Paulina Chiziane e Mia Couto.[278]

Nos estudos e nas propostas de periodização desses autores, defende-se o imbricamento do campo literário com a história do país (mesmo ainda quando o país, enquanto Estado independente, não havia), ao ponto de a definição de critérios de uma moçambicanidade literária passar, muitas vezes, por essa relação.[279]

O pensamento de Mia Couto sobre o haver (ou não) uma *literatura moçambicana* remete-nos à reflexão sobre o fato de que "a feitura da arte nunca está, em si, no tempo passado. É sempre um processo formativo, com um presente específico".[280] E o presente específico dessa literatura da África pós-colonial, do Moçambique contemporâneo, é esse mundo

---

province do Niassa, norte de Moçambique, para trabalharem no campo. "Era uma forma de aprenderem a regenerar-se pelo trabalho", nas palavras de Marcelino dos Santos (um dos fundadores da Frelimo, ex-secretário de Relações Externas da Frente e, no Moçambique multipartidário – pós-1990 –, foi presidente da Assembleia Nacional), em entrevista a Dalila Cabrita Mateus, em 2000 (SANTOS, Marcelino dos. Entrevista. In: MATEUS, Dalila Cabrita. *Memórias do colonialismo e da guerra...*, p. 477).

278 COELHO, João Paulo Borges. "E depois de Caliban?"..., p. 57-68. Pode-se ainda mencionar a estruturação proposta por Fátima Mendonça (MENDONÇA, Fátima. "Literaturas emergentes, identidades e cânone"), também ela estruturada em três períodos, também ela em concordância com as de Margarida Calafate Ribeiro e Maria Paula Meneses, e a de João Paulo Borges Coelho.

279 Algo desta discussão está em ALBUQUERQUE, Orlando de; MOTTA, José Ferraz. *História da literatura em Moçambique*. Braga (Portugal): Edições APPACDM Distrital de Braga, 1998.

280 WILLIAMS, Raymond. *Marxismo e literatura...*, p. 131.

reconfigurado pelo fim do *mundo colonial*, pelo começo dos *projetos nacionais*, pelo não muito distante ruir de muitos desses projetos, pelo esboroar de *horizontes de expectativas*; enfim, um tempo presente de um mundo complexo, de trânsitos intensos, de trocas desiguais (não se pode esquecer), um tempo a que não se pode emoldurar facilmente, pois que ainda está em processo. Se, como dito pelo jovem Marianinho em *Um rio chamado tempo, uma casa chamada terra*, a Nyumba-Kaya (a casa-nação moçambicana) se ergue contra o tempo, sua compreensão só se pode dar interrogando-se esse tempo e as questões que lhe são postas – as "boas perguntas" que a literatura faz à história.

CAPÍTULO 2

Cada um são transmutáveis homens

Por isso, quando conto a minha história me misturo,
mulato não das raças, mas de existência.

MIA COUTO
Vozes anoitecidas

"História de um homem é sempre mal contada. Porque a pessoa é, em todo o tempo, ainda nascente. Ninguém segue uma única vida, todos se multiplicam em diversos e transmutáveis homens." É com estas palavras que Mia Couto inicia seu conto "O apocalipse privado do tio Geguê", de seu livro *Cada homem é uma raça* [1990].[1] Ao dizer que cada pessoa é sempre nascente, que cada ser se multiplica em diversas vidas, em transmutáveis homens, Mia dá relevo à ação humana e à temporalidade. É nesse sentido, de estar o homem a sempre *se autofazer*, não de todo segundo a sua própria vontade, mas dentro do "campo de possibilidades" de seu tempo e lugar, negociando a sua vontade com as *pressões* de seu meio, transitando por entre o que se quer e o que se pode,[2] é nesse sentido, dizia, que compreendo o pensamento expresso nas linhas deixadas de Mia.

Mas é certo que a essa trans-múltipla-mutabilidade (permita-se-me o termo) das vidas humanas tem-se buscado ordená-la, conformá-la aos contornos de entidades historicamente instituídas e imaginadas com o intento de tornar essa capacidade *transmutável* dos seres circunscrita a

---

1   COUTO, Mia. *Cada homem é uma raça*. Rio de Janeiro: Nova Fronteira, 1998, p. 29.

2   VELHO, Gilberto. *Projeto e metamorfose*. 2ª ed. Rio de Janeiro: Zahar, 1999, p. 28.

fronteiras identitárias, sendo decerto sua expressão mais onipresente, nos últimos dois séculos passados, a ideia de nação.

E se cada um são transmutáveis homens, se a história de cada um é sempre mal contada, que se dirá das nações que nos abarcam, cujas narrativas, em seus intentos pedagógicos, têm historicamente buscado fazer perderem-se suas *raízes* nas brumas de um tempo sem história, mesmo quando a história dessas nações é ainda *quente*, é ainda tão próxima. É o caso do até bem pouco tempo chamado "Terceiro mundo". A "imaginação política radical" do século XX nesses espaços reconfigurou suas organizações políticas de modo impressionante. No que toca à África, essa reconfiguração implicou, ao longo do século XX, na nascença de seus Estados nacionais. Algo ainda não concluso de todo. Ou seja, o mapa político africano ainda traça seus contornos.[3]

---

3   Veja-se o recente caso do Sudão em que, após realização de plebiscito (9 a 15 de janeiro de 2011), cerca de 98% da população do sul optou pela separação em relação ao restante do país, desse modo abrindo caminho à formação de um futuro "Sudão do Sul".

Mapa 3: África política, 1880

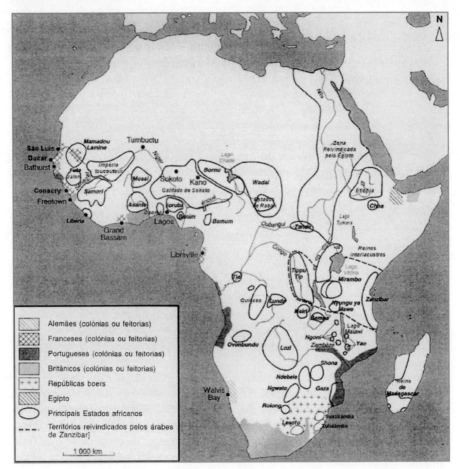

Fonte: M'BOKOLO, Elikia. *África negra: história e civilizações.* Tomo II: *Do século XIX aos nossos dias.* Trad. Manuel Resende. 2ª ed. Lisboa: Colibri, 2007, p. 286.

Mapa 4: África política, 1900 [pós-Conferência de Berlim]

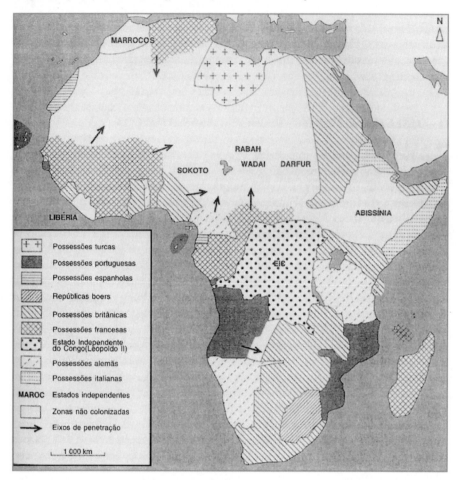

Fonte: M'BOKOLO, Elikia. *África negra: história e civilizações...*, Tomo II..., p. 315.

Mapa 5: África política, pós-independências

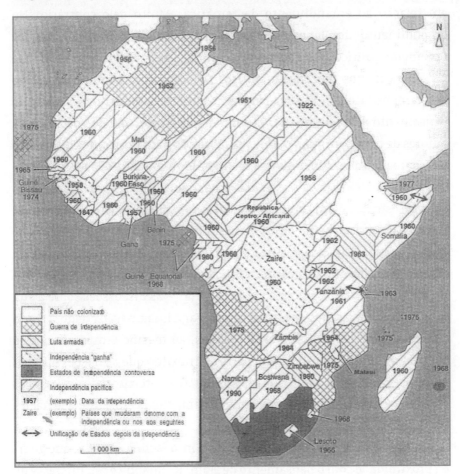

Fonte: M'BOKOLO, Elikia. *África negra: história e civilizações...*, Tomo II..., p. 542.

Mas essa centralidade da *questão nacional* não implicou um consenso em relação ao entendimento da temática. Muito pelo contrário. No entendimento de Benedict Anderson, "é difícil pensar em algum fenômeno político que continue tão intrigante quanto este e sobre o qual haja menos consenso analítico. Dele não há nenhuma definição amplamente aceita". Daí sua percepção de que qualquer mapeamento do pensamento sobre a temática "tem mais probabilidade de encontrar os autores de costas uns para os outros, olhando para horizontes diferentes e obscuros, do que empenhados em um ordeiro combate de mãos dadas".[4] Em suma, a temática da *questão nacional* é bastante controversa.

Mas este não é um estudo sobre nacionalismo, ou sobre o nacionalismo moçambicano, sobre os pormenores políticos e ideológicos *nacionais*. O que aqui se busca estabelecer é alguma possível compreensão acerca de como a obra literária de um autor lê e pode ser lida (largo sentido) entremeada – como parte constituinte da "trama"[5] – às discussões sobre a sua nação. Trata-se, assim, de buscar interrogar a imaginação criadora como questionadora de certezas e estabilidades, ao mesmo tempo em que se considera o ofício literário como parte do trabalho que as nações operam na busca por "transformar suas fronteiras físico-territoriais em *artefatos culturais*, campo de sentidos constituídos, simbologia em que a vida nacional é representada".[6]

Uma proposta, esta de Júlio Pimentel Pinto, acima exposta, que guarda proximidade com o pensamento de Homi K. Bhabha e seu interesse de análise pelas formas de "construção cultural" do ideário de nacionalidade

---

4   ANDERSON, Benedict. "Introdução". In: BALAKRISHNAN, Gopal (org.). *Um mapa da questão nacional*. Trad. Vera Ribeiro. Rio de Janeiro: Contraponto, 2007, p. 7.

5   "Os fatos não existem isoladamente, no sentido de que o tecido da história é o que chamaremos de uma trama, de uma mistura muito humana e muito pouco 'científica' de causas materiais, de fins e de acasos; de uma fatia da vida que o historiador isolou segundo sua conveniência, em que os fatos têm seus laços objetivos e sua importância relativa" (VEYNE, Paul. *Como se escreve a história e Foucault revoluciona a história*. 4ª ed. rev. Trad. Alda Baltazar e Maria Auxiliadora Kneipp. Brasília: Editora UnB, 2008, p. 42).

6   PINTO, Júlio Pimentel. *Uma memória do mundo: ficção, memória e história em Jorge Luis Borges*. São Paulo: Estação Liberdade/Fapesp, p. 55-56.

como modo de afiliação social, procurando elaborar um entendimento sobre "as estratégias complexas de identificação cultural e de interpelação discursiva" que funcionam em nome desse ideário, e que se tornam, assim, objeto de narrativas sociais e literárias, constituindo-se em "potentes fontes simbólicas e afetivas de identidade cultural". Para Bhabha, adotar essa perspectiva é enfatizar "a dimensão temporal na inscrição dessas entidades políticas" [as nações], o que

> serve para deslocar o historicismo que tem dominado as discussões da nação como uma força cultural. A equivalência linear entre evento e idéia, que o historicismo propõe, geralmente dá significado a um povo, uma nação ou uma cultura nacional enquanto categoria sociológica empírica ou entidade cultural holística. No entanto, a força narrativa e psicológica que a nacionalidade apresenta na produção cultural e na projeção política é o efeito da ambivalência da "nação" como estratégia narrativa.

É a essa ambivalência – negadora de qualquer "historicismo", de qualquer "equivalência linear entre evento e idéia" – que Bhabha nomina de "dissemiNação". Segundo esta sua "teoria itinerante",

> o espaço do povo-nação moderno nunca é simplesmente horizontal. Seu movimento metafórico requer um tipo de "duplicidade" de escrita, uma temporalidade de representação que se move entre formações culturais e processos sociais sem uma lógica causal centrada. E tais movimentos culturais dispersam o tempo homogêneo, visual, da sociedade horizontal.

Neste sentido, a narrativa da nação só pode ser pensada "na tensão entre, por um lado, significar o povo como uma presença histórica a priori, *um objeto pedagógico*, e, por outro lado, construir o povo na *performance da narrativa*, seu 'presente' enunciativo, marcado na repetição e pulsação do signo nacional". Assim, pensar a nação nessa sua escrita dupla – "como

160 DÉRCIO BRAÚNA

um saber dividido entre a racionalidade política e seu impasse, entre os fragmentos e retalhos de significação cultural e as certezas de uma pedagogia nacionalista" – é desnaturalizar a retórica da afiliação nacional, é entender que "a *presença* visual da nação é o efeito de uma luta narrativa", é não desconsiderar que, junto ao tempo "vazio e homogêneo" em que a nação se busca narrar, há sempre "a presença perturbadora de uma outra temporalidade que interrompe a contemporaneidade do presente nacional", e que "nos leva a questionar a visão homogênea e horizontal associada com a comunidade imaginada da nação".[7] E essa outra temporalidade, perturbadora da visão homogênea da nação, é constituída, justamente, pela produção de registros de memória (na qual a literatura toma parte ativa) que, no presente, buscam um ancoradouro para o passado (determinados passados, melhor se diria).[8]

Lidar com a obra literária de Mia Couto e seus textos de intervenção implica a inevitabilidade de considerar essas discussões – que têm a temporalidade em seu cerne – a que os pensamentos de Homi K. Bhabha e Júlio Pimentel Pinto nos ajudam a refletir. Como propõem as reflexões de ambos, a nação preenche vazios deixados por processos de desenraizamentos (de comunidades locais, parentesco etc.) e, nessa faina – isto é Bhabha a nos dizer –, vai "transformando esta perda na linguagem da metáfora", e a metáfora, como sabemos, "transporta o significado de casa e de sentir-se em casa". Não por acaso, "os nomes dados à nação são sua metáfora",[9] ou, noutras palavras, são sua busca por constituir "pontes de afetos" – isto é Júlio Pimentel Pinto a nos dizer – que unam as muitas gentes que sob seu nome (da nação) se albergam.[10]

Dentre os nomes dados por Mia Couto a suas casas-nação, decerto é a *Nyumba-Kaya*, a casa grande dos Malilanes/Marianos em *Um rio chamado*

---

7   BHABHA, Homi K. "DissemiNação: o tempo, a narrativa e as margens da nação moderna". In: *O local da cultura*. Trad. Myriam Ávila *et al*. Belo Horizonte: Editora UFMG, 1998, p. 198-238. Grifos meus.

8   PINTO, Júlio Pimentel. *Uma memória do mundo...*, p. 37-39.

9   BHABHA, Homi K. "DissemiNação". In: *O local da cultura...*, p. 199-200.

10 PINTO, Júlio Pimentel. *Uma memória do mundo...*, p. 64.

tempo, uma casa chamada terra, que cumpre essa designação por excelência. Já em seu nome (título), o romance, metáfora da casa-nação moçambicana, reúne tempo (*um rio chamado tempo*) e lugar (*uma casa chamada terra*) para abrigar, para fazer *sentirem-se em casa,* reunidas no afeto familiar, as muitas e diversas gentes que constituem o "clã" dos Malilanes/Marianos. *Nyumba-Kaya,* em sua metaforicidade, é um intento de reunir a diversidade das gentes que a habita: as gentes do norte e as gentes do sul.[11] E nesse seu funcionamento metafórico, cabe lembrar algo de crucial importância: "não é apenas o que a casa da ficção contém ou 'controla' enquanto conteúdo. O que é igualmente importante é a metaforicidade das casas".[12]

Assim, a *Nyumba-Kaya,* a velha casa dos Malilanes/Marianos – com suas memórias e esquecimentos, com seus passados não ditos, com suas gentes diversas e portadoras de olhares diversos sobre o passado e o futuro –, funciona como metáfora da nação moçambicana: uma *casa* que ao mesmo tempo em que busca reunir a diversidade de suas gentes, dar-lhes um nome (uma "identidade"), sabe que essa reunião requer complexos jogos de memórias e esquecimentos, sabe que o próprio futuro da casa, sua perpetuação no tempo, depende desses jogos, nos quais a narratividade é crucial. Não é, pois, acaso que as intrigas da família dos Malilanes/Marianos vão sendo desveladas por meio de cartas, escritas pela mão de um jovem (Marianinho), mas cuja origem da escrita (seu conteúdo) remete a um mais velho (Dito Mariano, avô/pai de Marianinho), assim se estabelecendo um elo de ligação na temporalidade. Um elo que não significa uma simples e pacífica continuidade, mas, antes, envolve um complexo trabalho de negociação entre identificação e diferença, inclusão e exclusão – as "duas faces" delimitadoras da produção de identidades.[13]

É significativo que já no início do romance seu personagem-narrador, Marianinho, que reside na cidade e retorna à ilha de Luar-do-Chão para o

---

11   COUTO, Mia. *Um rio chamado tempo, uma casa chamada terra.* São Paulo: Companhia das Letras, 2003, p. 28.

12   BHABHA, Homi K. "DissemiNação". In: *O local da cultura...,* p. 34.

13   PINTO, Júlio Pimentel. *Uma memória do mundo...,* p. 57-58.

162 DÉRCIO BRAÚNA

funeral de Dito Mariano, nos apresente os três filhos de Dito, os quais, por suas descrições, deixam perceber que as gentes reunidas na Nyumba-Kaya passam ao largo de serem uma gente una. Abstinêncio, Fulano Malta e Ultímio, os três filhos do velho Dito, são portadores de visões de mundo muito diversas. O mais velho, Abstinêncio, nos é apresentado como alguém "saudoso de um tempo nunca havido", homem "magro e engomado, ocupado a trançar lembranças", que "despendera a vida inteira na sombra da repartição" colonial em que trabalhara. O do meio, Fulano Malta, é descrito como um homem que "transpirava o coração em cada gesto", com "a alma à flor da pele", já tendo sido "guerrilheiro, revolucionário, oposto à injustiça colonial", homem crente, por convicções e atos, num mundo transformado. O mais novo, Ultímio, é dito como sendo um exemplo dos novos ricos que infestam o país, homem "alteado e sonoro", frequentador da capital do país, "ocupado entre os poderes e seus corredores", fazendo negócios e politicando "consoante as conveniências".[14]

Como se pode perceber, naqueles que formam o "clã" dos Malilanes/ Marianos, habitantes da Nyumba-Kaya, o que temos é a diversidade de crenças e atitudes, de modos de conceber o mundo e suas relações. Não há uma "identidade" fechada, pura. Se a Nyumba-Kaya busca reunir, o que se reúne sob seu signo é tenso, complexo, nunca unânime ou homogêneo. E, o mais importante nesse entendimento: é sempre a história (como o é nas diversas outras obras de Mia Couto) que vem rasurar o que se quer dar a ver como uno, pondo em seu lugar as tensões, as humanas tramas do viver, constituidora de *identidades despuricistas*.

---

14   COUTO, Mia. *Um rio chamado tempo, uma casa chamada terra*. Kátia da Costa Beserra, analisando este romance, entende que os três irmãos – Abstnêncio, Fulano Malta e Ultímio – "funcionam como um microcosmo da sociedade moçambicana", no qual temos representados diferentes modos de posicionamento ante a nascença da nação: a indiferença ou descrença em relação a uma ruptura (caso de Abstnêncio, o mais velho); a luta, a recusa à assimilação e a desilusão logo depois (caso de Fulano Malta, o do meio); e a atitude predatória dos "novos ricos", a burguesia que surge no período da "reconstrução nacional", depois do fim da guerra (caso de Ultímio, o filho mais novo) (BEZERRA, Kátia da Costa. "*Um rio chamado tempo, uma casa chamada terra*: a tensa re-escrita da nação moçambicana". *Estudos portugueses e africanos*, Campinas, IEL/Unicamp, nº 43/44, 2004, p. 90-91).

"NÓS NÃO SOMOS QUEM VOCÊS PROCURAM"

Um campo em que as tensões e as tramas da história são reiteradamente convocadas para desautorizar concepções essencialistas na obra miacoutiana é, sem dúvida, o das questões identitárias; esta é uma discussão incontornável em sua obra.

Identidade, esse conceito que, segundo um de seus pensadores nesses tempos pós-coloniais, Stuart Hall, tem tido uma "explosão discursiva", ao mesmo tempo que tem sido submetido "a uma severa crítica." Para Hall, pensando com Jacques Derrida, esse paradoxo deve-se ao fato de que o conceito de identidade, nos tempos atuais, opera "sob rasura", o que é dizer: é "uma idéia que não pode ser pensada da forma antiga, mas sem a qual certas questões-chave não podem sequer ser pensadas." Daí que o "sinal da rasura" seja duas linhas cruzadas [X], indicando, assim, que os conceitos por elas marcados "não servem mais – não são mais 'bons para pensar' – em sua forma original, não-reconstruída", mas que não podem ser totalmente abandonados, uma vez que não há outros conceitos capazes de substitui-los totalmente nas questões para as quais são convocados.[15]

E talvez essa constante presença da ideia de identidade na ficção e nas intervenções de Mia Couto venha justamente do fato de ser essa uma questão que reiteradamente lhe é colocada, numa exigência obsedante, reveladora de um *vício de outridade* a que os africanos, historicamente, tem sido "empurrados". "Fomos empurrados para definir aquilo que se chamam 'identidades'", diz-nos Mia, todavia, "deram-nos para isso um espelho viciado. Só parece reflectir a 'nossa' imagem porque o nosso olhar foi educado a identificar-nos de uma certa maneira". Por tal, é um espelho que "aprisiona o olhar. Onde deveríamos ver dinâmicas vislumbramos essências, onde deveríamos descobrir processos apenas notamos imobilidade". Com isso, o que se dá é que "em vez de tirarmos proveito

---

15 HALL, Stuart. "Quem precisa de identidade?" In: SILVA, Tomaz Tadeu da (org.). *Identidade e diferença: a perspectiva dos Estudos Culturais*. 8ª ed. Trad. Tomaz Tadeu da Silva. Petrópolis: Vozes, 2008, p. 103-104.

das mestiçagens que historicamente fomos produzindo, contentámo--nos com essa ilusão estéril que é a procura de identidades puras".[16] Em sua imagética, Mia nos propõe o contrário dessa "ilusão estéril" da busca por identidades puras. Seu entendimento é o de que as identidades "funcionam como empresas de *import-export*", num processo de "desidentidade" e desessencialização tanto do *nós* quanto dos *outros*.[17]

Mia Couto: um homem, branco, africano, filho de pais imigrantes portugueses, nascido numa "província ultramarina" portuguesa, sendo, pois, por isso, português, mas, tempos depois, *perde* essa sua identidade para *ganhar* outra, tornando-se, junto com milhões de outros africanos da costa oriental, um moçambicano. Habitante citadino, da cidade portuária de Beira (de histórica mistura étnico-cultural), vivendo cercado pelos subúrbios e suas carências, sempre próximo das muitas e diversas gentes, vindas de diversas partes de Moçambique; ainda jovem passa a atuar como jornalista; depois, torna-se biólogo, passando a andarilhar por espaços rurais regidos por outras lógicas que não as do seu mundo urbano. Filho de pai poeta, o mundo dos livros e da escrita esteve sempre presente em sua casa, porém em permanente contato com o universo da oralidade do espaço que o circundava, que estava ali, do outro lado da rua.[18] Como se denota nestas linhas sumariadas, Mia Couto é um homem cuja "identidade" não pode se configurar assente em ideais de pureza. Trata-se, pois, de um homem híbrido, misturado, "mulato não de raças, mas de existências", para aqui usar de uma ideia/imagem de seu reiterado uso.[19]

Algo que o escritor assume e defende como uma postura possível (e desejável) ante as cobranças por definições de "identidades" fechadas e

---

16   COUTO, Mia. "Por um mundo escutador". In: *Pensatempos: textos de opinião*. Lisboa: Caminho, 2005, p. 156.

17   COUTO, Mia. "Um mar de trocas, um oceano de mitos". In: *Pensageiro frequente*. Lisboa: Caminho, 2010, p. 64.

18   Ver COUTO, Mia. Entrevista. In: LABAN, Michael. *Moçambique: encontro com escritores*, vol. III. Porto: Fund. Engº António de Almeida, 1998.

19   Além de aparecer em diversas de suas entrevistas, esta ideia/imagem de *mulatismo de existência* está em *Vozes anoitecidas* (COUTO, Mia. *Vozes anoitecidas*. 9ª ed. Lisboa: Caminho, 2008, p. 75).

NYUMBA-KAYA **165**

excludentes. Tomar em análise sua obra, seu pensamento e criação, é depararmo-nos com o oposto de tal concepção. A qual talvez ganhe uma suficiente definição nas palavras do escritor libanês Amin Maalouf, em sua obra *As identidades assassinas,* uma reconhecida leitura de Mia:[20]

> A identidade não se compartimenta, não se reparte em metades, nem em terços, nem se delimita em margens fechadas. Não tenho várias identidades, tenho apenas uma, feita de todos os elementos que a moldaram, segundo uma "dosagem" particular que nunca é a mesma de pessoa para pessoa.[21]

E o que seria essa "'dosagem' particular" senão a história? É esse o entendimento de Mia. Que o exemplifica narrando "um episódio", por ele vivenciado, e que seria "muito próximo daquilo que ele [Maalouf] relata nesse admirável ensaio." Eis o episódio:

> Nos anos 1980 eu era jornalista. Imaginemos a seguinte hipótese: nessa altura, eu teria conhecido um jornalista que, ao apresentar-se, proclamou com todo o orgulho "eu sou jugoslavo". O jornalista (que é bem real no ensaio de Maalouf) era quadro de direção do jornal do partido no poder. Mais tarde, na mesma conversa, ele deixou entender que era de origem muçulmana, nascido na República Federal da Bósnia-Herzegovina.
>
> Mantivemos correspondência e, nos anos 90, em plena guerra dos Balcãs, o mesmo homem me dizia com igual fervor: "não te esqueças que, antes de tudo, eu sou um muçulmano". Mais tarde um amigo comum, trabalhando em Moçambique, mostrou-me uma fotografia do jornalista. Estava irreconhecível, com uma barba solta cobrindo o rosto por inteiro. Por trás estava escrito: "eis o retrato de um verdadeiro bósnio".

---

20 Mia se refere a esta obra de Maalouf como "admirável ensaio" (COUTO, Mia. "Uma cidadania à procura da sua cidade". In: *Pensatempos...*, p. 85).

21 MAALOUF, Amin. *As identidades assassinas.* 2ª ed. Trad. Susana Serras Pereira. Lisboa: Difel, 2002, p. 10.

> Na realidade, encontrei esse meu amigo no presente ano [2004], em Paris. Vive como imigrante em França. E o nosso imaginado homem confessou-me, à despedida: "Hoje eu sei que, primeiro que tudo, sou um europeu."
>
> Podemos perguntar: quando é que este jornalista se identificou com verdade? Provavelmente, sempre o fez. O que aconteceu foi que a sua identidade foi sendo desenhada e redesenhada pela própria vida. *Aquele homem não deixou nunca de ser atacado pela História.*[22]

A partir deste episódio relatado por Mia, e que se entrelaça ao entendimento das questões identitárias expresso por Amin Maalouf, com quem nele Mia dialoga, a proposição que fica é a de que, mais que questionar ou discutir a imagem que o "espelho viciado" das identidades propicia, carece-se questionar o próprio espelho, pois que este é sempre "atacado pela História", esta incansável desenhadora e redesenhadora daquilo "que somos".

E é certo que o "espelho das identidades", em seus "reflexos", têm implicações muito para além das exigências das identificações pessoais; ele incide sobre as produções da arte e do saber. Num texto intitulado "Que África escreve o escritor africano?", lido durante a cerimônia de atribuição do prêmio internacional aos doze melhores romances africanos do século XX, em Cape Town, Zimbábue, em julho de 2002, recebido por seu romance *Terra sonâmbula,* Mia alude a essas implicações no que toca à literatura produzida em África:

> Defensores da pureza africana multiplicam esforços para encontrar essa essência. Alguns vão garimpando no passado. Outros tentam localizar o autenticamente africano na tradição rural. Como se a modernidade que os africanos estão inventando nas zonas urbanas não fosse ela própria igualmente africana.

---

22 COUTO, Mia. "Uma cidadania à procura da sua cidade". In: *Pensatempos...*, p. 85-86. Grifo meu.

Essa visão restrita e restritiva do que é genuíno é, possivelmente, uma das principais causas para explicar a desconfiança com que é olhada a literatura produzida em África. A literatura está do lado da modernidade. E nós perdemos "identidade" se atravessamos a fronteira do tradicional: é isso que dizem os preconceitos dos caçadores da virgindade étnica e racial.[23]

"É preciso sair dessa armadilha", sentencia Mia, o que só pode ocorrer a partir de uma postura questionadora dessas exigências identitárias. É preciso questionar por que

exige-se a um escritor africano aquilo que não se exige a um escritor europeu ou americano. Exigem-se provas de autenticidade. Pergunta-se até que ponto ele é etnicamente genuíno. Ninguém questiona quanto José Saramago representa a cultura de raiz lusitana. É irrelevante saber se James Joyce corresponde ao padrão cultural desta ou daquela etnia europeia. Por que razão os autores africanos devem exibir tais passaportes culturais?[24]

A resposta a essa indagação crucial, para Mia, reside em que

se continua a pensar a produção destes africanos como algo do domínio antropológico ou etnográfico. O que eles estão produzindo não é literatura mas uma transgressão ao que é tido como tradicionalmente africano.[25]

Ocorre que, lembra-nos Mia, essa "obsessão de classificar o que é e não é 'africano' nasce na Europa", com suas ciências e saberes, advindo deles os conceitos com que África, e tudo que se lhe relaciona, tem vindo a ser pensada. Assim, a postura fundamental a ser buscada é aquela em

---

23 COUTO, Mia. "Que África escreve o escritor africano?" In: *Pensatempos...*, p. 60.

24 *Ibidem*, p. 62-63.

25 *Ibidem*, p. 63.

que se passa "a interrogar aquilo que nos parece natural e inquestionável", tal como o conceito de "africanidade", pois, como ele nos lembra, muitos desses conceitos usados para pensar a África e os africanos "chegam-nos como a fruta importada": para que possam ter bom uso, "há que descascá-los, prová-los e avaliar se podem ser produtivos no chão da nossa realidade".[26] Mesmo porque

> as palavras e os conceitos são vivos, escapam escorregadios como peixes entre as mãos do pensamento. E como peixes movem-se ao longo do rio da História. Há quem pense que pode pescar e congelar os conceitos. Essa pessoa será quanto muito um coleccionador de ideias mortas.[27]

E são certos "coleccionadores de ideias mortas", intitulados "africanistas", que tem persistido na infrutífera busca da pureza. Muitas vezes apenas *invertendo sinais* e, com isso, mantendo intactos os conceitos donde partem. Mia diz-nos isso com todas as letras:

> Alguns dos chamados africanistas, por mais que esbravejem contra conceitos chamados europeus, continuam prisioneiros desses mesmos conceitos. Nem que seja para lhes dar importância, ainda que essa importância seja concedida pela negativa. Não se trata de encontrar identidade em recuos para uma pureza ancestral. Os mais ferozes defensores do nacionalismo cultural africano estão desenhando casas ao avesso mas ainda no quadro da arquitectura do Outro, daquilo que chamamos o Ocidente. De pouco vale uma atitude fetichista virada para os costumes, o folclore e as tradições. A dominação colonial inventou grande parte do passado e da tradição africana. Alguns intelectuais africanos, ironicamente, para negarem a Europa acabaram abraçando conceitos coloniais europeus.[28]

---

26 COUTO, Mia. "Conservação faunística: uma arca sem Noé?" In: *Pensatempos...*, p. 127.

27 COUTO, Mia. "Uma cidadania à procura da sua cidade". In: *Pensatempos...*, p. 85.

28 COUTO, Mia. "Que África escreve o escritor africano?" In: *Pensatempos...*, p. 61-62.

Conceitos para os quais as gentes de África, em suas vivências cotidianas, têm dado a ver suas limitações, suas impropriedades. Sobretudo aqueles que buscam opor, de modo irreconciliável, concepções de "tradição" e "modernidade". Numa conferência intitulada "O planeta das peúgas rotas", realizada em Maputo, em 2008, Mia coloca esta indagação a seu público:

> A minha pergunta é: Estamos nós aqui, nesta assembleia, tão distante assim destas crenças [ditas "míticas"]? O facto de vivermos em cidades, no meio de computadores e da internet de banda larga, será que tudo isso nos isenta de termos um pé na explicação mágica do mundo?[29]

Mia responde-se, a si mesmo e a seu público, que não; que a vivência em meio ao "moderno" não impede o diálogo, a partilha (não necessariamente explicada e conceituada em pormenores racionalistas) com outros modos de interpretação do mundo. E para fundamentar sua resposta, diz que "basta olhar para os nossos [de Moçambique] jornais para termos a resposta. Junto da tabela da taxa de câmbios encontra-se o anúncio do chamado médico tradicional, essa generosa personagem que se propõe resolver todos os problemas básicos da nossa vida". Ocorre que, para Mia, faz-se necessário que interroguemos "as palavras que nós próprios criamos e usamos" a fim de não essencializarmos aquilo que é dinâmico, vivo no cotidiano das gentes:

> Na realidade, "médicos tradicionais" é um nome duplamente falso. Primeiro, eles não são médicos. A medicina é um domínio muito particular do conhecimento científico. Não há médicos tradicionais como não há engenheiros tradicionais nem pilotos de avião tradicionais.

---

29 COUTO, Mia. "O planeta das peúgas rotas". In: *E se Obama fosse africano e outras interinvenções...*, p. 81-99.

Todavia, ressalta Mia a seguir,

> não se trata aqui de negar as sabedorias locais, nem de desvalo-
> rizar a importância das lógicas rurais. Mas os anunciantes não
> são médicos e também não são tão "tradicionais" assim. As prá-
> ticas de feitiçaria são profundamente modernas, estão nascendo
> e sendo refeitas na actualidade dos nossos centros urbanos.

Para ele, um bom exemplo desta sua percepção, na qual se ressalta a "habilidade de incorporação do moderno",

> é o de um anúncio que eu recortei da nossa imprensa em que
> um destes curandeiros anunciava textualmente: "Curamos
> asma, diabetes e borbulhas; tratamos doenças sexuais e dores
> de cabeça; afastamos má sorte e... tiramos fotocópias".[30]

Anúncio que poderia, muito bem, ser obra de alguém como Lázaro Vivo, o adivinho/curandeiro (e não só, como a seguir se lerá) do romance *O outro pé da sereia*, que "antenado" com as novas demandas de um mundo "globalizado", apõe na entrada de sua casa uma tabuleta com a seguinte inscrição: "Lázaro Vivo, notável das comunidades locais, curandeiro e elemento de contacto para ONGS". Contato a ser feito, se não já mas em breve, por meio de seu recém-adquirido "telemóvel": "— *Eu já estou no futuro. Quando chegar aqui a rede, já posso ser contactado para serviços internacionais. Entendem, meus amigos?"*[31]

Por meio do recortado anúncio da imprensa moçambicana e das falas e atos de Lázaro Vivo, Mia nos dá a ler, de modo claro, entendo eu, a sua

---

30 *Ibidem*, p. 81-99. A respeito destas questões, os trabalhos de alguns estudiosos da realidade moçambicana corroboram com a visão de Mia. Ver, a exemplo: GRANJO, Paulo. "Dragões, régulos e fábricas: espíritos e racionalidade tecnológica na indústria moçambicana". *Etnográfica* – Revista do Centro de Estudos de Antropologia Social, Lisboa: CEAS/ISCTE, vol. XLIII, nº 187, 2008, p. 223-249; e HONWANA, Alcinda Manuel. *Espíritos vivos, tradições modernas: possessão de espíritos e reintegração social pós-guerra no sul de Moçambique*. Lisboa: Ela por Ela, 2003.

31 COUTO, Mia. *O outro pé da sereia*. São Paulo: Companhia das Letras, 2006, p. 21-22 e 24.

percepção de que a oposição tradição/modernidade é mais obra de construtos conceituais, muitos dos quais eurocentristas (mas assumidos por africanistas), do que uma realidade vivenciada no cotidiano das gentes de África, de Moçambique.

E Mia não está só nessa sua visão, acima expressa. Pensadores como Achille Mbembe e Kwame Anthony Appiah partilham dessas inquietações. Appiah defende que a ideia de uma "identidade africana" "é uma coisa nova", produto da história recente (século XX) no continente. Falar em *indentidade africana* para períodos anteriores é, para o filósofo, "dar a um nada etéreo um local de habitação e um nome".[32] Para Mbembe,

> não há nenhuma identidade africana que possa ser designada por um único termo, ou que possa ser nomeada por uma única palavra; ou que possa ser subsumida a uma única categoria. A identidade africana não existe como substância.[33]

Para se poder falar em "identidade africana", defende Mbembe, há que se entendê-la como constituída de "variantes formas, através de uma série de práticas". E mais: "tampouco as formas desta identidade e seus idiomas são sempre idênticos"; ao contrário disso, "tais formas e idiomas são móveis, reversíveis e instáveis".[34]

Dentro dessa perspectiva, proposições de identidades ancestrais, puras e autenticamente africanas não se sustentam. A história as faz esfumarem-se – a história e suas misturadas tramas, suas *impuras* formações. Desse modo, a questão que importa não é a busca de uma "identidade africana" que seja "autenticamente africana", mas de se conceber modos de identificação que expressem, sem sinais de mais ou de menos, de pureza ou inautenticidade, a multiplicidade das sociedades de África.

---

32 APPIAH, Kwame Anthony. *Na casa de meu pai: a África na filosofia da cultura*. Trad. Vera Ribeiro. Rio de Janeiro: Contraponto, 1997, p. 243.

33 MBEMBE, Achille. "As formas africanas de auto-inscrição". Trad. Patrícia Farias. *Estudos afro-asiáticos*, Salvador, ano 23, nº 1, 2001 [p. 171-209], p. 198-199.

34 *Ibidem*.

África como geografia, lugar de vivências, e não como uma "essência" a ser "redescoberta" ou "revivida". "Apenas as diversas (e muitas vezes interconectadas) práticas através das quais os africanos *estilizam* sua conduta podem dar conta da densidade da qual o presente africano é feito."[35]

Em romances como O *outro pé da sereia*, é esta percepção que temos proposta por Mia Couto: "somos todos parecidos: santos para viver, demónios para sobreviver. A única diferença era [é] a História",[36] diz-nos o empresário local Chico Casuarino em uma de suas discussões com o barbeiro Arcanjo Mistura. A história enquanto diferença, enquanto desautorizadora de ideias essencialistas de identidade: essa percepção, cara a Mia, talvez seja a melhor expressão para caracterizar, grosso modo, a espinha dorsal de O *outro pé da sereia*.

Que já pelo título traz inscrita a marca "ilusória" que toda "essência", no que respeita às relações humanas, carrega. Diz-nos Mia, numa sua entrevista, que "a pegada da sereia foi o que deu idéia ao livro, que se relaciona com a identidade, porque de fato, a identidade é uma coisa tão ilusória e tão nebulosa quanto o pé da sereia".[37] Já em um diálogo entre um ex-pugilista, Zeca Matambira (um dos habitantes de Vila Longe, um dos lugares fictícios em que se passa o romance), e uma socióloga afro-brasileira, Rosie (casada com o historiador afro-americano Benjamin Southman, que ali estão, ambos, em busca de memórias da escravidão, no intento de encontrar as "raízes" que os liguem à "Mãe África"), Matambira pede desculpas à visitante. Motivo? O sumiço do seu esposo em virtude de não haver encontrado nas histórias narradas pelas gentes de Vila Longe as respostas que buscava sobre *quem ele era*, sobre suas "raízes". Trata-se de um diálogo que nos propicia instigantes possibilidades ao entendimento do papel da história enquanto diferença, proposto por Mia. Ouçamos a conversa de ambos, Matambira e Rosie:

---

35 *Ibidem*, p. 198-199.

36 COUTO, Mia. O *outro pé da sereia*..., p. 291.

37 COUTO, Mia. Literatura: em entrevista exclusiva, Mia Couto fala sobre seu novo livro. Entrevista a Lia Ceron. *USP Online*. São Paulo. Disponível em: <http://www.noticias.usp.br/acontece/obterNoticia?codntc=13098&print=s>. Acesso em: 19 jun. 2006.

NYUMBA-KAYA **173**

Na ombreira da porta, o pugilista não tinha logrado dizer ao que vinha. Mas, agora, mais tranqüilo, ele juntou as pontas à meada:

— *Venho pedir desculpa, disse ele.*

— *Desculpa porquê?*

— *Não fomos capazes de vos ajudar. O seu marido meteu-se pelos matos porque não lhe demos respostas. Mas nós não podíamos, não sabíamos...*

— *Deixe isso, agora não interessa mais.*

— *Nós também não sabemos de onde vimos*, argumentou Matambira.[38]

Um argumento – "*Nós também não sabemos de onde vimos*" – que o desenvolvimento do romance, em sua híbrida construção, permite compreender.

O outro pé da sereia é um romance construído a partir do imbricamento de duas narrativas, que, nos termos de Luana Antunes Costa em seu estudo da obra, funcionam num *jogo de suplementariedade*, uma vez que as fronteiras entre elas são porosas, permitindo o intercambiar entre ambas.[39] Expediente concretizado por meio de falas e sonhos que se repetem no passado e no presente; e também por meio de escritos do passado, que são lidos, no presente, pela personagem central da narrativa, Mwadia Malunga, com objetivos de forjar uma mentira, uma história que responda às expectativas de quem a procura: os estudiosos afro-americanos.[40]

A primeira narrativa se passa no *presente*, ano de 2002; nela, conta-se das gentes de Vila Longe e Antigamente e do que lhes vão sucedendo, a partir de alguns acontecimentos-chave: a queda de uma estrela, o encontro de uma imagem de uma santa e da ossada de um missionário jesuíta

---

38 COUTO, Mia. *O outro pé da sereia...*, p. 294-295.

39 COSTA, Luana Antunes. *Pelas águas mestiças da história: uma leitura de* O outro pé da sereia *de Mia Couto*. Niterói: Editora UFRJ, 2010, p. 21.

40 No romance, Mwadia lê velhas documentações coloniais (constantes na biblioteca de seu padastro); os escritos deixados por um missionário jesuíta morto no século XVI (D. Gonçalo da Silveira); também os escritos dos próprios afro-americanos, tudo isso a fim de criar a narrativa de sua "falsa" (?) sessão de transe na qual narra aos afro-americanos sobre os seus ancestrais africanos, sendo que há momentos em que já não se distingue mais o que é "falso" do que é "verdadeiro" na narrativa de Mwadia.

mais seu baú contendo antigos manuscritos, e a chegada de um casal de estudiosos afro-americanos (Benjamin e Rosie Southman) em busca de histórias de escravos.

A segunda narrativa ("narrativa de extração histórica"[41]) conta-nos da viagem de uma nau, a Nossa Senhora da Ajuda, saída de Goa, na Índia, em 1560, comandada pelo jesuíta D. Gonçalo da Silveira, conduzindo a imagem de uma santa, cujo objetivo era o de ela poder servir como instrumento de catequese ao imperador do Monomotapa, lendária terra do ouro nos "sertões" daquela parte africana. Viagem da qual não retornará o jesuíta, que aí morre, passando a ser tido como o primeiro mártir da cristandade em terras africanas. Na nau, personagens de diversas origens e geografias se cruzam: escravos do Reino do Congo, serviçais indianas, religiosos portugueses, entre outros. Neste bloco narrativo de "extração histórica" são misturados personagens históricos (o jesuíta D. Gonçalo da Silveira, o comerciante António Caiado[42]) e outros inventados, sendo sobretudo estes últimos os a propor outros olhares sobre os "fatos da história".

Assim, nos encontros, misturas e trânsitos – entre temporalidades e geografias – constituidores do romance, o *não saber de onde vimos* (no sentido de existência de uma origem única, "pura"), fica explicitado. Algo a que a voz narradora do romance, na sequência do diálogo entre Zeca Matambira e Rosie Southman, não deixa pesar dúvida:

---

41 Designação utilizada por Luana Antunes Costa (*Pelas águas mestiças da história...*, p. 50), tomando-a, por sua vez, a André Trouche, em seu estudo *América: história e ficção*, devendo-se entendê-la, "conceitualmente, como o conjunto de narrativas que encetam o diálogo com a história, como forma de produção de saber e como intervenção transgressora" (TROUCHE, André. *América: história e ficção*. Niterói: Editora UFRJ, 2006, p. 44).

42 Para uma biografia de D. Gonçalo da Silveira (23/02/1526 – 15/03/1561), ver LEITE, Bertha. *D. Gonçalo da Silveira*. Lisboa: Agência Geral das Colónias, 1946. Nesta biografia de D. Gonçalo, também há referências a António Caiado (p. 168-192). Outra reunião de documentação referente ao Monomotapa, tratando, pois, de D. Gonçalo da Silveira e António Caiado, é a organizada por João C. Reis, *A empresa da conquista do senhorio do Monomotapa* (Lisboa: Heuris, 1984).

Os antepassados de Vila Longe, todos esses que viveram junto ao rio, tinham sofrido da mesma doença. Também eles, perante a pergunta *"quem são vocês"* responderiam: *"nós não somos quem vocês procuram".* Tinha sido assim desde há séculos: eles eram sempre outros, mas nunca exactamente "aqueles" outros.[43]

E não ser exatamente quem se procura, não ser exatamente os *outros* desejados por quem pergunta pela identidade ("quem são vocês"?) têm implicações, envolve conveniências e estratégias. Disso o narrador do romance é sabedor, como temos na sequência do trecho acima:

> Desde tempos imemoriais que o rio servia de refúgio e barreira para assaltos de estranhos e vizinhos, guerreiros ferozes e raptores de escravos. Os forasteiros chegavam e indagavam sobre a identidade dos que encontravam. E eles diziam, "somos dembas", "somos tongas", "somos makarangas", "somos chikundas", *conforme a conveniência*. E escondiam as canoas, amarrando-as por baixo da água para que ninguém mais soubesse que eles eram os do rio.
>
> [...] havia um só motivo que levava os vila-longenses a tanto se esquecerem de quem foram: para acreditar que não sabiam quem eram. E acabavam dizendo: "nós somos os do rio".[44]

Ou seja: *quem se é* é circunstancial, é histórico, não uma essência. É "conforme a conveniência" que se é demba, tonga, makaranga, chikunda, *moçambicano,* embora, também conforme as conveniências, não se queira disso lembrar, preferindo-se identificações mais generalizantes, e quase sempre mais sujeitas a serem ditas como imemoriais, como perdidas nas brumas do tempo, lá onde os conflitos e as tensões possam ser (supostamente) apagados, como o "nós somos os do rio".

---

43   COUTO, Mia. *O outro pé da sereia...*, p. 295.

44   *Ibidem.*

Mas, ainda seguindo o pensamento do narrador do romance, também essas identidades generalizantes não resistem ao confronto com a história. Se os vilalongenses preferiram dizerem-se, "conforme a conveniência", como sendo "os do rio", é preciso não esquecer que "esse rio que hoje se chama Zambeze, nem sempre teve esse nome".[45]

E a referência ao Zambeze não é gratuita. O Zambeze foi a "artéria maior" para a penetração do interior, dos "sertões" do que hoje é Moçambique, segundo René Pelissiér, numa avaliação também defendida por José Capela, outro estudioso desse espaço. Aliás, para ambos os autores, o "mundo" formado ao longo do Zambeze – a "Zambézia" para Capela, "Domínio zambeziano" para Pelissiér – "não corresponde a uma realidade geográfica ou étnica mas unicamente sociológica" (Pelissiér[46]), "um espaço delimitado mais por um imaginário cultural do que por uma área circunscrita a fronteiras geometricamente traçadas" (Capela[47]). Trata-se de um espaço que,

> [em] sua multiplicidade de etnias, de sistemas políticos, de rivalidades internacionais e até de regimes económicos, é um pesadelo para quem deseje apresentar uma narração clara e coerente. Sendo a Zambézia a região moçambicana mais estudada pelos historiadores, as suas descobertas fazem aparecer um tal formigar de factores, de dados, de povos e de personalidades que quem não deseje deixar que o leitor se afogue durante a travessia se sente invadido pelo desespero.[48]

---

45 *Ibidem*.

46 PELISSIÉR, René. *História de Moçambique: formação e oposição 1854-1918*, vol. I. Trad. Manuel Ruas. Lisboa: Estampa, 1994, p. 74.

47 CAPELA, José. *Donas, senhores e escravos*. Porto: Afrontamento, 1995, p. 15.

48 PELISSIÉR, René. *História de Moçambique*, vol. I..., p. 74-75.

Mapa 6: A "Zambézia Senhorial" [séculos XVII-XIX]

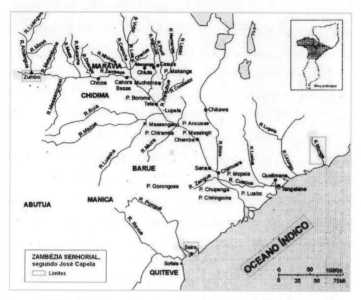

Fonte: CAPELA, José. *Donas, senhores e escravos*. Porto: Afrontamento, 1995, p. 10.

Essa complexidade, que chega a "desesperar" quem a estuda, está presente em *O outro pé da sereia*; ela é parte constituinte da história familiar dos Rodrigues-Malunga, a família em torno da qual ronda a narrativa que se passa no tempo presente. Os Rodrigues-Malungas reúnem, em suas genealogias, sangues de senhores e escravos, desse modo carregando no sangue mestiço dos seus descendentes pertencimentos e misturas operados pela história dos contatos entre portugueses (muitos oriundos da então Índia portuguesa) e as populações locais. Segundo Allen F. Isaacman e Barbara Isaacman,

> os portugueses chegaram pela primeira vez ao porto de Sofala, no Oceano Índico, em 1505. Pelo menos aparentemente, a sua principal preocupação era a exploração das minas de ouro que se acreditava estarem localizadas no reino do Monomotapa. Cerca de 1550, mercadores e aventureiros tinham estabelecido vários centros comerciais e administrativos ao longo do Zambeze, dos quais os mais importantes eram Sena e Tete. A partir

destas bases foram expulsando os comerciantes muçulmanos, que até então controlavam o comércio do ouro, para o porto costeiro setentrional de Angoche e para a área sul de Sofala.[49]

Desse modo, diferentemente da área acima do Zambeze, de histórica influência muçulmana,[50] a região ao longo do Zambeze "foi uma das poucas áreas em Moçambique na qual os portugueses mantiveram um longo e contínuo relacionamento com os habitantes locais".[51]

O que não significa dizer um longo e contínuo domínio efetivo. Para Alexandre Lobato, esse "domínio efectivo" português foi sempre "relativamente reduzido", fruto de negociações e tratados com os reinos do interior zambeziano.[52] Aliás, Lobato aponta ainda algo que para ele foi crucial no desenvolvimento do espaço zambeziano:

> Parece-nos fora de dúvida que a expansão portuguesa nos sertões zambezianos se fez sempre por acção exclusiva dos mercadores que de Moçambique [a ilha de Moçambique, no norte do território] iam a Sena vender mercadorias e dos outros que, por sua vez, se espalhavam dali para oeste e sudoeste à procura de ouro que compravam aos chefes negros em troca de fazendas e missangas, armas, vinhos e pólvoras. O extraordinário lucro do comércio era o grande móbil da aventura.[53]

Ou seja, não se tratou de uma ação planejada pelo Estado. Foram essas ações aventureiras que "foram deixando gente no sertão" e garantindo o "domínio" lusitano no espaço zambeziano.[54]

---

49   ISAACMAN, Allen F.; ISAACMAN, Barbara. *A tradição de resistência em Moçambique: o Vale do Zambeze, 1850-1921*. Porto: Afrontamento, 1979, p. 25-26.

50   Sobre a temática, ver: MACAGNO, Lorenzo. *Outros muçulmanos: Islão e narrativas coloniais*. Lisboa: Imprensa de Ciências Sociais, 2006.

51   ISAACMAN, Allen F.; ISAACMAN, Barbara. *A tradição de resistência em Moçambique...*, p. 19-20.

52   LOBATO, Alexandre. *Evolução administrativa e económica de Moçambique (1752-1763)*. Lisboa: Publicações Alfa, 1989, p. 41.

53   *Ibidem*, p. 137.

54   *Ibidem*, p. 141.

Já no princípio do século XVII, instituiu-se na Zambézia o chamado "sistema dos Prazos". O *prazo* era, na caracterização de René Pelissiér, uma categoria jurídica, tradicional no direito português e largamente utilizada na Índia portuguesa, e que

> oferecia à Coroa a possibilidade de "ocupar" teoricamente a África por intermédio de vassalos "europeus" aos quais eram concedidas terras dominiais por arrendamento enfitêutico. [...] podemos esquematizar e dizer que, em troca de uma renda (foro), as terras e os habitantes que nela viviam eram, em geral, entregues durante três vidas contra a obrigação de guarnecer o prazo de homens armados, incumbidos de defender a colónia e de manter os fortes da Administração. Tinham ainda de manter os caminhos abertos e de cobrar o imposto.[55]

José Capela destaca como característica dessa instituição na Zambézia a sua forma de exploração do "senhorio" por "via das escravaturas", bem como o seu comando pelas "Donas da Zambézia", o que lhe garantiu a "solidez" observada em sua longa existência (do século XVII adentrando, em alguns pontos, ao século XX) e os seus aspectos "peculiares". Diz-nos Capela:

> Mais não preciso acrescentar para concluir pela solidez com que a instituição se manteve na Zambézia. Era uma forma de exploração da terra só possível com o aparecimento de um senhorio que aí tomou formas muito peculiares e das quais não foi menor o seu exercício efectivo pelas donas. De facto, neste senhorio, a exploração da terra foi menor face à exploração de outros recursos, a saber: o marfim, o ouro e o comércio do interior [...]. Exploração pela via das escravaturas e dos colonos, uns e outros agentes da produção directa. Mas a terra, não constituindo em si mesma a fonte principal de rendimentos, era condição *sine qua non* do senhorio. Sem ela não era exeqüível

---

55 PELISSIÉR, René. *História de Moçambique*, vol. I..., p. 80.

> a posse de escravos e sem escravos não existiria nem o marfim
> nem o ouro nem o comércio, enfim, não haveria senhorio.[56]

Todas essas questões acerca dos *prazos* zambezianos vêm a propósito da complexidade dessa formação social, destacada por diversos de seus estudiosos (Pelissiér, Capela, Isaacman) e presente em *O outro pé da sereia*. No romance, as tramas que contam dessa complexa formação estão misturadas na formação da família Rodrigues-Malunga, como dito.

Algo que se quer deixar esquecido, e que na narrativa vem à tona pelas mãos do casal de estudiosos afro-americanos. Em conversa entre Constança Malunga, a matriarca da família, Mwadia Malunga, sua filha, e Rosie Southman, o passado *misturado* dos Rodrigues-Malunga é lembrado:

> Pela tarde, Rosie regressou. Trazia um caderno do marido que antes já havia mostrado a Constança. Benjamin tinha vasculhado no passado do clã dos Malungas, antepassados de Constança. Sabia das guerras de famílias, dos conflitos entre os poderes, da revolta dos escravos do Zumbo. Estava ali a biografia do pai, do avô e do bisavô. Estava ali tudo, convertido em papéis avulsos, guardados na sua mochila.
>
> A brasileira não se demorou em pequena conversa. Estendeu umas folhas na direcção de Constança e disse:
>
> — *São estes os documentos de que lhe falei.*
>
> Mwadia sentiu a crispação dos músculos no rosto de sua mãe. Um menear de cabeça deu ênfase a suas palavras:
>
> — *Eu já ontem disse: não quero lembrar esse assunto.*
>
> A visitante esperava a reacção de Constança. E insistiu: apenas queria que ela confirmasse, com lacónico "sim", a veracidade daqueles papéis. Curiosa, Mwadia espreitou o título. Estava escrito: "Relatório da revolta de Ashi-kunda contra os senhores de escravos no Zumbo."

---

56 CAPELA, José. *Donas, senhores e escravos...*, p. 23.

[...]

Os dedos gordos de Constança Malunga ficaram roçando o papel. Cansada com a demora, Mwadia se adiantou, tranquilizando a mãe: ela leria em voz alta, resumindo as passagens mais significativas. Os olhos da moça esvoaçaram sobre as páginas, viajando pelos séculos. Falava-se da morte de um tal Muacanha Malunga, um escravo revoltoso que ousara erguer-se contra o comerciante de escravos, um goês de nome Agostinho Rodrigues.

— *Esse Agostinho Rodrigues era bisavô do seu marido Jesustino e esse Malunga era avô de seu pai...*

Antes que Mwadia pudesse concluir, a mãe afirmou, sem erguer o rosto:

— *Casar com um muzungo[57] sempre foi o destino nosso, as Donas do Zambeze.[58]*

É interessante considerar nesta passagem o fato de ser a história, por meio de seus vestígios – o "Relatório da revolta de Ashi-kunda contra os senhores de escravos no Zumbo" – que faz emergir no presente memórias que se queriam esquecidas, e que dizem justamente da hibridez das gentes, daí que essas gentes, diante da cobrança de certas identidades, digam, como antes assente, "nós não somos quem vocês procuram". Daí as desculpas do ex-boxeador Zeca Matambira a Rosie, também já antes assentes, por não terem, ele e as gentes de Vila Longe, podido dar ao esposo desta, o historiador Benjamin Southman, as respostas, as certezas identitárias (e essenciais) que este buscava, pois, como dito por Matambira, "nós não podíamos", "não sabíamos" a resposta à pergunta "quem são vocês?". Na narrativa dessa família zambeziana, a história não autoriza tais certezas.

---

57   "Nome dado aos brancos ou pessoas de outra raça culturalmente assimilados." Texto em nota (COUTO, Mia. *O outro pé da sereia...*, p. 146).

58   *Ibidem*, p. 175-176.

Na passagem acima temos também outros importantes elementos na reflexão sobre a formação desse mundo zambeziano. Caso dos "Ashi--kunda", ou "Chikunda", ou "Achicunda", a grafia varia a depender do autor e da época. E sobre essa variação de nomenclaturas e designações, não resisto a aqui assentar um parêntese, para deixar a lembrança (e o registro) de uma ironia; do escritor e amigo de Mia Couto, Pepetela. Em seu romance *A sul. O sombreiro*, esse autor angolano aponta essa mesma vacilação na denominação dos jagas, "que outros chamavam yakas ou imbangala ou benguelas ou... ou...". Para Pepetela, tal fato se deve à "péssima audição dos portugueses para as nossas línguas".[59]

Tornando aos achicundas/chicundas/ashi-kundas, ou... ou...: o termo designa uma formação, um corpo de escravos militarizados utilizados pelos portugueses em seu processo de ocupação do espaço zambeziano. Sua presença nesse espaço data do século XVI. Segundo Capela, tratava-se de um "corpo de elite" que durante todo o período da presença portuguesa na região zambeziana, dentro da instituição dos *prazos*, exerceram um "protagonismo" ímpar em sua formação, e que se estendeu até pelo século XX. No entendimento de Capela, "no levantamento popular de 1917 que os portugueses tiveram que defrontar de Sena ao Zumbo, ainda foi nos achicunda que contaram com os seus melhores aliados!"[60]

Também tratando do mundo dos *prazos* zambezianos, René Pelissiér considera que os *chicundas* "tinham uma posição superior à dos colonos livres" (que não eram senhores de *prazos*); eram eles a guarnição das aldeias e das fronteiras dos *prazos*; na ausência do senhor do *prazo*, era um *chicunda* que detinha a função de "intendente-cabo" ou "capitão" (o "muanamambo"), exercendo então "amplos poderes nas coisas dos *prazos*", embora sendo "também escravo". Com isso, os *achicundas* transformaram-se "numa casta de guerreiros hereditários, quase numa nação distinta".[61]

---

59 PEPETELA [Artur Carlos Maurício Pestana dos Santos]. *A sul. O sombreiro*. Lisboa: Dom Quixote, 2011, p. 38 e 41.

60 CAPELA, José. *Donas, senhores e escravos...*, p. 196-197.

61 PELISSIÉR, René. *História de Moçambique*, vol. I..., p. 82.

Uma distinção que em *O outro pé da sereia* é reclamada, no presente, pelo pastor Zero Madzero, marido de Mwadia Malunga: "Zero Madzero puxava lustro da tradição viril dos seus antepassados: os Chikundas, bravos caçadores de elefantes, intrépidos viajantes do rio, lendários guerreiros".[62] Uma descrição não discrepante da que encontramos nos estudiosos dos *prazos* da Zambézia (Pelissiér, Isaacman, Capela). Noutra passagem, em que Zero presta cerimônia a seus antepassados, nos é dito que "os Achikunda cumprimentavam-se assim, de forma marcial, *para se distinguirem dos outros povos*, que eles tinham por efeminados por não caçarem nem guerrearem".[63] E aqui é interessante destacar do texto de Mia Couto a sua referência aos Achikunda como *povo*, cuja prática guerreira os faria se distinguir *doutros povos*. Aliás, em nota de rodapé ao texto do romance, nos é informado: "Chikundas: etnia da região do rio Zambeze, resultante das mudanças políticas e demográficas do processo de escravatura".[64]

Essa é uma questão complexa e que opõe a análise de alguns de seus estudiosos. Para José Capela, a percepção dos *Chikundas* como um grupo étnico ou *povo* – registrado na atual província de Tete – deriva da falta de "perspectiva histórica" de certos autores, que ignoram a sua gênese (corpo militarizado de escravos a serviço dos senhores de *prazos*) como elemento no processo de formação do espaço zambeziano. Se na atualidade há grupos sociais que se reconhecem, que reclamam uma *identidade chikunda*, isto deve ser tomado em conta historicamente, entendendo-se tal processo como parte de uma trama de interesses.

Capela também trata da questão, colocada pela definição de Mia, da formação dos Chikundas "como resultante das mudanças políticas e demográficas do processo de escravatura". Para esse historiador, essa percepção – que em sua análise é identificada no estudo antropológico de J. R. Santos Júnior, intitulado *Contribuição para o estudo da antropologia*

---

62 COUTO, Mia. *O outro pé da sereia...*, p. 20.

63 *Ibidem*, p. 34. Grifo meu.

64 *Ibidem*, p. 20, em nota.

de Moçambique, de 1944 – seria a mais aceita e mais difundida acerca da formação dos Chikundas: ela seria decorrência "da fixação no terreno dos antigos combatentes nas guerras de ocupação ao lado dos portugueses". Para Capela, contudo, essa fixação não se deu com o fim da escravatura e sua abolição formal (jurídica), que no espaço zambeziano não teve "o menor efeito prático"; tal processo só se teria dado a partir de fins do século XIX com a implementação, na então colônia de Moçambique, das "Companhias Concessionárias" – que na região zambeziana se chamou justamente *Companhia da Zambézia* –, constituída por capital privado e majoritariamente estrangeiro. Seria somente a partir dessa "viragem" no processo colonizador português, agora tendo à frente o capital privado – e que tem a ver com as questões oriundas da Conferência de Berlim e suas exigências para a ocupação dos territórios em África –, que a antiga ordem escravista senhorial, na qual estava inserida o mundo dos *prazos* zambezianos, cede lugar a um novo sistema, assente no trabalho forçado e sob o comando das "companhias concessionárias".[65]

---

65 CAPELA, José. *Donas, senhores e escravos...*, p. 196-197. A respeito, ver tabém PÉLISSIER, René. *História de Moçambique*, vol. I..., p. 169-176.

Mapa 7: As companhias concessionárias em Moçambique

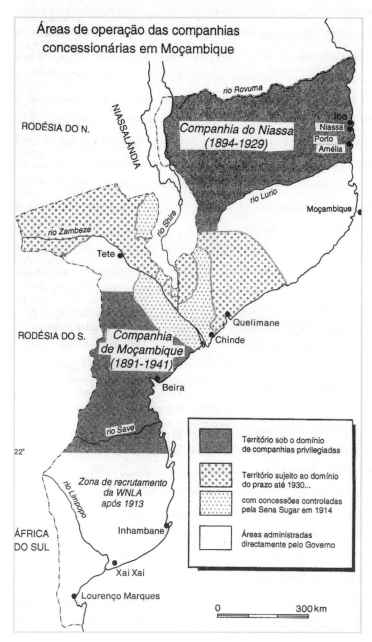

Fonte: NEWITT, Malyn. *História de Moçambique*. Trad. Lucília Rodrigues e Maria Georgina Segurado. Mem Martins: Europa-América, 1997, p. 328.

186 DÉRCIO BRAÚNA

Ainda tendo em consideração o texto de Mia acerca da formação misturada dos Rodrigues-Malunga dentro da geografia e da história do espaço zambeziano, uma outra questão a merecer reflexão é a afirmação de Dona Constança Malunga de que "casar com um muzungo sempre foi o destino nosso, as Donas do Zambeze". Mas quem foram essas *Donas* cuja história vem se entremear na narrativa daquela família de Vila Longe?

Tendo mais uma vez José Capela por referência sobre a temática, este nos assevera: a) que foi "no entrecruzar de donas, senhores e escravos que emergiu, como resultado, a ora Zambézia" (uma das atuais províncias de Moçambique), e b) que as *donas* havidas na Zambézia, com o *status* que conheceram, passando da história às lendas, são uma peculiaridade desse espaço, "só existiram na Zambézia".

> As donas da Zambézia são uma das charneiras [período de transição, de transformação] do sistema social que se instalou nessa parte de Moçambique quando uma situação de facto exigiu a institucionalização do que ficaria conhecido como Prazos da Coroa. Elas preenchem uma segunda vaga, logo após os pioneiros da aventura. É exactamente no estabelecimento desta ordem social que surgem as donas.[66]

O que se teria dado, com as características dominantes com que lhe descrevem os estudiosos, entre os séculos XVII e XVIII.

Se na institucionalização dos *Prazos da Coroa*, com objetivos de povoamento do vale do Zambeze, o intento era de fazê-lo com "portugueses de origem europeia", inclusive com o envio de órfãs de Lisboa, à medida do avançar dos tempos os resultados da "transposição" desse sistema para a Zambézia foi ganhando outros contornos, diversos dos objetivados. Assim, se nos primeiros *Prazos da Coroa* as terras foram "emprazadas" em nome de mulheres europeias, depois foram adentrando a essa "ordem social" gentes vindas de Goa, as quais, em solo zambeziano, se foram

---

66 CAPELA, José. *Donas, senhores e escravos...*, p. 67-72.

mestiçando, em tal ordem que no auge dos *prazos,* nos séculos XVIII e XIX, "a dona zambeziana, por definição, era mestiça".[67]

E assim como as *donas* eram os *mozungos:* mestiços, seja etnicamente, seja culturalmente. *Mozungos* (ou *muzungos*, ou *mezungos*, a depender de autor e época) é um vocábulo de língua chisena, falada na região central de Moçambique, e que viria do verbo "ku-zunga", significando "passear, jornadear, deambular", utilizado para designar "senhor". Para Capela, ainda que tenha havido tempos em que o termo ganhou emprego no sentido "exclusivo de branco", este não foi, contudo, de aplicação duradoura.

> A quem se familiarizou com a documentação testemunhadora da história zambeziana, ao longo de mais de quatro séculos, não restam dúvidas de que mozungo foi a designação encontrada pelos naturais da Zambézia para identificarem todos quanto exerceram algum tipo de senhorio.[68]

Em *O outro pé da sereia*, a definição que nos é dada define *mozungos* como o "nome dado aos brancos ou pessoas de outra raça culturalmente assimilados", ou seja, a ênfase é colocada no aspecto cultural: a assimilação à cultura dominante, no caso portuguesa. Tanto que a nota em que essa definição nos é dada aparece justamente num trecho em que se narra a chegada do casal de estudiosos afro-americanos na casa dos Rodrigues–Malunga, momento em que Rosie Southman depara com a "parede dos ausentes", na qual se dependuram as fotografias dos antepassados da família:

> A brasileira estacou e percorreu atentamente a galeria dos ausentes, mantendo a solenidade de quem entra num cemitério. Depois, ela se concentrou na fotografia desbotada de um casal de goeses, vestidos a rigor, em pose de gente abastada: ele, apoiado numa bengala, e ela empunhando um guarda-sol de linho branco.

---

67   *Ibidem*, p. 101.

68   *Ibidem*, p. 103-104.

Eram Agripino e Rosária Rodrigues, avós de Jesustino Rodrigues, *mozungo* goês com quem se casara Constança Malunga (uma *dona* zambeziana, lembremos). Vendo a foto, Rosie comenta:

> — *Engraçado, a sombrinha tão grande, aberta no salão*, comentou a brasileira.
>
> — *É para mostrar*, afirmou Constança.
>
> — *Para mostrar o quê?*
>
> — *Que naquela altura nós já não éramos pretos.*

Ao que Chico Casuarino, o empresário organizador da estadia dos afro-americanos ali, faz a seguinte observação: "pudessem escutar as suas vozes e todos entenderiam que bastava o português deles, muzungos, para os diferenciar dos demais, os indígenas".[69] Mais uma vez, temos colocada a ênfase no aspecto sociocultural, de diferenciação dos *demais* pela assimilação da cultura dominante. Para José Capela, "este tipo de mozungos [gentes mestiças, étnica e culturalmente] foi quem dominou a Zambézia até finais do século [XIX]".[70]

Uma Zambézia que, nesse século XIX, foi palco de mais uma "mutação" em seu ordenamento social: as "invasões angunes" (ou *vangunes*, ou *ngunis*, ou *ngoni*, ou *angonis*, ou *vátuas*, também a depender do autor e da época de escrita). São eles, os *vangunis* (na grafia de Mia Couto), ou melhor, a memória deles, que em *O outro pé da sereia* suscitam discussões e lembranças, fazendo desencaminhar-se o binarismo branco/negro, explorador/explorado, algoz/vítima da história pré-concebida pelos estudiosos afro-americanos. História essa que algumas das gentes dali, em nome de interesses muito precisos (ganhar algum dinheiro à custa dos visitantes), se dispõem a confirmar, ou, nos termos do empresário Chico Casuarino, "vender": "nós vamos contar uma história aos americanos. Vamos vender-lhes uma grande história".[71]

---

69   COUTO, Mia. *O outro pé da sereia...*, p. 145-146.

70   CAPELA, José. *Donas, senhores e escravos...*, p. 109.

71   COUTO, Mia. *O outro pé da sereia...*, p. 133.

Os *vangunis* chegaram aos domínios zambezianos vindos do Natal (região da atual África do Sul), em 1826, mas seu avanço por territórios do atual sul de Moçambique data de anos antes. Segundo Maria da Conceição Vilhena, "o sul de Moçambique, entre 1820 e aproximadamente 1850, é teatro de violentas lutas", decorrência do "Mfecane", como se designa o "movimento de expansão e dispersão zulu, por lutas internas e desentendimentos de Tchaka [rei zulu] com seus chefes militares":

> Na década de 20 [1820], aproximadamente, alguns dos chefes militares zulus entraram em colisão com Tchaka e decidiram partir, acompanhados pelos seus homens de armas. Um deles, chamado Sochangana, tomou mais tarde o nome de Manicusse e veio a ser o avô de Gungunhana.[72] Quase tão aguerrido e cruel como aquele a quem servira, Manicusse veio para as terras do Limpopo e do Save, chacinando e saqueando ferozmente todos aqueles que aí habitavam, tanto negros como brancos, portugueses e ingleses.[73]

Como resultado desse processo de conquista, Manicusse funda o *Reino de Gaza*, assim nominado em homenagem a Mangua Gaza, um seu antepassado. Um reino/império que em seu auge teria abrangido, estima-se, uma superfície de cerca de 56.000 km², correspondendo a aproximadamente metade do atual território de Moçambique, estendendo-se por partes dos atuais Zimbábue e África do Sul.[74] Não é, pois, de admirar que

---

72   *Gungunhana* foi o último imperador de Gaza, reino que foi o último a ser vencido pelo exército colonial português nas chamadas "campanhas de pacificação" do território. Seu pai (sucessor de Manicusse) foi Muzila, morto em 1884, tempo em que Gungunhana sobe ao poder. Para um estudo a seu respeito, ver as obras de Maria da Conceição Vilhena, *Gungunhana no seu reino* (Lisboa: Colibri, 1996) e *Gungunhana: grandeza e decadência de um império africano* (Lisboa: Colibri, 1999); também José Luís Lima Garcia, em "O mito de Gungunhana na ideologia nacionalista de Moçambique". In: TORGAL, Luís Reis; PIMENTA, Fernando T.; SOUSA, Julião S. (orgs.). *Comunidades imaginadas: nação e nacionalismos em África.* Coimbra: Imprensa Universitária, 2008, p. 131-147.

73   VILHENA, Maria da Conceição. *Gungunhana no seu reino...*, p. 27.

74   *Ibidem*, p. 17-25. Para uma análise sobre a formação e o fim do "Reino de Gaza", ver SANTOS, Gabriela Aparecida dos. *Reino de Gaza: o desafio português na ocupação do sul de Moçambique (1821-1897).* São Paulo: Alameda, 2010.

René Pelissiér considere esses movimentos das migrações *vangunis* como um dos fatores de capital importância para o redesenho do ordenamento social no sul do que hoje é Moçambique.[75]

Mapa 8: Migrações dos angunes e principais reinos angunes

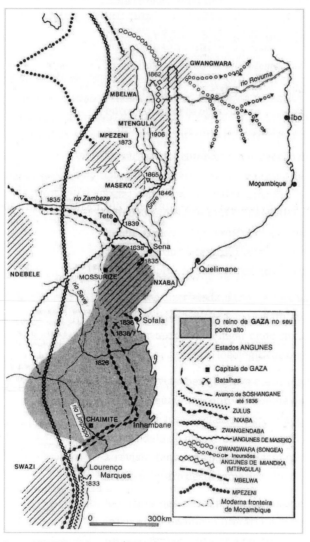

Fonte: NEWITT, Malyn. *História de Moçambique*. Trad. Lucília Rodrigues e Maria Georgina Segurado. Mem Martins: Europa-América, 1997, p. 240.

---

75 PÉLISSIER, René. *História de Moçambique*, vol. I..., p. 118-128.

Um redesenho que implicou o "mestiçamento", a mistura das gentes e das culturas nesses espaços ocupados pelos *vangunis*, daí não se podendo, ao longo dos tempos, pensar as gentes, suas vivências e descendências em termos de binarismos do tipo vítimas/culpados. Por consentimento ou força, por conveniência ou violência, os sangues se haviam misturado. Uns são filhos de outros.

E disto as gentes de Vila Longe guardam memórias; mesmo aqueles que as querem esconder, por interesse nas vantagens que esse não lembrar possa trazer. Uma memória que, como se pode aduzir, causa estupefação a quem pense a história por via binária, construída por antagonismos entre bons e maus, cada qual com suas devidas cores: brancos os últimos, negros os primeiros. É isto que temos na conversa, ou melhor, na "entrevista estruturada" realizada pelo historiador Benjamin Southman ao empresário Chico Casuarino, mas na qual intervém, para desconcerto deste e do entrevistador, o ex-pugilista Zeca Matambira, ao trazer à fala suas memórias dos tempos da escravatura:

> Southman pediu licença antes de carregar no botão do gravador e, depois, lançou a questão:
>
> — *Pois queria saber se ainda existem memórias de escravatura neste lugar.*
>
> — *Está cheio, meu amigo. É tudo memórias por aí afora, levanta-se uma pedra e sai uma memória de escravos.*
>
> — *Eu não percebi muito bem qual o seu objectivo*, intrometeu-se o barbeiro.
>
> O empresário fez questão em sugerir que intrusões não eram bem-vindas. Ele era o inquirido, aquela era uma *"entrevista estruturada"*. Mas o americano não achou inconveniente em abrir o diálogo. E foi ele que incentivou a participação de todos.
>
> — *Queríamos que nos dissessem tudo sobre a escravatura, desses tempos de sofrimento...*
>
> —*Ah, sim, sofremos muito com esses vangunis*, disse Matambira.
>
> Os olhos do americano brilharam enquanto procurava uma caneta para anotar no seu caderno de pesquisa.

— *Como lhes chamou, vagumis?*

— *Vanguni, rectificou o pugilista.*

— *Deixe-me anotar. Portanto, era esse o nome que deram aos traficantes de escravos?*

— *Exacto.*

— *E diga-me: há lembrança do nome dos barcos que eles usavam?*

— *Barcos? Eles não vinham de barco, vinham a pé.*

— *Como a pé? Como é que transportavam a carga humana lá para a terra deles?*

— **A terra deles era aqui, eles nunca saíram daqui. Nós somos filhos deles.**

Incrédulo, Benjamin Southman deixou cair o caderno. Casuarino tentou corrigir mas o americano não permitiu. Aproximou-se de Zeca Matambira e, com tom paternal, quase doce, lhe inquiriu:

— *Diga-me, meu amigo, você está a falar dos portugueses?*

— *Portugueses? Naquele tempo, nós éramos todos portugueses...*

— *Está a falar dos brancos?*

— *Estou a falar de pretos. Desculpe, de negros.*

— *Mas fale desses negros, desses vangunis...*

— *Esses negros vieram do Sul e nos escravizaram, nos capturaram e venderam e mataram. Os portugueses, numa certa altura, até nos ajudaram a lutar contra eles...*

Com um gesto mecânico, o visitante desligou o gravador. O seu semblante estava deformado pela estupefacção. Duvidaria da sanidade do interlocutor?[76]

Uma dúvida (estupefata dúvida) que tem a ver com o fato de que, no diálogo lido, colocam-se em contraposição duas ordens epistemológicas diferentes (assim digamos) em relação ao "fato histórico" escravidão. Uma, a do historiador afro-americano, com sua percepção sobre a questão

---

76   COUTO, Mia. *O outro pé da sereia...*, p. 148-149. O negrito é meu.

concebida a partir da experiência norte-americana, base de uma visão – é o que podemos inferir pelo texto – mais dada a dicotomias irreconciliáveis; outra, a de Zeca Matambira, baseada noutra experiência – a das gentes dali –, menos dada a dicotomias e mais assente na vivência histórica, na memória dessa vivência. Nesse sentido, por partirem de duas diferentes ordens epistemológicas, elaboradas em duas distintas geografias, o "fato histórico" escravidão é lido diversamente. Algo a que talvez melhor se possa explanar a partir das reflexões de Achille Mbembe, que ao tratar de memória e escravidão expressa seu entendimento de que

> entre a memória dos afro-americanos sobre a escravidão e aquela dos africanos do Continente, há uma zona de sombra que dá margem a um profundo silêncio: o silêncio da culpa e da recusa dos africanos em enfrentar o inquietante aspecto do crime que diretamente envolve sua própria responsabilidade. Pois o destino dos escravos negros na modernidade não é apenas resultado da vontade tirânica e da crueldade do Outro – mesmo que estas sejam bem conhecidas. [...] Ao longo da série de eventos que levaram à escravidão, há o rastro que os discursos africanos dominantes tentam apagar.
>
> Isto é uma ablação significante, porque permite o funcionamento da ilusão de que as temporalidades da servidão e da miséria foram as mesmas em ambos os lados do Atlântico. Isto não é verdade. E é isto que evita que o trauma, a ausência e a perda sejam os mesmos de ambos os lados do Atlântico. Como resultado, o apelo à raça como a base política e moral da solidariedade sempre dependerá, em alguma medida, de uma miragem de consciência, já que os africanos continentais não repensaram o comércio escravista e as outras formas de escravidão, não apenas como uma catástrofe que se abateu sobre eles, mas também como fruto de uma história em que eles tiveram parte ativa na construção da forma pela qual lidaram uns com os outros.[77]

---

77 MBEMBE, Achille. "As formas africanas de autoinscrição"..., p. 188.

Parece-me que, de modo desconcertante, as memórias de Zeca Matambira iluminam a "zona de sombra" em relação à escravidão estudada por Benjamin Southman (ainda que esta *cena iluminada* não seja uma visão que o agrade). Sua voz (de Matambira) vai de encontro ao "discurso dominante" que ali se tentava construir, seja por Benjamin e sua "neurose de vitimização" (termo tomado a Mbembe), seja pelos poderosos locais (na figura do empresário Chico Casuarino), que, alimentando a "neurose" de Benjamin, alimentava também seus bolsos com os dólares deste.

Mia aponta-nos algo dessa discussão num seu texto intitulado "A fronteira da cultura". Nele, somos apresentados a Dona Honória Bailor-Caulker. Uma senhora africana, presidente da câmara da vila de Shenge, em Serra Leoa. Segundo Mia, "a vila é pequena mas carregada de História", pois dali partiram milhares de escravos rumo às Américas. Certa feita, em visita aos Estados Unidos, Dona Honória fora convidada a discursar.

> Perante uma distinta assembleia a senhora subiu ao pódio e fez questão de exibir seus dotes vocais. Cantou, para espanto dos presentes, o hino religioso *Amazing Grace*. No final, Honória Bailor-Caulker deixou pesar um silêncio. Aos olhos dos americanos parecia que a senhora tinha perdido o fio à meada. Mas ela retomou o discurso e disse: quem compôs este hino foi um filho da escravatura, um descendente de uma família que saiu da minha pequena vila de Shenge.
>
> Foi como que um golpe mágico, e o auditório se repartiu entre lágrimas e aplausos. De pé, talvez movidos por uma mistura de sentimento solidário e alguma má consciência, os presentes ergueram-se para aclamar Honória.
>
> — *Aplaudem-me como descendente de escravos?*, perguntou ela aos que a escutavam.
>
> A resposta foi um eloquente "sim". Aquela mulher negra representava, afinal, o sofrimento de milhões de escravos a quem a América devia tanto.

Todavia, a *representação* pretendida não condizia com a história. E entre uma e outra, Honória preferiu a segunda, preferiu desconstruir o mito do africano como eterna vítima. Ante sua audiência, ela então declarou:

> — Pois eu, disse Honória, *não sou uma descendente de escravos. Nem eu nem o autor do hino. Somos, sim, descendentes de vendedores de escravos. Meus bisavós enriqueceram vendendo escravos.*

Para Mia, Dona Honória "teve a coragem de assumir-se com verdade como a antítese do lugar-comum". Porém, em seu entender, "o seu caso é tão raro que arrisca ficar perdido e apagado".[78]

Imagem 10: Dona Honória Bailor-Caulker [1962]

A partir de recorte do documento *Program for the Formal Installation and Dedication Service of Madam Honoria Bailor-Caulker as Paramount Chief, Kagboro Chiefdom, Moyamba District, Shenge, 6 May 1962*. Disponível em: <http://www.sierra-leone.org/artifacts-documents.html>. Acesso em 20 abr. 2012.

Talvez para que histórias e gestos como os de Dona Honória Bailor-Caulker não fiquem perdidos e apagados é que Mia Couto, em suas criações literárias, nos traga personagens que também têm a coragem de romperem com o lugar-comum, que ousam trazer as experiências históricas para confrontar as ideias feitas. Experiências essas que misturam, que *mulatizam* (para usar de termo seu) as vidas e as gentes. Algo que vimos colocado a partir da análise de processos históricos decorridos no espaço zambeziano, usado por Mia como lugar de referência em *O outro pé*

---

78   COUTO, Mia. "A fronteira da cultura". In: *Pensatempos: textos de opinião...*, p. 12-13.

da sereia. Tal uso, decerto, tem a ver com a possibilidade da referência a esse espaço lhe permitir explorar suas concepções despuricistas, como venho designando, das formações identitárias, pois, para além do mestiçamento histórico-cultural que carregam, os personagens miacoutianos *mestiçam* outros elementos de suas "identidades": crenças, gênero, formação.

Em *O outro pé da sereia*, temos homens como Zero Madzero, esposo de Mwadia Malunga, que embora sendo um "pastori", um crente da Igreja Apostólica John Marange[79] e "seguidor dos preceitos do finado Marange", não deixa de ser perturbado pelos seus velhos deuses. É o que ocorre quando certa noite, de regresso para casa, vê um clarão rasgar os céus "como um chicote de luz" e "sem pisar nem pensar" se ajoelha e implora: "— *Me salve, Deus!* E acrescentou, em célere sussurro: E *me acudam os meus deuses também...*" Era uma "estrela decadente" que ali caíra. Diante desse fato, o casal Zero Madzero e Mwadia Malunga, embora não dando crédito a "crendices" – ele, por mandos da sua fé na Igreja Apostólica John Marange; ela, por haver sido educada em missão católica –, decidem consultar o curandeiro Lázaro Vivo para buscarem saber o que fazer com a defunta estrela caída. Embora sendo não crentes nas "crendices" tradicionais, na prática o casal entende que "às vezes, a circunstância é maior que a situação".[80]

Uma *prática* de não difícil identificação noutros personagens e noutras ficçõs miacoutianas, assim como na realidade social moçambicana, conforme seus estudiosos têm demonstrado. Exemplos disto são estudos como o de Paulo Granjo, intitulado *Dragões, régulos e fábricas: espíritos e racionalidade tecnológica na indústria moçambicana*, no qual o pesquisador demonstra como "os operários [da indústria de fundição de alumínio Mozal] regem o seu trabalho por uma estrita racionalidade tecnológica, mas os anteriores sistemas de domesticação do infortúnio, envolvendo espíritos

---

79   A Igreja Apostólica Africana foi fundada por John Marange (1912-1963) em 1930, no Zimbábue, sendo atualmente o maior movimento apostólico nesse país, e com atuação por diversos outros países (Moçambique, África do Sul, Zâmbia, Malaui). Entre as práticas dos adeptos dessa Igreja estão a prática de curas, exorcismos e um confronto com a chamada "religião tradicional".

80   COUTO, Mia. *O outro pé da sereia...*, p. 15-21.

e feitiçaria, são partilhados ou suscitam uma *dúvida plausível* à maioria deles". Na análise de Grajo, "estas racionalidades coexistem em paralelo", não sendo percebidas como contraditórias.[81]

Outro estudo a tratar da coexistência de diferentes "racionalidades" no cotidiano das gentes moçambicanas, desta feita centrado na análise do processo de possessão pelos espíritos e da utilização deste como prática curativa, é o de Alcinda Manuel Honwana, intitulado *Espíritos vivos, tradições modernas: possessão de espíritos e reintegração social pós-guerra no sul de Moçambique*, no qual a autora defende o lugar central da possessão pelos espíritos e da adivinhação como "elementos centrais na cosmologia e filosofia da esmagadora maioria dos moçambicanos". Para a antropóloga, se as categorias "tradição" e "modernidade" podem, na vivência das gentes dos subúrbios de Maputo (universo de sua pesquisa), por vezes, tornarem-se contraditórias, estas categorias não deixam, contudo, de se apresentarem "interdependentes e em permanente cumplicidade no processo de construção de identidades sociais".[82]

Da consideração de "práticas" e creres de muitos personagens do universo miacoutiano, bem como da ponderação dos pontos de vista de estudiosos das dinâmicas presentes no Moçambique contemporâneo (caso de Granjo e Honwana), sou levado à percepção de que esta coexistência constitui-se numa alternativa local (uma terceira via) às visões dicotômicas que opõem "tradição" e "modernidade": "acredito que a tradição tem a função também de deglutir o presente e retransformá-lo. A tradição não é algo estático, tanto que acredito que a fronteira entre modernidade e tradição é algo muito construído".[83] E, nesse tocante, penso que as questões até aqui colocadas reforçam essa crença de Mia Couto.

---

81 GRANJO, Paulo. "Dragões, régulos e fábricas"..., p. 223-249.

82 HONWANA, Alcinda Manuel. *Espíritos vivos, tradições modernas*..., p. 11.

83 COUTO, Mia. "Mia Couto: escrita falada". Entrevista a Sérgio Vale. *Discutindo literatura*, São Paulo, nº 16, ano 3, 2008, p. 13.

No que respeita às questões de gênero, o universo criativo de Mia é também afeito à transgressão de fronteiras, dando preferência às ambiguidades.

Em *O outro pé da sereia* temos homens como Edmundo Esplendor Marcial Capitani, primeiro marido de Constança Malunga e pai de Mwadia. "Fiel capitão" do exército colonial português, homem marcial já desde o nome, orgulhoso descendente dos guerreiros Achikundas – "eu venho dos Achikundas, o meu sangue está sujo de pólvora" –, não obstante isso, ao despedir-se do mundo, Edmundo Capitani optou por fazê-lo como mulher. O falecido "nascera como homem e se despedia como mulher" e, ainda mais, "uma mulher quase branca", num *trânsito* não só de gênero, mas também de "raça": "no testamento, Edmundo Marcial Capitani dera as claras instruções, indicando mesmo o exacto vestido de flores estampadas que queria exibir, os sapatos vermelhos, o lenço a condizer".[84] E ainda sem sairmos de Vila Longe (em *O outro pé da sereia*), temos Constança Malunga, a matriarca da família Rodrigues-Malunga, que em conversa com a filha Mwadia e a socióloga Rosie Southman, declara: "— *Agora, que estou no fim da minha vida, posso confessar: as vezes que fiz amor com mais paixão foi com mulheres*".[85]

Já em *Na berma de nenhuma estrada e outros contos* (2001), somos apresentados a Ezequiela, no conto "Ezequiela, a humanidade". Nele, temos de modo muito claro a "vice-versátil" percepção de Mia acerca das questões de gênero e identidade. A estória que nos é contada é a de um certo moço, de nome Jerónimo, que se apaixona – "amor de anel e altar" – por Ezequiela. Depois de casados, Jerónimo depara-se com a constante "conversão" de sua Ezequiela em outra pessoa. Solicitada a explicar-se, Ezequiela informa a seu esposo "que ela era assim mesmo, mudava de corpo de cada vez em quando. Ora de um tamanho, ora de uma cor. E ora bela, ora feia. Actualmente, branca e posteriormente, negra. Que ela se convertia, vice-versátil". Depois de confessada sua capacidade "convertitiva", e ante a angústia do esposo, Ezequiela lhe indaga:

---

84 COUTO, Mia. *O outro pé da sereia...*, p. 100.

85 *Ibidem*, p. 178.

> — *Você me ama, assim como sou?*
>
> — *Como você é, como?*
>
> O problema sendo mesmo esse, o da identidade exacta dela mesma, a autenticada Ezequiela.

Depois de certa reserva, o casal reata os amores, e "Jerónimo a foi aceitando, transitável mas intransmissível". Isto até que ela, Ezequiela, transitou para homem, o que "desengendrou" Jerónimo: "a sua mulher: um homem? [...] Seria ela, integralmente, ele?"[86]

Nestas e noutras obras, Mia deixa expresso seu gosto por "viajar entre gêneros"[87] como modo de quebrar as concepções prontas e acabadas: "isso me diverte. Essas questões de identidade me divertem muito, quer seja do sexo, quer seja da raça". Algo propiciado por sua própria vivência, por suas experiências de *desacordo identitário* em relação às expectativas: "eu, lá fora [no estrangeiro], sou sempre esperado como preto ou como mulher".[88]

O que estas questões aqui colocadas nos levam a considerar é que, para Mia Couto, as questões de identidade, a insistente pergunta "quem são vocês?" não pode ter nenhuma resposta essencial, "autêntica". E não pode ter porque a sua concepção de história não autoriza. É essa mesma história que, uma vez considerada, nos possibilita a percepção de que as categorias com que nos compartimentam e etiquetam são, em verdade, construções (ou invenções, caso se prefira), historicamente identificáveis e historicamente utilizadas para dadas finalidades e interesses.[89]

---

86 COUTO, Mia. *Na berma de nenhuma estrada e outros contos.* Maputo: Ndjira, 2001, p. 99-102.

87 COUTO, Mia. "A 'pureza fascista' da autenticidade". Entrevista a Cristina Zarur. *O Globo*, Prosa e Verso, 6 jun. 2006. Disponível em: <http://www.oglobo.com/jornal/Suplementos/ProsaeVerso/277970634.asp>. Acesso em 9 jun. 2006.

88 COUTO, Mia. "Mia Couto e o exercício da humildade". Entrevista a Marilene Felinto. *Thot*, São Paulo, nº 80 – África, abr. 2004, p. 58.

89 Como nos lembra Kwame Anthony Appiah, o que as identidades coletivas têm em comum é o fato de elas constituírem "classes de pessoas", e uma percepção crucial a respeito dessas *classes de pessoas* é que elas começam a existir a partir da criação de *etiquetas* para elas. Mas não basta haver *etiquetas*, é preciso que se deem processos de afiliação, de "identificação" para com elas. E, nisso, a "dimensão narrativa" é componente fundamental na formação de

Não deixa de ter relação com essa percepção dos processos identitários o pensamento de Padre Manuel Antunes – um dos viajantes da nau Nossa Senhora da Ajuda que singra o Índico rumo a Moçambique no século XVI em *O outro pé da sereia* – quando, tomando dos papéis que o autorizavam como escrivão daquela nau, lembra-nos da violência do ato nomeador, algo tão presente na relação havida entre "descobridores" europeus e as gentes "descobertas":

> Foi lendo as oficiais escrituras e dando conta dos nomes da viagem e do seu destino. Chamavam de Torna-Viagem a este percurso da Índia para Portugal. E chamavam de Contra-Costa ao Oriente de África. *Tudo fora nomeado como se o mundo fosse uma lua: de um só lado visível, de uma só face reconhecível.*[90]

As questões identitárias trazidas pela ficção e por outras falas e textos de Mia Couto suscitam-nos essas discussões acerca da violência do ato nomeador e da problemática da identificação (aceitação da *etiqueta* dada por outro). Se tudo fora nomeado "como se o mundo fosse uma lua: de um só lado visível, de uma só face reconhecível", cabe a inquietação ética de perguntar pelo outro lado, pela outra face, em que talvez não se verifique a idêntica relação nome/coisa nomeada. Quiçá resida aí a raiz de uma série de falsos problemas no pensamento sobre África: a moldura conceitual é construção alheia. Seria aquilo a que Mia se refere (já antes dito) como *desenhar casas ao avesso, mas ainda dentro da arquitetura do Outro*. Algo que, em seu entender, seria um dos problemas centrais no pensamento cultural dos nacionalismos africanos. Em Moçambique – um Estado em busca de nação –, essas questões estão no cerne do "projeto nacional" idealizado pela Frelimo, no poder desde a independência, em 1975. Um "projeto" que, para muitos (Mia entre os quais), a dado momento passou a ser

---

"identidades" (APPIAH, Kwame Anthony. "Las exigencias de la identidad". In: *La ética de la identidad.* Trad. Lilia Mosconi. Buenos Aires: Katz, 2007, p. 115-124).

90 COUTO, Mia. *O outro pé da sereia...*, p. 62. Grifo meu.

concebido tal como a verve nomeadora dos "descobridores" do passado: como se o mundo tivesse um só lado, um só modo de ser pensado e vivido.

"QUEM SOMOS NÓS": A NAÇÃO COMO PROJETO

É no "projeto" de nação da Frelimo que Moçambique vai ser pensado como uma unidade histórica, como uma comunidade de pertencimento, e já não como mera unidade administrativa (mais uma província do ultramar português). Até à emergência da frente – em 1962, a partir de outras três associações políticas –, Moçambique era então parte de uma discursiva entidade: o "Portugal uno e indivisível" da propaganda colonial. Um discurso que, para a grande maioria da população do território, vivendo nas áreas rurais e muitas vezes com pouco contato com o aparelho administrativo colonial, não fazia muito sentido, constituindo-se num apelo distante e vazio. Tal discurso fazia mais sentido para aqueles que, concordando ou discordando, servindo ou contestando, diretamente lidavam com essa "entidade" (o *Portugal uno e indivisível*), o que é dizer: os funcionários coloniais e aqueles submetidos a seus mandos e desmandos.[91]

Gente como o funcionário da Pide (Polícia Internacional de Defesa do Estado) portuguesa, Lourenço de Castro, na novela *Vinte e zinco*. Na narrativa, ao ser comunicado do golpe de Estado em Lisboa – o 25 de abril de 1974, a "Revolução dos Cravos" – pelo médico da vila, o Dr. Peixoto, o estado de abandono em que fica "o pide", como se lhe referiam, é indício da "mística imperial" por ele incorporada:

> o médico Peixoto entrou de rompante pelo quarto. [...] Se alterou, voz escaniçada:
>
> — *Não disse para me deixar sozinho?*
>
> — *É por causa da notícia...*

---

91   Acerca do "papel histórico decisivo" de funcionários coloniais e impressores "locais" na formação de ideários nacionalistas, ver ANDERSON, Benedict. *Comunidades imaginadas: reflexões sobre a origem e a difusão do nacionalismo.* Trad. Denise Bottman. São Paulo: Companhia das Letras, 2008 [Cap. 3: Pioneiros crioulos].

— Que notícia?

— No rádio, dizem que houve um golpe de Estado, caiu o regime.

Regime? Qual regime? Para ele [Lourenço de Castro] não havia um regime. Havia Portugal. A pátria eterna e imutável. Portugal uno e indivisível. O visitante repetiu como se duvidasse que o outro o tivesse entendido:

— Foi um golpe, houve um golpe em Lisboa!

O médico soletrou as palavras, em extremosos cuidados de dicção. Depois, retirou-se, andando de costas e em bicos de pé. Como se acabasse de anunciar um falecimento. O pide [Lourenço de Castro] estava derrubado, vertido dentro de si mesmo.[92]

Em *Vinte e zinco*, por outro lado, temos gente como o mulato Marcelino, paixão de Irene de Castro, a tia tresloucada (assim entende a família Castro) do "pide" Lourenço. Ao rememorar a ausente presença de Irene na velha casa colonial, Dona Margarida de Castro, sua irmã e mãe de Lourenço, remete a algo tido como fundamental na reflexão sobre a formação do pensamento nacional em Moçambique. Ouçamos Dona Margarida, primeiramente:

> como pôde a irmã se apaixonar por um quase-preto? Tudo nele [Marcelino] está errado: a raça, a condição, a política. Ainda por cima um injusticeiro, autêntico junta-brasas. *O homem tinha ingressado nas tropas coloniais – em vez de cumprir fidelidades à pátria lusitana ele encontrou lá uma outra pátria: Moçambique. Veio contaminado por essa doença – sonhar com futuros e liberdades.* Parecia que ele tivesse presenciado horrores e massacres lá nas frentes de batalha. Também o doutor Peixoto e o padre Ramos lhe haviam falado de atrocidades. Excessos, protestava seu filho Lourenço, em que guerra não há excessos?[93]

O homem (Marcelino) tinha encontrado no seio da *lusitanidade* sonhos de *moçambicanidade,* diz-nos Dona Margarida de Castro. E mais: que

---

92   COUTO, Mia. *Vinte e zinco.* Lisboa: Caminho, 1999, p. 91-92.

93   *Ibidem*, p. 74-75. Grifo meu.

o testemunho de atrocidades seria uma possível explicação à revolta, à afronta de desejar outra pátria que não a lusitana. Esses apontamentos levam-nos à reflexão acerca de questões que estão no cerne da gênese do pensamento nacionalista em Moçambique, bem como a pensarmos sobre as condições de surgimento e desenvolvimento do "projeto nacional" moçambicano.

Primeiramente, temos a proposição de que fora no seio da lusitanidade (o exército colonial) que se desenvolvera uma consciência outra de nação (a ideia de moçambicanidade). Isso nos leva à consideração da hipótese de que uma "consciência nacional" moçambicana ganhou força justamente nos espaços de maior contato com uma outra "consciência nacional", a lusitana; o que é dizer: que a "comunidade imaginada" da nação ganha seus contornos na confrontação com outra "comunidade imaginada" (Portugal, o dito "Portugal Maior", "uno e indivisível", "do Minho ao Timor"), da qual se dizia que todos faziam parte, mas cujas práticas diárias de discriminação, de variada ordem, negavam peremptoriamente.

Em Mia Couto, podemos ter esta ordem de discussões em *O último voo do flamingo*. Nesse romance, temos a figura do velho Sulplício, pai do Tradutor de Tizangara, narrador da estória. Em conversa com o filho e com o inspetor das Nações Unidas, o italiano Massimo Risi (que ali está para investigar o desaparecimento, por meio de explosões, de soldados da ONU), o velho Sulplício questiona:

> durante séculos quiseram que fôssemos europeus, que aceitássemos o regime deles de viver. Houve uns que até imitaram os brancos, pretos desbotados [refere-se aos "assimilados"]. Mas ele, se houvesse de ser um deles, seria mesmo, completo, dos pés aos cabelos. Iria para a Europa, pedia lugar lá no Portugal Central. Não o deixavam? Como é: ou se é português ou se não é? Então se convida um alguém para entrar em casa e se destina o fulano nas traseiras, lugar da bicharada doméstica? Mesma família, mesma casa. Ou é ou não?[94]

---

94   COUTO, Mia. *O último voo do flamingo*. São Paulo: Companhia das Letras, 2005, p. 135-136.

Mas essa discursiva "mesma família, mesma casa" de pertencimento, mesmo ao nível do discurso, teve "limitada a [sua] comunicação entre as comunidades sujeitas às mesmas experiências", como entende Eduardo Mondlane. Como nos coloca ele,

> em muitas áreas onde a população é diminuta e pouco densa, o contacto entre o poder colonial e o povo era tão superficial que existia pouca experiência pessoal da dominação. Havia no Niassa Oriental [província no norte do território moçambicano] alguns grupos que nunca tinham visto os Portugueses antes da deflagração da actual guerra [guerra independentista; o texto é de 1968]. Nessas áreas, a população tinha pouca noção de pertencer fosse a uma nação ou a uma colónia, e ao princípio foi-lhe difícil compreender a luta.[95]

Idêntica percepção nos é colocada por João Paulo Borges Coelho, para quem

> o ritmo e a gradação de tal aproximação [entre colonizador e colonizado] dependeram de dinâmicas espaciais e, também, verticais. Assim, as periferias do campo tiveram uma integração claramente subalternizada, enquanto que certas camadas urbanas acalentaram a miragem de aquisição da identidade do outro.[96]

Desse modo, a formação de uma "consciencialização única" para todo o território – seja o de uma *lusitanidade* primeiro, seja o de uma *moçambicanidade* depois – foi sempre uma empreitada difícil. Ante tal, que elemento poderia então ser tomado como "fonte" de uma "unidade nacional"? Na percepção

---

95   MONDLANE, Eduardo. *Lutar por Moçambique*. Trad. Maria da Graça Forjaz. Porto: Afrontamento, p. 108.

96   COELHO, João Paulo Borges. "Um itinerário histórico da moçambicanidade". In: ROSAS, Fernando; ROLLO, Maria Fernanda (coord.). *Portugal na viragem do século. Língua portuguesa: a herança comum*. Lisboa: Assírio & Alvim, 1998, p. 90.

de Mondlane, o elemento agregador a estar na base da "comunidade" da nação moçambicana foi o sofrimento partilhado sob o colonialismo:

> Em Moçambique, foi a dominação colonial que produziu a comunidade territorial e criou a base para uma coesão psicológica, fundamentada na experiência da discriminação, exploração, trabalho forçado e outros aspectos do sistema colonial.[97]

Ocorre que a "dominação colonial", possível produtora duma dada unidade e coesão (com base no sofrimento comum), não se deu de modo uniforme por todo o território; tratou-se antes de uma presença historicamente irregular pelas diversas partes do que hoje é Moçambique, como destacado pelo próprio Eduardo Mondlane e pela análise de João Paulo Borges Coelho.

São questões, essas aqui colocadas, que estão intimamente ligadas ao modo como a Frente de Libertação de Moçambique pensou e buscou implementar seu "projeto nacional". Para começar, é preciso considerar o fato de que foi justamente na região norte (mais precisamente no distrito de Chai, província de Cabo Delgado) que em 25 de setembro de 1964 a Frelimo iniciou a luta armada contra o colonialismo português.[98] Ou seja, a Frelimo principia sua luta por uma nação justamente onde, nas palavras de Mondlane, "a população tinha pouca noção de pertencer fosse a uma nação ou a uma colónia".

Um outro fator importante a se considerar é o fato de que a frente formada para levar a cabo o processo de luta independentista foi constituída a partir de fora do território a conquistar, "por moçambicanos residentes nos países vizinhos." Em sua fundação, a 25 de junho de 1962, em Dar--es-Salam, Tanganica (atual Tanzânia), a frente abrigou movimentos já existentes, de formações separadas e variadas, tendo sido crucial para tal decisão de unificação o momento vivenciado no princípio dos anos de

---

97   MONDLANE, Eduardo. *Lutar por Moçambique...*, p. 107.

98   A descrição deste "primeiro combate" está na "Introdução" de Mondlane em *Lutar por Moçambique...*, p. 5-13.

1960, em África e fora dela. A esse tocante, Eduardo Mondlane referencia a Conferência das Organizações Nacionalistas dos Territórios Portugueses (CONCP), realizada em Casablanca (Argélia), em 1961, como sendo uma "forte chamada à união"; chamada essa ainda mais reforçada, segundo Mondlane, pelas influências pessoais dos então presidentes Kwame Nkrumah, de Gana, e Julius Nyerere, de Tanganica (Tanzânia).

Na visão de Mondlane, foi nesse processo de busca pela unidade que a consciencialização de uma nação moçambicana se foi estabelecendo. É significativa a descrição por ele feita de alguns dos chefes do "novo movimento" (a Frelimo), buscando demonstrar que sua constituição contou com a colaboração das "mais variadas organizações políticas e parapolíticas de todo o país":

> o vice-presidente, reverendo Uria Simango, é um pastor protestante da região da Beira que tinha trabalhado muito nas associações de assistência mútua e era chefe da UDENAMO [União Democrática Nacional de Moçambique]. Da mesma associação de assistência mútua veio Silvério Nungu, mais tarde secretário da Administração, e Samuel Dhlakama, actualmente [o texto é de 1968] membro do Comité Central. Das cooperativas camponesas do Norte de Moçambique veio Lázaro Kavandame, mais tarde secretário provincial de Cabo Delgado, e também Jonas Namashulua e outros. Das associações de assistência mútua de Lourenço Marques e do Chai-Chai, no Sul de Moçambique, vieram o falecido Mateus Muthemba e Shafrudin M. Khan [...]. Marcelino dos Santos, mais tarde secretário dos Assuntos Externos e agora secretário do Departamento de Assuntos Políticos, é um poeta de fama mundial; teve grande actividade no movimento literário de Lourenço Marques e passou alguns anos de exílio em França.

> Quanto a mim, sou do distrito de Gaza, do Sul de Moçambique, e, como muitos de nós, estive duma maneira ou de outra dentro da resistência desde a infância.[99]

---

99 MONDLANE, Eduardo. *Lutar por Moçambique...*, p. 128.

Em suma, o intento de Mondlane é demonstrar que "os moçambicanos que se reuniram em Dar-es-Salam em 1962 representavam quase todas as regiões de Moçambique e todos os sectores da população". Temos, nesse seu relato, representados: elementos da igreja (protestante), representantes de associações de assistência, de cooperativas camponesas, de movimentos literários, enfim, representantes das várias esferas de atuação social.

Desde esse momento de constituição da Frelimo, a "unidade" como questão central é reiterada; aliás, ela é uma "necessidade" proclamada já nos estatutos da frente, em seu artigo V, o qual estabelecia:

> V – Para atingir os seus objectivos a Frelimo:
>
> a – Proclama a necessidade de união de todo o povo moçambicano.
>
> b – Organiza, une e mobiliza todos os moçambicanos.[100]

O problema que então se colocava, no entendimento de Mondlane, era o de "poder caldear essas vantagens [refere-se às condições favoráveis às lutas nacionalistas em África nos anos de 1960] de modo a tornar nosso movimento forte em todo o país e capaz de ter acção eficaz", o que é dizer, capaz de conduzir Moçambique à independência política, objetivo primeiro e maior da frente.[101]

O que temos a partir dessas discussões é algo que pode ser expresso pela reflexão de Adriano Moreira – ex-professor da Universidade Técnica de Lisboa e ex-ministro do Ultramar –, segundo a qual

> os programas nacionalistas dos aparelhos de Poder instalados em substituição da soberania colonial expulsa, não exprimem mais do que um projeto nacional, isto é, a intenção de vir a

---

100 FRENTE DE LIBERTAÇÃO DE MOÇAMBIQUE. *Estatutos e programa*. Disponível em: <http://www.frelimo.org.mz>. Acesso em: 18 set. 2008, p. 6.

101 MONDLANE, Eduardo. *Lutar por Moçambique...*, p. 129-130.

amalgamar os grupos numa unidade mais vasta que corresponda ao conceito ocidental de nação.[102]

Com a Frelimo não ocorreu diverso disto. Havia um projeto, um intento de "vir a amalgamar" grupos diversos sob uma "unidade mais vasta". Ocorre que é justo quando o projetado vai ganhando forma e execução que as contradições, as insuficiências, os embates se vão fazendo impor, com isso metamorfoseando-se o projetado em algo diverso do que fora imaginado. Algo a que Mia se referirá como a passagem do *gerar* (postulação de princípios, ideais) ao *gerir* (estabelecimento de modos e meios de governação).[103]

No projeto de sociedade frelimista, os embates começaram mesmo antes da subida ao poder com a independência, em 25 de junho de 1975. Já em 1968, durante o II Congresso da frente, um conflito interno opunha duas alas dentro da organização. Um conflito complexo, profundo, que envolvia diversos elementos "de natureza ideológica e estratégica", como: a definição de quem era o inimigo, as filiações ideológicas a seguir, as estratégias militares no desenvolvimento da luta, problemáticas atinentes às desigualdades regionais, os modos de relação com a "tradição" e seus valores etc. Se no programa aprovado quando da sua fundação, em 1962, o que se tinha eram linhas gerais, princípios norteadores, quando da realização do II Congresso, em 1968, os conflitos internos traziam à tona as dificuldades na transformação desses princípios gerais em diretrizes de ação.[104]

E desse conflito exposto no II Congresso, e agravado com a morte de Eduardo Mondlane, em 3 de fevereiro de 1969, saiu vitoriosa a chamada "ala político-militar" ou "revolucionária", que defendia a transformação da luta anticolonial em luta revolucionária, ou seja, adoção dos preceitos socialistas, inclusive com a transformação da frente em partido único,

---

102 MOREIRA, Adriano. *Ciência política*. Lisboa: Bertrand, 1979, p. 350-351. *Apud* GRAÇA, Pedro Borges. *A construção da nação em África: ambivalência cultural de Moçambique*. Coimbra: Almedina, 2005, p. 24.

103 COUTO, Mia. "Mia Couto e o exercício da humildade"..., p. 51.

104 Ver, a respeito, CABAÇO, José Luís. *Moçambique: identidade, colonialismo e libertação*. São Paulo: Editora Unesp, 2009, p. 280-315.

o que ocorreu formalmente no III Congresso, em 1977. Nessa passagem, o pluralismo inicial deu lugar ao centralismo, por meio do qual a frente tornada partido constituiu-se como "exclusivo instrumento para a integração da sociedade", sobretudo as sociedades rurais, maioria no país, ao "projeto de criação de uma nação patrocinada pelo aparelho de Estado", conforme proposição, para a generalidade do continente, de Joseph Ki-Zerbo.[105]

Uma nação (a do projeto frelimista) "moderna", assente nos valores do conhecimento científico, único capaz de trazer a luz que anuncia o futuro. É esse o pressuposto presente no discurso da frente. "O estudo é como uma lanterna à noite, mostra-nos o caminho", pronunciava Samora Machel em 1971, num texto/pronunciamento intitulado *Produzir é aprender. Aprender para produzir e lutar melhor.* Para Machel, "a falta de conhecimentos científicos faz de nós cegos, a solução do problema que enfrentamos está ao nosso lado e nós não vemos", porque nos falta "a luz da razão",[106] sendo esse um pensamento que se reitera em muitos outros pronunciamentos seus. Como o intitulado *Educar o homem para vencer na guerra, criar uma sociedade nova e desenvolver a pátria*, de 1973, no qual Machel defende que a "tarefa principal da educação" deveria ser "inculcar em cada um de nós a ideologia avançada, científica, objetiva, coletiva, que nos permite progredir no processo revolucionário".[107]

Mas o conhecimento, de modo algum, poderia ser tomado como elemento diferenciador, instituidor de "classes" de pessoas; antes, tal

---

105 KI-ZERBO, Joseph; MAZRUI, Ali A.; WONDJI, Christophe. "Construção da nação e evolução dos valores políticos". In: *História geral da África*, vol. VIII. Brasília: Unesco, 2010 [p. 565-602], p. 584. Disponível em: <http://www.unesco.org/brasilia>. Acesso em: 28 jan. 2011.

106 MACHEL, Samora. *Produzir é aprender. Aprender para produzir e lutar melhor.* 1971. Disponível em: <http://www.macua.org/livros/PRODUZIR.htm>. Acesso em: 10 jan. 2007.

107 MACHEL, Samora. "Educar al hombre para vencer la guerra, crear una sociedad nueva y desarrolar la patria". In: *Frelimo: documentos fundamentales del Frente de Liberación de Mozambique.* Barcelona: Anagrama, 1975, p. 25. Em tradução livre de: "La tarea principal de la educación [...] es inculcar en cada uno de nosostros la ideología avanzada, científica, objetiva, colectiva, que nos permite progresar en el proceso revolucionário".

conhecimento deveria ser um meio e não um fim em si. "A educação", dizia Machel,

> para nós, não significa ensinar a ler ou a escrever, fazer de um grupo uma elite de doutores, sem relação direta com nossos objetivos. [...] Não queremos que a ciência sirva para enriquecer a uma minoria, oprimir o homem e eliminar a iniciativa criadora das massas, fonte inesgotável de progresso coletivo. [...] Aquele que houver estudado deve ser o fósforo que acende a chama que é o Povo.[108]

É significativo que os textos/pronunciamentos de Machel aqui trazidos façam parte, originalmente, de uma coleção intitulada "Estudos e orientações", iniciada em 1971, sob a coordenação do Departamento de Educação e Cultura da Frelimo. Em ambos os textos/pronunciamentos, por todo o corpo de suas escritas, temos expressa a percepção do valor supremo do saber "racional", tido como único capaz de "guiar", de "iluminar", de "acender" a onipresente – quase sobrenatural, ironicamente se poderia dizer – entidade soberana do "Povo". Que, não obstante ser exaustivamente pronunciada como "a força motriz" de tudo, estava, ainda, arraigada ao saber "dogmático" da tradição, portador e reprodutor de "velhas ideias", "imobilistas" e "obscurantistas", nos termos da imagética de Samora Machel.

Assim, a nação imaginada pela Frelimo seria uma construção, seu tempo seria o futuro e não o passado (nem o colonial, nem o "tradicional"). Em suma, conforme o entendimento de Edson Borges em seu estudo sobre a "práxis" cultural da Frelimo,

---

108 *Ibidem*, p. 25. Em tradução livre de: "[...] la educación, para nosotros, no significa enseñar a leer o a escribir, hacer de un grupo una élite de doctores, sin relación directa con nuestros objetivos. [...] No queremos que la ciência sirva para enriquecer a una minoría, oprimir al hombre y eliminar la iniciativa creadora de las masas, fuente inagotable de progreso colectivo. [...] Aquel que há estudiado debe ser el fósforo que encienda la llama que es el Pueblo".

> "a nova cultura revolucionária" deveria criar o "homem novo" destruindo a "velha mentalidade" e "os esquemas burgueses de pensar e agir" mantendo, a todo custo, as unidades nacional e de classe, e uma personalidade e mentalidade impermeáveis às solicitações do neocolonialismo, do imperialismo e do racismo.[109]

Num entendimento, este de Joseph Ki-Zerbo, de que "a colonização, ato eminentemente econômico, era portanto também um fenômeno cultural e, por conseguinte, a descolonização deveria assumir uma dimensão de combate cultural".[110] Um combate duplo, reiteremos: contra os valores burgueses/coloniais e contra os "valores errados" do "obscurantismo", segundo a fraseologia frelimista.

Assim, o Estado moderno, laico e revolucionário concebido pela Frelimo via-se a si como um "autêntico demiurgo que se impôs a tarefa de germinar a reorganização de todo um mundo preexistente".[111] Mas uma germinação a ser feita por sobre as cinzas desse "mundo preexistente", do mesmo modo como se usa o fogo para limpar o mato do terreno a ser cultivado. Um fogo que limpa e purifica, que torna o que havia num campo limpo para a semeadura. Ou, noutros termos, mais sintéticos: as sociedades existentes em Moçambique foram tomadas como *tabulas rasas* para a inscrição dos valores revolucionários concebidos pela Frelimo. Uma percepção a que Christian Geffray, em seu *A causa das armas*, nominou de "a ideologia da 'página em branco'".[112] E nisto reside "o divórcio constatado entre a teoria e a prática do pós-independência":[113] as gentes de Moçambique não eram (não são) uma *tabula rasa*. Em seus modos de vivência e

---

109 BORGES, Edson. *Estado e cultura: a práxis cultural da Frente de Libertação de Moçambique (1962-1982).* Dissertação (mestrado em Antropologia) – Faculdade de Filosofia, Letras e Ciências Humanas, Universidade de São Paulo, São Paulo, 1997, p. 99.

110 KI-ZERBO, Joseph; MAZRUI, Ali A.; WONDJI, Christophe. "Construção da nação e evolução dos valores políticos"..., p. 576.

111 BORGES, Edson. *Estado e cultura...*, p. 68.

112 GEFFRAY, Christian. *A causa das armas: antropologia da guerra contemporânea em Moçambique.* Trad. Adelaide Odete Ferreira. Porto: Afrontamento, 1991, p. 16.

113 BORGES, Edson. *Estado e cultura...*, p. 32.

percepção do mundo, essas gentes, reiteradamente, faziam lembrar às "estruturas" dirigentes e pensantes da Frelimo algo que o próprio Samora Machel anunciara ao "Povo" em discurso:

> Uma terra sem estrume dá plantas débeis, mas o estrume sem terra queima a semente e também nada se produz. A nossa inteligência, os nossos conhecimentos são como o estrume, é necessário misturar o estrume com a terra, a inteligência com a prática.[114]

Parece ter sido justamente isso o que não ocorreu ao projeto de nação da Frelimo. Para usar da imagética samoriana, pode-se propor que "o estrume" (o projetado, o imaginado) não se misturou à "terra" (à vivência das gentes, seus valores).

A literatura de Mia Couto, desde seu início, interroga esse divórcio entre teoria e prática. Que decerto é uma trama de não simples análise, envolvendo uma série de variantes, quer de ordem externa (o quadro da política internacional de então), quer de ordem interna (as condições em que se dá a independência do país).

Mas aquilo a que a literatura de Mia interroga vai para além desse aspecto. Diz mais respeito: 1) ao próprio e continuado ato de não reconhecimento dos modos de vivência, dos valores e validade desses valores como elementos possíveis de serem integrados no projeto de sociedade "moderna e revolucionária", pela Frelimo concebido; e mais: 2) interroga, de modo contundente, os descaminhos, e mesmo a negação, dos valores propostos pela própria Frelimo, o desencostar das palavras com os atos. São esses dois aspectos que, mediados pela vivência da temporalidade experenciada pelo autor, traz a sua obra o *desanimismo* – a perda da confiança, não da esperança – que a caracteriza.

---

114 MACHEL, Samora. *Produzir é aprender. Aprender para produzir e lutar melhor.*

"VOCÊ NÃO OLHOU BEM ESSE MUNDO DE CÁ"

"Era um poder cego em relação a tudo isso, por esse motivo não deu resultado, mesmo que politicamente tivesse boas intenções."[115]

Mas o que não deu resultado? De que poder cego se fala? Em relação a que era cego esse tal poder? A frase, tão inexata assim desse modo colocada, é o remate de uma resposta de Mia Couto a uma pergunta a ele formulada numa entrevista. Perguntava-se-lhe sobre a guerra vivenciada em Moçambique (1976-1992), sobre suas possíveis causalidades. Mia então vai respondendo que, dentre uma série de fatores, dentre "várias origens" a envolverem o desencadeamento e o prosseguimento da guerra, esteve um descontentamento das gentes de Moçambique com as práticas de gerenciamento social da Frelimo após a independência do país, em 1975.

Um descontentamento que teve a ver, no entender de Mia, com o distanciamento cultural que se foi estabelecendo entre as gentes (seus valores, sua "cultura") e seus novos dirigentes (com sua "cultura revolucionária"). Segundo Mia,

> num certo momento particular, acho que todo o povo moçambicano comungava com a Frelimo. Era o grande objetivo nacional. Mas depois o que surgiu foi que alguns dirigentes da Frelimo se tinham afastado por causa do exílio, por causa de serem formados na Europa, por causa de terem sido atraídos pelos modelos soviéticos de experiência, e distanciaram-se culturalmente do país. O que eles desconheciam eram suas próprias raízes. Aprenderam a desconhecer isso. *E os grandes erros tiveram uma razão mais cultural que política, se é que se pode separar assim.*

> Os modelos de governação que foram instalados, quer fossem primeiro socialistas quer fossem depois capitalistas eram deslocados de nós, não despertavam aquilo que era a cultura mais profunda, que era a alma mais funda deste país. Acho que quando se fala em África [...], normalmente se fala em África de uma maneira simplista, como se fosse uma coisa só. Mas

---

115   COUTO, Mia. "Mia Couto e o exercício da humildade"..., p. 53.

em geral em África não se dá a devida importância àquilo que é a religião, o fator religioso.

[...] E não posso compreender a África se não compreender uma coisa que nem tem nome, que é a religião africana, que chamam às vezes de animista.

[...] E acho que a Frelimo falhou principalmente aí. A guerra que se instaurou foi também uma guerra religiosa, era uma guerra de identidade. E isso explica a violência que essa guerra assumiu.

[...] O mais grave foi o que era mais silencioso e não visível, porque era a guerra contra a religião africana, que é a religião dos antepassados. E aí não há uma instituição.

Esta religião africana não tem um vínculo com o Vaticano, não tem um corpo separado. O líder religioso é ao mesmo tempo o líder político, é o que faz a gestão da terra, são os chefes das famílias. Essa agressão acabou por ter conseqüências que eram imediatamente políticas.[116]

E era em relação a "tudo isso" que o "poder revolucionário" era cego, sendo isto ainda mais grave na medida em que "a Frelimo credenciou-se desta maneira: 'nós somos o país'".[117]

Mas qual país? Um país que se desconhece a si mesmo? Que se nega a si mesmo? Para Mia, esse distanciamento que se foi estabelecendo entre as gentes e os governantes instituídos pelo novo Estado foi se dando à medida que se passava, como já antes apontado, do gerar ao gerir:

Quando depois tu tinhas o que já não era um plano de gerar, era um plano de gerir, e quando tu tinhas que instalar modelos, fazer a governação, não era bom, para um sentido crítico que devia estar presente. Pensar sempre que nós somos o país, acomoda. E deixa de ser verdade.[118]

---

116 *Ibidem*, p. 52. Grifo meu.

117 *Ibidem*, p. 51.

118 *Ibidem*, p. 51.

E por ser portador de uma tal certeza – "nós somos o país" –, o Estado independente, à medida de sua progressiva implantação, vai sofrendo uma mutação, pela qual se vai "substituindo o carisma da independência pelo autoritarismo do quotidiano", conforme entendimento de José Luís Cabaço. O que, por seu turno, vai contribuindo para a formação de uma "representação embrionária de *moçambicanidade*", na qual "significados sobrepostos" de Estado, Governo e Nação vão sendo fundidos sob uma noção de poder, "autoritário e protector". Um poder presente, porém de um modo "menos concreto do que o poder local", pois que este último é o que responde às demandas do cotidiano, o que inclui a relação com o sagrado; enquanto aquele outro (*o Governo, a Nação*) responde pela organização das estruturas sociopolíticas mais amplas (saúde, educação), dos procedimentos burocráticos etc. Algo a que Cabaço encontra expressão no falar cotidiano das gentes em Moçambique ao referir-se à nação:

> Não é por acaso que, na linguagem corrente em Moçambique, se diz "Fulano foi à Nação" ou "este problema só se resolve no nível da Nação" quando se pretende informar que alguém se deslocou à capital do país ou que tal questão requer uma decisão da sede do poder central.[119]

Em Mia, este modo de referência à nação como lugar central, de exercício do poder, está colocado em *O último voo do flamingo*. No romance, temos um diálogo entre o administrador Estêvão Jonas e sua esposa Ermelinda – a primeira-dama e "administratriz" da Vila de Tizangara –, acerca da pretensão desta de ir visitar os ficados restos – "um sexo avultado e avulso" – de um dos soldados das Nações Unidas explodidos na Vila:

> A Primeira Dama mais quis saber: se o povo ainda se concentrava na estrada. Porque ela pretendia realizar uma visita oficial ao local da ocorrência. O marido, incomodado, perguntou:
> — *Vai ver aquilo, Ermelinda?*

---

119   CABAÇO, José Luís. *Moçambique: identidade, colonialismo e libertação...*, p. 322.

— *Vou.*

— *Sabe que coisa está ali, desfalecida, no meio da estrada?*

— *Sei.*

— *Eu não acho bem, uma mulher com o seu estatuto... com aquela gente toda a ver.*

— *Vou, mas não como Ermelinda. Desloco-me oficialmente em tanto que Primeira Dama. E, entretanto, mande tirar aquela gentalha dali.*

— *Mas como é que posso dispersar as massas?*

— *Eu já não disse para você comprar as sirenes?* **Lá, na Nação,** *os chefes não andam com sirenes?*

E saiu, com portes de rainha. No limiar da porta sacudiu as madeixas, fazendo tilintar os ouros, multiplicados em vistosos colares no vasto colo.[120]

Saiu, pois, fazendo ver seu distinto "estatuto" em relação às "massas", a "gentalha" com a qual não se queria misturar, com a qual não partilhava crenças e valores. Mesmo inclusive em relação à causa das explosões que ali se davam, sem explicação aparente, e que, para as gentes de Tizangara, eram obra de poderes outros, mais além da estrita razão materialista. Algo reconhecido mesmo até pelo mais alto representante do poder governamental naquela Vila, o administrador Estêvão Jonas. Em carta a seu superior, Jonas reconhece, não sem antes deixar registrado que "o marxismo seja louvado", que *"por baixo da base material do mundo devem existir forças artesanais que não estão à mão de serem pensadas".*[121] Ou pensadas dentro do arcabouço único e exclusivo da ciência materialista.

Trata-se de uma percepção, e as questões por ela suscitadas, que já nas suas primeiras obras Mia Couto traz ao debate. Já nos contos de *Vozes anoitecidas* essas discussões estão colocadas. Pelas doze estórias que compõem a obra, quase todas passadas em espaços rurais e/ou periféricos, a "velha mentalidade" combatida pelo novo Estado persiste. O mundo das

---

120 COUTO, Mia. *O último voo do flamingo...*, p. 19-20. Negritos meus.

121 *Ibidem*, p. 74.

gentes inventadas pelo autor é lido por outros parâmetros que não o materialismo – a "ciência materialista" – de proposição da Frelimo.

Gente como o pequeno pastor de gado Azarias, seu tio Raul e a avó Carolina, do conto "O dia em que explodiu Mabata-bata", que interpretaram a explosão do boi Mabata-bata como sendo ofícios do "ndlati", a ave maligna do relâmpago, e não como efeito de este haver pisado numa mina, conforme anunciado pelos soldados que vieram à casa da família comunicar o acontecido. Um boi que, inclusive, estava prometido como *lobolo* (ou *lovolo*), "termo usado para referir o casamento costumeiro, bem como os presentes que a parentela do noivo oferece à parentela da noiva", daí a interpretação frelimista de tal prática como uma "venda da mulher", algo não compatível com seus valores revolucionários.[122]

Gente como o marido de Carlota Gentina (cujo nome não nos é dito), que mata sua esposa por desconfiar que esta fosse uma "nóii", uma mulher-animal; mulheres que "à noite [se] transformam em animais e circulam no serviço da feitiçaria",[123] sendo esta outra crença severamente combatida pelo discurso frelimista, mas que, segundo estudiosos da temática, persistiu como parte do repertório de elementos utilizados pelas populações rurais (e não só) para interpretação do mundo.[124]

---

122   BAGNOL, Brigitte. "Lovolo e espíritos no sul de Moçambique". *Análise Social*, Lisboa – Instituto de Ciências Sociais da Universidade de Lisboa, vol. XLIII, nº 187, p. 252-272, 2º trimestre 2008, p. 251. No artigo, a autora busca identificar as razões da persistência da prática do *lovolo* em ambientes urbanos e suburbanos no sul de Moçambique, bem como analisa as "modificações significativas" ocorridas nas formas do *lovolo*. No texto, encontramos ainda a realização de "estudos de casos" pormenorizados. Por outras obras de Mia o *lovolo* (ou *lobolo*) também está presente, como em *Venenos de deus, remédios do diabo*, no casamento de Bartolomeu Sozinho e sua esposa Munda (COUTO, Mia. *Venenos de deus, remédios do diabo*. Lisboa: Caminho, 2009, p. 28); ou em *Cada homem é uma raça*, em contos como "O apocalipse privado de tio Guegê (p. 25-45) e "A lenda da noiva e do forasteiro" (p. 129-144) (COUTO, Mia. *Cada homem é uma raça*. Rio de Janeiro: Nova Fronteira, 1998). Outros autores moçambicanos, contemporâneos de Mia, também não deixaram de tratar da temática; caso de Nelson Saúte, em sua reunião de contos *O rio dos bons sinais* (SAÚTE, Nelson. "A mulher dos antepassados". In: *O rio dos bons sinais*. Rio de Janeiro: Língua Geral, 2007, p. 53-65). O que nos sugere ser este um tema presente e instigante na contemporaneidade moçambicana.

123   COUTO, Mia. *Vozes anoitecidas...*, p. 77.

124   Para uma análise da persistência da crença e da prática de feitiçaria em Moçambique, ver: HONWANA, Alcinda. *Espíritos vivos, tradições modernas*; MENESES, Maria Paula. "Corpos de

Gente como Jossias, do conto "De como o velho Jossias foi salvo das águas", que em suas lembranças dos tempos de "antigamente", quando houvera seca e fome, recorda as "cerimónias para pedir chuva" sucedidas na casa do régulo (chefe linhageiro), nas quais se conversava com os mortos – esses que "mandam na vontade da chuva",[125] pois ela, a chuva, como noutra obra de Mia nos é dito, "é um rio guardado pelos defuntos".[126]

Não por acaso foi que *Vozes anoitecidas* tornou-se objeto de polêmicas quando de sua publicação, em 1986, sendo acusado de ser "derrotista no sentido político", o que é dizer: os contos que compõem a obra, ao ficcionalizarem em seus enredos temáticas do domínio do "tradicional", e ao apontarem que estas eram ainda vivas, dinâmicas nas sociedades rurais de Moçambique, estava a propor, ou pelo menos a interrogar a possibilidade, de os "valores revolucionários" não terem suplantado os "valores tradicionais", sendo, nesse sentido, uma visão política "derrotista".[127]

E depois de *Vozes anoitecidas,* as obras de Mia não deixaram de trazer a persistência desses modos outros de leitura do mundo, de relação com o sagrado, com a vida e com a morte, com o lado "não materialista" da existência.

Em *Venenos de deus, remédios do diabo,* temos os "tresandarilhos" – "homens enlouquecidos", "quase todos soldados" – que deambulam sem rumo, desajustados. Para o médico do lugar (Vila Cacimba), Sidónio Rosa, tratava-se de doença da cabeça, possuidora de "causas objectivas"; para as gentes dali, tratava-se, todavia, de outra ordem de coisas, e que tinha haver com os espíritos: "o português recém-chegado é o único médico e não está dando conta da situação. Quem sabe a enfermidade é de

---

violência, linguagens de resistência: as complexas teias de conhecimento no Moçambique contemporâneo". In: SANTOS, Boaventura de Sousa; MENESES, Maria Paula (orgs.). *Epistemologias do sul*. Coimbra: CES; Almedina, 2009, p. 177-214; WEST, Harry G. *Kupilikula: o poder e o invisível em Mueda*. Moçambique/Lisboa: Instituto de Ciências Sociais, 2009.

125 COUTO, Mia. *Vozes anoitecidas...*, p. 106.

126 COUTO, Mia. *Antes de nascer o mundo...*, p. 109.

127 Ver COUTO, Mia. Entrevista. In: LABAN, Michel. *Moçambique: encontro com escritores*, vol. III...,
p. 1024.

outra ordem que escapa às ciências?"[128] Em *Antes de nascer o mundo*, o menino Ntunzi, ao adoecer, entende tratar-se de obra de "feitiço": "— *Eu sei o que é isto... Isto é feitiço*".[129] Em *O último voo do flamingo*, o administrador da Vila de Tizangara, em carta a "Sua Excelência, o Ministro Responsável", expõe a esta autoridade já haver pensado tratar-se de "feitiço encomendado" o caso dos soldados das Nações Unidas explodidos ali naquela vila.[130] São, essas apenas algumas incidências de algo que, reitero, a obra de Mia tem insistido em tratar.

Não no sentido de uma valorização acrítica dos "valores da tradição". Por suas obras, tais valores são também questionados, como temos em *O outro pé da sereia*. Nesse romance, a matriarca da família Malunga, ao casar-se com um "muzungo" – o mestiço de goês, português e africano Jesustino Rodrigues –, buscou fugir aos ditames e controles da "tradição". Em conversa com a socióloga Rosie Southman e sua filha Mwadia, dona Constança revela à pesquisadora que casar-se com aquele *muzungo* era, para ela, uma escolha interdita, pois que entre as duas famílias "corriam ódios antigos". Perguntada então por que o fizera, nos diz dona Constança:

> — *Porque eu queria soltar-me, sair das cadeias que me prendiam.*
>
> Constança ergueu o rosto, olhou de frente a visitante, e disse:
>
> — *Você quer aproximar-se de África, eu queria afastar África de mim...*

Para a velha matriarca da família Rodrigues-Malunga, "— É muito bom sonhar com África, assim de longe [...]. Você, minha irmã, não aguentaria viver aqui...".[131]

O que temos neste diálogo é a expressão de uma percepção que não essencializa os "valores da tradição", que os toma em consideração de modo

---

128   COUTO, Mia. *Venenos de deus, remédios do diabo...*, p. 37.

129   COUTO, Mia. *Antes de nascer o mundo...*, p. 64.

130   COUTO, Mia. *O último voo do flamingo...*, p. 94.

131   COUTO, Mia. *O outro pé da sereia...*, p. 175-177.

crítico, que sabe de sua validade nas vivências das gentes, mas que, nem por isso, se aferra numa defesa acrítica dessa validade.

E no entendimento dessas proposições é interessante considerar que foi no contato com o mundo rural moçambicano, por meio de sua atividade de jornalista, que Mia, enquanto membro da Frelimo, enquanto homem urbano, foi se apercebendo da distância havida entre o pensamento estruturante do projeto de nação frelimista e os modos de vivência daquelas populações. Não se tratou de uma percepção imediata. "Demorou. [...] Acho que naquela altura só tínhamos sinais. Eu percebia que alguma coisa não estava funcionando bem, não só do ponto de vista religioso como cultural."[132]

E essa demora na construção de uma percepção, a partir dos "sinais" daquela altura, foi o tempo da atuação de Mia como jornalista, primeiro à frente da Agência de Informação Nacional (nomeado em 1978), depois na revista *Tempo* (onde ficou de 1979 a 1981) e nos jornais *Notícias* e *Domingo* (de 1981 a começos de 1987). Segundo Mia, seu abandono da atividade jornalística, à época, e o afastamento da Frelimo decorreu desse gradual processo de "tomada de consciência de que nem tudo era verdade naquele processo".

> Também foi um bocado a percepção de que aquilo era um teatro. [...] eu me apercebia de que, afinal, o que o jornal podia dizer ou não dizer não era tão importante como outros mecanismos de comunicação – por exemplo, social – que estão presentes lá e que são de longe muito mais importantes do que o jornal pode fazer ou desfazer. Por exemplo, o mecanismo da reunião de bairro nas cidades e os mecanismos do régulo [chefe linhageiro] que convoca os seus subordinados e manda transmitir ou congelar mensagens e informações. [...]

---

132 COUTO, Mia. "Mia Couto e o exercício da humildade"..., p. 53.

> Esses mecanismos – que, apesar de tudo, de uma forma ou de outra, em diferentes níveis da sociedade moçambicana, continuam a funcionar – afinal são ainda dominantes.[133]

Justamente os "mecanismos" negados pela Frelimo em seu projeto de uma "sociedade nova".

Assim, o *escritor* Mia Couto, ao iniciar-se na literatura, carrega essa mais de uma década de vivências nas várias partes de Moçambique, nas áreas rurais, nos espaços em que os "mecanismos dominantes" não se moldavam ao modelo de sociedade estabelecido pelo projeto de Estado nacional em implantação. Dizendo de modo algo mais sintético: em Mia Couto, as letras do escritor que veio a ser se foram gerando nas vivências do jornalista que foi deixando de ser.[134]

Mas qual seriam, para além dos exemplos citados, esses "mecanismos dominantes" na sociedade moçambicana percebidos por Mia? Em que domínios de produção e reprodução da vida essa dominância se pode verificar? Para Mia, o altear das vozes contra "o modelo", contra "a moldura", contra "a estrutura" pensada pela Frelimo – pois no início as críticas ainda pouco se colocavam – se deu "principalmente contra as aldeias comunais" e todo o projeto de socialização do campo.

> A Frelimo queria organizar o campo de acordo com um modelo de povoamento de território retirado de outros países [sobretudo da China].[135] A idéia das aldeias comunais foi um desastre. Tinha uma certa lógica da governança, a centralização. Não podes fazer hospitais e escolas em todos os povoados.

---

133 COUTO, Mia. Entrevista. In: LABAN, Michel. *Moçambique: encontro com escritores*, vol. III..., p. 1030.

134 Saliente-se que ainda hoje Mia Couto mantém vínculos com diversos jornais, em Moçambique e no estrangeiro, o mais das vezes como colaborador/colunista, e já não mais como responsável por esses órgãos de comunicação, como se dera no passado.

135 Ver, a respeito: SANTOS, Marcelino dos. Entrevista. In: MATEUS, Dalila Cabrita. *Memórias do colonialismo e da guerra*. Lisboa: Edições Asa, 2006, p. 461-481.

Não funcionou porque foi feita de uma maneira apressada, administrativa. Não foi feita por um esquema de sedução, em que se criavam atrativos, e depois as pessoas se juntavam voluntariamente a isso, não é?[136]

Mas a questão estava para além da simples lógica da governança. Tinha a ver com aquilo a que Mia considera o erro maior da Frelimo, já antes dito, qual seja: a desconsideração dos modos de vivência das gentes a quem se pretendia "revolucionar" a vida:

Aqui a terra é uma igreja, os mortos são enterrados. E aquele é o lugar onde eu me comunico com o divino, com o sagrado. O valor da terra aqui tem que ser também dimensionado nesse aspecto.

[...] tu tens que pensar que a pessoa está ligada à terra por este outro vínculo, que não tem substituição possível, não tem compensação possível, é a mesma coisa que chegar ao Brasil e destruir uma igreja.

O poder que têm os chefes tradicionais, embora eu não goste do termo "chefes tradicionais", no poder rural continua presente. Este é um país rural, um país dominado pela oralidade, é um país em que a governação moderna só administra uma faixa, um verniz. De resto, é governado por outras forças, por outras lógicas.

Esses chefes tradicionais têm o poder que têm porque lhes foi conferida a tarefa de gerir a sua terra pelos deuses [...]. Quando tu tiras um indivíduo do seu lugar, ele perde esse poder. Portanto, o assunto se torna imediatamente político também, torna-se um assunto de poder. Por isso não podes mexer nesses mecanismos de qualquer maneira.[137]

---

136 COUTO, Mia. "Mia Couto e o exercício da humildade"..., p. 53.

137 *Ibidem*, p. 53-54.

E não pode porque, num tal modo de interpretação do mundo, no que se refere aos mortos, estes não são arrumados no eterno de modo definitivo. A morte não é concebida como o oposto da vida; antes, está entremeada nesta. Não é acaso que a morte esteja de modo tão contundentemente presente na obra miacoutiana.

Em *Contos do nascer da terra* (1997), temos, de modo exemplar, essa percepção. No conto "Governados pelos mortos", subintitulado "fala de um descamponês", estruturado no modo de uma entrevista, realizada debaixo da "árvore sagrada" da família deste, são essas discussões que se deixam ler:

> — *Depois de tanta guerra: como vos sobreviveu a esperança?*
>
> — Mastigámo-la. Foi de fome. Veja os pássaros: foram comidos pela paisagem.
>
> — *E o que aconteceu com as casas?*
>
> — As casas foram fumegadas pela terra. Falta de tabaco, falta de suruma [marijuana, cannabis sativa]. [...]
>
> — *Como interpreta tanta sofrência?*
>
> — Maldição. Muita e muito má maldição. [...]
>
> — *E porquê?*
>
> — Não aceitamos a mudança dos mortos. Mas são eles que nos governam.
>
> — *E eles se zangaram?*
>
> — Os mortos perderam o acesso a Deus. Porque eles mesmos se tornaram deuses. E têm medo de admitir isso. Só para poderem pedir a alguém.
>
> — *E estes campos, tradicionalmente vossos, foram-vos retirados?*
>
> — Foram. Nós só ficamos com o descampado.
>
> — *E agora?*
>
> — **Agora somos descamponeses**.
>
> — *E bichos, ainda há aqui bichos?*
>
> — Agora, aqui só há inorganismos. [...]

— *Nós ainda ontem vimos flamingos...*

— Esses se inflamam no crepúsculo: são os inflamingos.

[...]

— *Parece desiludido com os homens?*

— O vaticínio da toupeira é que tem razão: um dia, os restantes bichos lhe farão companhia em suas subterraneidades. Eu acredito é na sabedoria do que não existe. Afinal, nem tudo que luz é besouro. [...]

— *Tanta certeza na bicharada...*

— **Você não olhou bem esse mundo de cá.** [...][138]

Na fala desse homem do campo, a partir da relação semântica – que Mia ironicamente usa – entre os termos *camponês* e *descampado*, cria-se, a partir da negativa de algo – pelo uso do "des" – a figura do "*des*camponês". Um artifício da língua a serviço de um olhar crítico com intuito de trazer à escrita algo que decerto o jornalista Mia, enquanto o fora (em seu tempo de serviço dedicado à Frelimo), pudera ouvir em suas andanças pelas savanas do país: estão-nos a negar a nós, as gentes. É isto que, de modo sintético, lemos nas respostas dadas (a um jornalista?, o conto não explicita, mas a suposição é irresistível) pelo "*des*camponês".

Uma negação que se constituía na negação da própria "nação moçambicana". Afinal, Moçambique era e ainda é, segundo os dados oficiais dos recenseamentos, um país rural; é nesse espaço que vive cerca de 70% da sua população.[139] Não se tratando apenas de um *espaço de habitação* no sentido mais corrente do termo, mas de um *espaço de habitação* investido de valores, de sentires e de modos de ser e estar na vida, nela se incluindo o seu outro-mesmo lado: a morte.

E a interpretação dada pelo descamponês de *Contos do nascer da terra* não era ave-só, não era voz única àquela altura da década de 1990, já num

---

138 COUTO, Mia. *Contos do nascer da terra*. 5ª ed. Lisboa: Caminho, 2002, p. 115-117. Negritos meus.

139 INSTITUTO NACIONAL DE ESTATÍSTICA (Moçambique). *III Recenseamento Geral da População*. Maputo, 2007. Disponível em: <http://www.ine.gov.mz>. Acesso em 25 jul. 2010.

contexto posterior à assinatura do Acordo Geral de Paz entre Frelimo e Renamo, em 1992, em que discussões sobre as "raízes" da guerra iam se colocando em pauta em Moçambique. É interessante perceber como ela traz elementos colocados pelos estudiosos do conflito, sendo talvez dos mais debatidos o estudo de Christian Geffray, *A causa das armas: antropologia da guerra contemporânea em Moçambique*, originalmente publicada na França, em 1990; uma obra que "marca uma ruptura epistemológica com os estudos anteriores" ao romper com a tese única, até então dominante, da "agressão externa", e chamando atenção "para a existência de especificidades histórico-culturais locais, e para a sua importância nos processos de formação dos Estados nacionais", conforme entende Fernando Florêncio, outro estudioso do espaço rural moçambicano.[140]

E um dos grandes motivos das polêmicas suscitadas pela obra de Geffray é que ela apresentava uma "teoria dos chefes sobre as origens da guerra", segundo a qual a desgraça trazida pela guerra estava diretamente relacionada à negação da relação com o sagrado pelas comunidades e seus "chefes tradicionais" por determinação do novo poder revolucionário representado pela Frelimo. A guerra e seus horrores seriam decorrência da quebra desse elo havido entre os viventes e os idos, seria, em consonância com a fala do descamponês de Mia, "maldição. Muita e muito má maldição", zanga dos que, efetivamente, governam: os mortos. Pela "teoria" expressa nas falas de muitos de seus personagens, Mia comunga com a análise de Greffray. O tradutor de Tizangara, narrador de *O último voo do flamingo*, é um desses:

> A guerra tinha terminado, fazia quase um ano. Não tínhamos entendido a guerra, não entendíamos agora a paz. Mas tudo parecia correr bem, depois que as armas se tinham calado. Para os mais velhos, porém, tudo estava decidido: os antepassados se sentaram, mortos e vivos, e tinham acordado um tempo de boa paz. Se os chefes, neste novo tempo, respeitassem a

---

140 FLORÊNCIO, Fernando. "Christian Geffray e a antropologia da guerra: ainda a propósito de La cause des armes au Mozambique". *Etnográfica*, Lisboa, vol. VI, nº 2, 2002, p. 347-364.

harmonia entre terra e espíritos, então cairiam as boas chuvas e os homens colheriam gerais felicidades.[141]

E ainda sem sairmos de Tizangara, temos o velho Sulplício, pai do tradutor-narrador, que em sua "teoria" sobre o sumiço do país inteiro num imenso e infinito abismo, no final do romance, entende que: "— *Isso é obra dos antepassados...*", pois que eles "não estavam satisfeitos com os andamentos do país. Esse era o triste julgamento dos mortos sobre o estado dos vivos".[142] Mortos cujas moradas estavam a ser vilipendiadas pelo projeto de socialização do campo empreendido pela Frelimo. E como lembrado por Mia, reiteremos, "aqui a terra é uma igreja, os mortos são enterrados. E aquele é o lugar onde eu me comunico com o divino, com o sagrado. O valor da terra aqui tem que ser também dimensionado nesse aspecto".[143]

A terra mais seus entes viventes, assim digamos: as árvores. São nelas que habitam aqueles que já passaram. É assim com a maçaniqueira em que foram enterrados o guerrilheiro Marcelino e seu tio Custódio, em *Vinte e zinco*;[144] é assim com a "casuarina solitária", casa da alma de Dordalma, a esposa de Silvestre Vitalício, em *Antes de nascer o mundo*;[145] é assim com o "canhoeiro sagrado" em que se "plantam" os mortos, como entende Dulcineusa, a matriarca dos Malilanes/Marianos, em *Um rio chamado tempo, uma chamada terra*:

> — *A cruz, por exemplo, sabe o que parece? Uma árvore, um canhoeiro sagrado onde nós plantamos os mortos.*
>
> A palavra que usara? Plantar. Diz-se assim na língua de Luar-do-Chão. Não é enterrar. É plantar o defunto. Porque o morto é coisa viva.[146]

---

141 COUTO, Mia. *O último voo do flamingo*..., p. 109-110.

142 *Ibidem*, p. 216.

143 COUTO, Mia. "Mia Couto e o exercício da humildade"..., p. 53-54.

144 COUTO, Mia. *Vinte e zinco*..., p. 39.

145 COUTO, Mia. *Antes de nascer um mundo*..., p. 226.

146 COUTO, Mia. *Um rio chamado tempo, uma casa chamada terra*..., p. 86.

É assim com o embondeiro, a árvore-igreja em que Agualberto Salvo-
-Erro e seu filho Zeca Perpétuo conversam com os seus antepassados, em
Mar me quer [2000]:

> — *Esta é a nossa igreja*, disse meu pai, apontando a árvore. *Ouviu Zeca?*
>
> — *Ouvi, pai.*
>
> — *Diga ao padre Nunes que eu vim aqui, na árvore dos antepassados. Diga que eu vim aqui, não fui lá, ajoelhar na igreja dele...*[147]

É assim com muitas outras árvores plantadas por tantas outras obras de Mia; em todas elas, a relação do homem com o sagrado passa pela relação deste com o mundo natural, uma relação cujas bases não assentam numa separação hierárquica homem/natureza, mas antes numa outra lógica de relação, "que olha o mundo de uma maneira integrada". Não se tratando, tal percepção – chama-nos atenção Mia para isso –, de um "recurso a essa ideia romântica, a que se chama 'África profunda'", mas sim do reconhecimento de que se trata de um espaço em que operam, de modo dominante mas não isoladas, "lógicas diferentes", implicando, com isso, na elaboração de outros conceitos para interpretação do mundo.[148]

Desse modo, não é difícil imaginar os conflitos estabelecidos quando uma outra lógica, pautada em valores outros, nega completamente essa "maneira integrada" (homem/natureza/vivos/mortos) de estar no mundo, preceituando sua substituição por uma nova lógica, por uma "nova mentalidade". Conforme o pensamento de Mia e os estudos de Christian Geffray, foi justo isso que se deu em Moçambique quando da busca por levar a cabo um processo de "socialização" do país, sobretudo nos espaços rurais.

---

147 COUTO, Mia. *Mar me quer*. Maputo: Ndjira, 2000, p. 60

148 COUTO, Mia. "Entrevista". In: *Ler*, nº 55. Lisboa: Círculo de Leitores, 2002, p. 52-53.

Um processo cujas principais diretrizes visavam, conforme sumaria Adolfo Yánez Casal: "nacionalizações, criação do sector estatal da economia, aldeamento das populações rurais, cooperativização agrícola".[149] Por meio de tais iniciativas pretendia-se não apenas construir a "unidade da nação", mas construí-la assente em outras bases, operando-se uma radical transformação de sua face "subdesenvolvida" numa pungente "nação desenvolvida" sob a mão única do Estado. Não é acaso que, como postula Elikia M'Bokolo, "a 'construção nacional' foi [tenha sido], com o 'desenvolvimento', o estribilho mais em voga na África das independências".[150]

Porém, esse "estribilho" acabou por se tornar um canto ambíguo, no sentido de que era um canto que negava, ou, se não negava, desconhecia as "realidades" existentes. Segundo Yánez Casal, no caso moçambicano,

> as directivas oficiais sobre o desenvolvimento e a transformação rurais não foram ditadas tendo em conta as condições objectivas e históricas do campesinato. Para os responsáveis moçambicanos, foi mais importante fixar os pontos de chegada do que identificar a grelha de partida; foi mais importante e prioritário elaborar planos e definir metas do que desenhar estratégias e analisar as bases materiais e sociais existentes.[151]

Tivessem "os responsáveis moçambicanos" não partido dos desejados "pontos de chegada" mas da análise da "grelha de partida", decerto teriam identificado algumas questões candentes no que toca ao entendimento das "bases materiais e sociais" dos espaços rurais do país. Sobretudo no que diz respeito à terra e seus usos. Dentro da perspectiva linear do projeto socialista da Frelimo, esta foi pensada apenas como um meio de produção, sendo adotadas políticas voltadas à racionalização de seu

---

149 CASAL, Adolfo Yánez. "A crise da produção familiar e as aldeias comunais em Moçambique". *Revista Internacional de Estudos Africanos*, Lisboa, nº 8-9, 1988, p. 157.

150 M'BOKOLO, Elika. *África negra: história e civilizações* – Tomo II (do século XIX aos nossos dias). Trad. Manuel Resende. 2ª ed. Lisboa: Colibri, 2007, p. 567.

151 CASAL, Adolfo Yánez. "A crise da produção familiar e as aldeias comunais em Moçambique"..., p. 159.

uso produtivo, desconsiderando-se outras formas de relacionamento das populações com esse *meio de produção*.

E um dos pilares dessa política desenvolvimentista do espaço rural moçambicano pela Frelimo, como já antes mencionado, foi justamente a implantação das "aldeias comunais". Tratava-se do estabelecimento de centros habitacionais nos quais eram concentrados os serviços socais à disposição das populações (escolas, postos de saúde, armazéns de distribuição etc.). Porém, a política adotada para o estabelecimento dessas "aldeias comunais" não foi o da atração das populações, mas antes o de sua imposição, com o uso da "transferência, por vezes compulsiva, das populações rurais para os novos centros habitacionais – as aldeias comunais –, colocando milhares de agregados numa situação de pré-ruptura do seu ciclo de reprodução material e social".[152] Uma vez que a ocupação de novas terras implicava outra ordem de questões. Que envolviam relações de poder e de subordinação às "linhagens" dominantes. Como nos lembra Yánez Casal, a partir de seu estudo em províncias do norte de Moçambique,

> a maior parte dessas terras estão afectadas por direitos de ocupação e uso fruto [sic] por parte das linhagens locais, gerando conflitos bastantes agudos entre os novos ocupantes [trazidos de outras partes para povoamento da aldeia comunal] e aquelas linhagens matrilineares [já presentes no local escolhido para sede da aldeia].[153]

Se na base da escolha do local de instalação da aldeia estava, dizia-se, uma estrita obediência a princípios de "racionalidade económica no sentido de minimização dos custos de produção", não se atentou para as questões outras que se imbricavam a esse "princípio de racionalidade". Como ainda apontado por Yánez Casal, "há outros critérios de índole cultural e social e mesmo de poder" que não deveriam ter sido desprezados

---

152 *Ibidem*, p. 160.

153 *Ibidem*, p. 176.

de consideração.[154] A esse respeito, Christian Geffray corrobora a percepção de Yánez Casal, lembrando-nos ainda de que, nesse estabelecimento forçado das "aldeias comunais" e na configuração de sua estrutura de poder, não deixou de haver insultos, ameaças, perseguições àqueles a quem a Frelimo não reconhecia autoridade. Uma autoridade que ia para além da esfera política:

> As autoridades [da Frelimo] humilham aqueles a quem o "povo" reconhece o conhecimento dos mistérios últimos da vida social, aqueles que conhecem e enunciam o discurso que exprime a significação colectiva da vida quotidiana e que por isso usufruem dum respeito quase unânime. Quando a Frelimo ignora ou desacredita publicamente esses homens e mulheres respeitados pelos seus dependentes, é a sua prática social comum que é desprezada. [...]
>
> [...] As suas práticas e valores históricos e sociais mais elementares e vitais aparecem como infamantes aos olhos, e na palavra, dos representantes do novo Estado.[155]

Não admira, pois, que o processo de "socialização do campo" tenha deixado marcas, memórias ainda doloridas.

Como as guardadas por Ana Deusqueira, a prostituta – ou, nos termos do administrador do lugar, Estevão Jonas, uma "má-vidista, mulher de pronto-pagamento" – residente na vila de Tizangara, em *O último voo do flamingo*. Ela viera parar ali por obra da "Operação Produção". Que foi uma tentativa da Frelimo, nos anos de 1980, "para desenvolver a província de Niassa, a maior do país, porém com baixa densidade demográfica". A operação objetivava "enviar os 'delinqüentes', os 'condenados' e os 'improdutivos' das cidades para essa província a fim de que se engajassem

---

154 *Ibidem*, p. 167. E vale aqui lembrar que o estudo de Casal é centrado em questões de ordem econômica. Ainda assim, o autor não deixa de perceber e alertar para "outros critérios de índole cultural e social e mesmo de poder" envolvidos nas questões todas do processo de "socialização rural" em Moçambique no pós-independência.

155 GEFFRAY, Christian. *A causa das armas...*, p. 54.

no sistema produtivo".[156] Segundo Christian Geffray, ela foi o culminar do projeto frelimista de fixação no campo dos chamados "improdutivos", em sua maioria jovens; com isso, para esse autor, "o Estado fechou as portas das cidades no nariz da juventude rural, considerando aqueles que queriam aí adquirir melhores condições de vida como se fossem parasitas, ou mesmo delinquentes potenciais".[157] O que decerto gerou nessa juventude, que tanto apostara na "revolução" e na promessa de uma "sociedade nova", rancor e desilusões.

Rancor a que as palavras de Ana Deusqueira contundentemente dão expressão:

> Fui mandada para aqui pela Operação Produção. Quem se lembra disso? Atafulharam camiões com putas, ladrões, gente honesta à mistura e mandaram para o mais longe possível [o Niassa, no norte do país]. Tudo de uma noite para o dia, sem aviso, sem despedida. Quando se quer limpar uma nação só se produzem sujidades.[158]

E nessa "produção de sujidades" misturavam-se questões de variada ordem: moral (as putas, os ladrões, os improdutivos), política (os "inimigos do povo", os "tribalistas", "obscurantistas"). Todos aqueles que não se enquadravam nos moldes, na "estrutura" do "homem novo" e "revolucionário", eram tidos como "sujidades", como "elementos indesejáveis" numa nova ordem que se buscava estabelecer (nos termos da fraseologia oficial frelimista).

Mas que não se estabeleceu. E nisto, Mia Couto e os diversos estudiosos aqui trazidos – Christian Geffray, Adolfo Yánez Casal, João Carlos Colaço – concordam: o "fracasso" do projeto socialista (não obstante os diversos e complexos fatores envolvidos em sua busca de implementação:

---

156 COLAÇO, João Carlos. "Trabalho como política em Moçambique: do período colonial ao regime socialista". In: FRY, Peter (org.). *Moçambique: ensaios.* Rio de Janeiro: Editora UFRJ, 2001, p. 288 (nota nº 1).

157 GEFFRAY, Christian. *A causa das armas...*, p. 74.

158 COUTO, Mia. *O último voo do flamingo...*, p. 178.

de ordem econômica, militar, política), foi sobretudo de ordem cultural, no sentido de que o projetado não viu, ou quando viu negou, a "realidade" existente. Para Colaço,

> a edificação do Estado moçambicano foi realizada pelos intelectuais revolucionários da Frelimo, responsáveis por conduzir a luta de libertação, mas que mal conheciam as realidades concretas e históricas dos grupos sociais que compunham, nos primeiros anos de independência, os treze milhões de moçambicanos, dos quais 80% eram camponeses ou viviam em zonas rurais.[159]

Desse modo, pondera Geffray, "pouco a pouco foram-se definindo no discurso os contornos estranhos de um país fictício", um "país imaginário", cuja unidade só podia ser dada pela "garantia dogmática da coerência interna da ficção que alimentava o projeto nacionalista do poder".[160]

Em suma – retomando aqui a fala do pobre *descamponês* de *Contos do nascer da terra* –, os que estiveram (e muitos ainda estão) à frente da governação do país, *não olharam bem esse mundo de cá*. Um *mundo* que, enfim, é o das gentes que dão contornos e vida à ideia de uma nação. Sem essa *substância viva* – complexa, dinâmica, contraditória – nenhuma ideia se sustém, nenhuma construção se mantém. As ruínas das coisas (paredes, casas, estradas) e das crenças (projetos, esperanças) o testemunham. Olhemos a elas.

---

159 COLAÇO, João Carlos. "Trabalho como política em Moçambique"..., p. 99. Os dados referidos pelo autor têm por base o II *Recenseamento Geral da População*, de 1997.

160 GEFFRAY, Christian. *A causa das armas...*, p. 16.

CAPÍTULO 3

Ruínas, memórias e esquecimentos:
os usos do passado na escrevência da nação

O passado: alguém o enterra em suficiente fundura?

MIA COUTO
Cada homem é uma raça

A ruína não é somente um monturo, um resto inanimado, um ajuntamento ou dispersão de elementos caóticos; a ruína, segundo nos propõe Carlo Carena, "é um exemplo da transformação psicológica de um dado natural"; nesse processo, os restos são contemplados e "traduzidos", passando a assumirem um significado, que, por meio de discursos e representações, ganham relevo e importância, assim se tornando um elemento a dizer (em amplo sentido) sobre o grupamento humano que os produziu enquanto ruína, enquanto resto significante e significado.[1]

É de reconhecimento comum que a ruína é "metáfora de caducidade e de finitude", elemento presente de um passado ausente. Todavia, é certo que ela também pode oferecer um testemunho da relação humana com outra dimensão da temporalidade, o futuro, uma vez que sua presença pode funcionar como provedora de "exemplo moral", de uma *pedagogia*. Nesse sentido, ela se torna um elemento a costurar, numa mesma trama de sentidos, os restos do passado e o futuro perspectivado no "exemplo" que sua presença *pedagógica* sugere.[2]

---

1 CARENA, Carlo. "Ruína/Restauro". In: *Enciclopédia Einaudi*, vol. I – Memória-História. Lisboa: Imprensa Nacional-Casa da Moeda, 1984 [p. 107-129], p. 107.

2 *Ibidem.*

E nesse processo significador da ruína, entrelaçam-se – estão "ensarilhados", como perceberá Mia Couto – os trabalhos da memória e do esquecimento. São eles, em sua ininterrupta faina, que mediam a relação humana com a vivência da temporalidade; são eles que propiciam a uma dada sociedade a possibilidade de uma construção identitária, para a qual a relação com o tempo – o reclame de "raízes históricas" e o desejo de continuidade – é um de seus fundamentos.

E se pensamos numa jovem nação africana como Moçambique, independente politicamente de sua ex-metrópole colonial há pouco mais de três décadas (*não esqueçamos*), na qual a demanda por uma "identidade" e uma história próprias caminhou em meio aos destroços de continuados conflitos armados, não é de somenos o "peso" que a trama em que se enredam ruína, memória e esquecimento assume. Como bem observou Jacques Le Goff, se a história pode ser um "peso", um "fardo" – que "pesa" mais a uns povos que a outros –, por outro lado, "a ausência de um passado conhecido e reconhecido, a míngua de um passado, podem também ser fonte de grandes problemas de mentalidade ou identidade colectivas", sendo esse "o caso das jovens nações, principalmente das africanas".[3]

É nessa perspectiva, de ter que lidar com as problemáticas do passado como um "peso" para o presente e, ao mesmo tempo, com os dilemas que uma "míngua" desse passado (seu entendimento, sua escrita) acarreta, que a *escrevência* da nação ganha seus contornos, suas *delicadas* tramas. Mais ainda quando traumas de guerras ainda muito próximas, ainda quentes nos sentimentos das gentes, buscam seus *fármacos,* seus remédios, que por vezes pode ser a busca por memórias, mas noutras pode ser o desejo de esquecimento. Mais ainda quando a nascença da nação se dá em tempo de crença inabalável no futuro e na verdade das palavras dos homens. Mais ainda quando tudo isso se vai começando a perder, a ruir, a ser apagado da memória, a ser esquecido – ou pelo menos a se buscar tal apagamento.

---

3   Le GOFF, Jacques. "Passado/presente". In: *Enciclopédia Einaudi*, vol. 1 – Memória-História. Trad. Irene Ferreira. Lisboa: Imprensa Nacional/Casa da Moeda, 1984 [p. 293-310], p. 293.

São questões, essas aqui apontadas, que a obra de Mia Couto, com sua prolífera presença de ruínas, memórias e esquecimentos, possibilita-nos interrogar. Ao sensibilizar-se para as muitas vivências do tempo, Mia "percebe agudamente as muitas temporalidades de que este se compõe". Assim, "do Tempo, passamos aos tempos, dotados de história e de mobilidade".[4] E da História, maiúscula, soberana, passa-se a uma atitude mais atenta "perante a produção de histórias (com h minúsculo)",[5] essas que as *falagens* das gentes, tramadas com fios de memórias e esquecimentos e construídas entre restos de coisas ruídas e sonhos desfeitos, vão tecendo.

A CASA RUÍDA

Mia Couto é um produtor de ruínas, de coisas abandonadas, de gentes relegadas. Afirmação demasiada? Não creio; é sua obra que nos permite dizê-la, como se verá. Pelas linhas de sua criação literária deparamos com carcaças de machimbombos [ônibus] e de edifícios, restos de letras em velhas paredes carcomidas, estradas mortas, caminhos lembrados apenas pelos matos que os fazem finar; todas essas ruínas e muitas, muitíssimas outras podem ser encontradas em seus contos e romances; e todas elas podem "dizer" e serem "lidas", podem ser "objeto de reflexão", menos por "aquilo que designam" e muito, muito mais por "aquilo que sugerem".[6]

E a *sugestão da ruína*, na obra miacoutiana, propõe muito à reflexão. Para Vera Maquêa e Tania Macêdo, "é dos escombros de um mundo em ruínas que Mia Couto ergue sua literatura".[7] Abundam por suas narrativas

---

4   Aqui tomo as reflexões e as afirmações de Júlio Pimentel Pinto sobre a obra de Jorge Luís Borges, que, por as entender aplicáveis a Mia, afirmo-as também em relação a sua obra (PINTO, Júlio Pimentel. *Uma memória do mundo: ficção, memória e história em Jorge Luis Borges*. São Paulo: Estação Liberdade/Fapesp, 1998, p. 171).

5   COUTO, Mia. "Encontros e encantos – Guimarães Rosa". In: *E se Obama fosse africano e outras interinvenções*. Lisboa: Caminho, 2009, p. 114.

6   CARENA, Carlo. "Ruína/Restauro"..., p. 107.

7   MACÊDO, Tania; MAQUÊA, Vera. *Literatura de língua portuguesa: marcos e marcas – Moçambique*. São Paulo: Arte e Ciência, 2007, p. 54.

esses restos de coisas – paredes, construções, lugares, caminhos –, teste-munhadores de um tempo outro:

> Qualquer coisa desmoronou na alma de Mwadia quando entrou no recinto da igreja. O edifício estava em ruínas. Não havia telhado, janelas, portas. Restavam paredes sujas.
> [*O outro pé da sereia*, p. 96]

> — *Esta vila foi engolida pelo mato.*
> Olhei em volta e concordei com a moça. A cidade foi sendo tão abandonada que até as coisas foram perdendo seus nomes. Além, por exemplo: aquilo se chamava casa. Agora, com raízes preenchendo as paredes em ruínas, mais lhe competia o nome de árvore.
> [*O último voo do flamingo*, p. 67]

> Dói-me a Ilha [de Luar-do-Chão] como está, a decadência das casas, a miséria derramada pelas ruas.
> [*Um rio chamado tempo, uma casa chamada terra*, p. 28]

> A escola tinha sido queimada, restavam ruínas de cinza.
> [*Terra sonâmbula*, p. 29]

> Vista do alto, a fortaleza [tornada em asilo, para abrigo de um grupo de velhos] é, antes, uma fraqualeza. Se notam os escombros como costelas descaindo sobre o barranco, frente à praia rochosa. Esse mesmo monumento que os colonos queriam eternizar em belezas estava agora definhando.
> [*A varanda do frangipani*, p. 20]

São todas ruínas a testemunharem um *tempo outro*; porém, não um tempo outro meramente cronológico, mas um *tempo outro* carregado de *valores outros*. Eis aí a importância desse *tempo outro* que as ruínas miacoutianas sugerem. Algo que podemos perceber em sua própria escrita, grafadora desse tempo de modo maiúsculo, como lemos em *Antes de nascer o mundo*: "A cidade desmoronara, o Tempo implodira, o futuro ficara soterrado".[8]

---

8   COUTO, Mia. *Antes de nascer o mundo*. São Paulo: Companhia das Letras, 2009, p. 74.

Nesse sentido, o ruir que sua escrita nos traz sugere mais que o esboroamento de paredes; ela vai ruindo mais além, vai carcomendo o *horizonte de expectativas*, as promessas de um tempo passado – *o futuro que ficara soterrado*:

> As casas de cimento estão em ruína, exaustas de tanto abandono. Não são apenas casas destroçadas: é o próprio tempo desmoronado. Ainda vejo numa parede o letreiro já sujo pelo tempo: "A nossa terra será o túmulo do capitalismo".
>
> [*Um rio chamado tempo, uma casa chamada terra*, p. 27. Grifo meu]

> De novo me chegam os sinais de decadência, como se cada ruína fosse uma ferida dentro de mim. Custa ver o tempo falecer assim.
>
> [*Um rio chamado tempo, uma casa chamada terra*, p. 91. Grifo meu]

"Custa ver o tempo falecer assim", escreve Mia; custa ver o ruir dos valores norteadores de vivências e lutas que embasaram projetos de autonomia, cuja consecução ficou pelo caminho. Pelo próprio devir da história, é certo, mas em grande medida porque as utopias dos homens foram-se desvanecendo; ou melhor, foram sendo predadas por suas próprias práticas. Algo a que Mia, de modo reiterado, tem interrogado ao perguntar pelos princípios de antes, como o temos em *Terra sonâmbula*: "as palavras de um dirigente devem encostar com a sua prática, afinal, onde estão os princípios, a razão que pediram aos mais jovens para dar suas vidas?".[9] A essa gente, "o hoje comeu o ontem", a "sua vida esqueceu-se da sua palavra".[10] Ao ver o tempo "falecer assim" – pela perda dos valores –, como então não perguntar pelas promessas de antes?

E nesse interrogar Mia não está só, nem tampouco seu Moçambique é caso único. Seu indagar é partilhado por muitos e de muitas partes no que toca ao pensamento sobre a mesma temporalidade. O historiador indiano Partha Chatterjee, tratando do ressurgimento de discussões acerca

---

9   COUTO, Mia. *Terra sonâmbula*. São Paulo: Companhia das Letras, 2007, p. 171.

10   COUTO, Mia. *O último voo do flamingo*. São Paulo: Companhia das Letras, p. 161.

do nacionalismo e das questões nacionais a partir do "colapso do comunismo" (segundo a expressão mais largamente empregada), aponta-nos que, se "nas décadas de 1950 e 1960, o nacionalismo era considerado uma característica das vitoriosas lutas anticoloniais da Ásia e da África", à medida que as práticas institucionais desses novos Estados pós-coloniais foram sendo "disciplinadas e normalizadas sob as rubricas conceituais de 'desenvolvimento' e 'modernização'", o nacionalismo e suas questões foram sendo, gradativamente, relegados "ao campo das histórias particulares desse ou daquele império colonial". E mais:

> Nesses textos especializados de história [...], os aspectos emancipatórios do nacionalismo foram minados por incontáveis revelações de pormenores secretos, de manipulações e da busca cínica de interesses privados.

E, por meio dessas "revelações", foram-se desenhando outros retratos, nos quais "os líderes das lutas africanas contra o colonialismo e o racismo haviam destruído seu passado, transformando-se em chefes de regimes corruptos, rebeldes e, com freqüência, brutais".[11]

E como é sugestivo que em muitos dos romances de Mia Couto – em que reiteradamente temos uma crítica contundente a esses líderes que já não se lembram de suas próprias palavras – tenhamos, ao nos aproximarmos do final da estória, um capítulo justamente intitulado "revelação[ões]", no qual a corrupção e os desmandos desses homens são *revelados*! É assim em *A varanda do frangipani*, cujo capítulo 14, o penúltimo, intitula-se "A revelação" [p. 133-138]; em *O último voo do flamingo*, o capítulo 19, o antepenúltimo, é intitulado "As revelações" [p. 191-200]; em *Um rio chamado tempo, uma casa chamada terra*, o capítulo 20, antepenúltimo do romance, é nominado "A revelação" [p. 227-240]; em *O outro pé da sereia*, é seu último capítulo, o de número 19, que é intitulado "As revelações" [p.

---

11   CHATTERJEE, Partha. "Comunidade imaginada por quem?" In: BALAKRISHNAN, Gopal (org.). *Um mapa da questão nacional*. Trad. Vera Ribeiro. Rio de Janeiro: Contraponto, 2007, p. 227-228.

315-331]; já em *Antes de nascer o mundo*, romance divido em três livros, é sua terceira parte (o "livro três"), parte final do romance, que é intitulada "revelações e regressos" [a partir da p. 207 ao final].

"Como diz o velho Navaia: nós nada descobrimos. As coisas, sim, se revelam. O tempo me foi trazendo a verdadeira face desse homem."[12] Nessas palavras de Ermelindo Mucanga, o narrador-"xipoco" (morto não cerimoniado como devido) de *A varanda do frangipani*, sobre Vasto Excelêncio, o administrador da velha fortaleza-asilo São Nicolau, Mia Couto dá-nos a dimensão daquilo que intento enfatizar: a vivência da temporalidade, o confronto entre um *horizonte de expectativa*, desenhado em tempos eufóricos de libertação da nação, e um *espaço de experiência* presente, é que possibilita a observação de que "o tempo me foi trazendo a verdadeira face desse homem"; não o desenho do rosto de um homem, mas os valores de muitos homens, de todos aqueles que falaram (e muitos ainda estão a falar) em nome do "Povo". As *revelações* trazidas pela vivência da temporalidade em Mia constituem-se em contumazes interrogações a esses homens, aqui sintetizadas na indignação de Ernestina, esposa de Vasto Excelêncio, em *A varanda do frangipani*: "— *Como é possível você não fazer nada, você que tanto fala em nome do povo...?*"[13]

São questões, estas que as *revelações* de Mia nos sugerem, que nos remetem às reflexões do historiador queniano Ali A. Mazrui acerca da busca pelo "reino político" em África. A partir da emblemática frase do líder ganês Kwame Nkrumah, "procurai primeiro o reino político e todo o restante vos será dado em suplemento", Mazrui lembra-nos do poder da crença, naqueles anos das independências africanas, na primazia do político frente aos demais "assuntos humanos". Para Mazrui, ao proferir tal máxima de pensamento e luta, Nkrumah deixava na obscuridade "uma simples distinção que a lógica nos ensina – aquela existente entre *condição suficiente* e *condição necessária*".

---

12   COUTO, Mia. *A varanda do frangipani*. São Paulo: Companhia das Letras, 2007, p. 103.

13   *Ibidem*, p. 102.

A soberania política ("o reino político") era realmente uma condição necessária para que a África pudesse realizar ou satisfazer qualquer uma das suas aspirações essenciais. Mas, a soberania política por si só não era suficiente. Ela não era uma condição suficiente. E, simplesmente, não consiste em algo verdadeiro a afirmação "todo o restante vos será dado em suplemento".

Daí que se (nos) indague Mazrui: "Qual seria o saldo da busca do reino político?".[14] Pela literatura de Mia Couto, a busca pelo reino político revelou-se *desanimista*, o que, em sua argumentação, não quer dizer perda da esperança – que subsiste, apesar de tudo[15] –, mas da confiança, algo que está textualmente dito em *Antes de nascer o mundo*: "*— Esperança? O que perdi foi a confiança*".[16]

E perder a confiança é algo que está implicado na ordem dos valores, algo que vai além das condições materiais, sejam elas suficientes ou não. A confiança, e os motivos porque se a perde, diz respeito aos homens e seus modos de viver e conceber o mundo. E isto parece ser um entendimento caro a Mia. Não é acaso, ou mera invenção vocabular, sua qualificação de administradores como "administr*aidores*", como temos em *Terra sonâmbula*. Ao saber que seu esposo, o administrador Estêvão Jonas, estava a manter negócios com antigos colonos, sua esposa Carolinda dá "o nome certo" a sua atual função:

> — *Agora te apanhei, Estêvão. Você está combinado com os antigos colonos.*
>
> — *Combinado como?*
>
> — *Sempre eu dei o nome certo à tua função: **você é um administraidor!***

---

14 MAZRUI, Ali. "Procurai primeiro o reino político...". In: *História geral da África*, vol. VIII. Brasília: Unesco, 2010 [p. 663-696], p. 125-126. Disponível em: <http://www.unesco.org/brasilia>. Acesso em: 28 jan. 2011.

15 Veja-se o alegórico voo do flamingo por que esperam os personagens de *O último voo do flamingo*. Mesmo à beira do abismo em que se sumiu o país inteiro, persiste a confiança de que os flamingos (que empurram o sol do outro lado mundo) voltarão (COUTO, Mia. *O último voo do flamingo...*, p. 220).

16 COUTO, Mia. *Antes de nascer o mundo...*, p. 75.

Afinal que moral era a dele? O administrador contrargumenta: *ninguém vive de moral. Será, cara esposa, que a coerência lhe vai alimentar no futuro?*

— *Você, Estêvão, é como a hiena: só tem esperteza para as coisas mortas.*

— *Essas suas palavras já são canto de sapo.*

— *O povo vai-te apanhar. Não voltas mais a esta casa, senão te denuncio.*

— *Como não volto? Agora eu e Romão Pinto* [um antigo colono] *temos negócios, somos sócios. Tenho que vir aqui. Ou não diga, mulher, que quer que ele vá até lá na administração?*

[...]

O administrador lhe pede que ferva baixinho, ainda vinham parar ali indevidas curiosidades. [...] Devia até ficar contente pois a riqueza que viesse seria para dividir pela família e os parentes dela se vantajariam também.

— *Não quero esse dinheiro. Nem minha família aceita dinheiro sujo. Você há--de pagar essa traição.*

— *Mas Carolinda, se acalme.* **Isto são contradições no seio do povo...**

— *Vá-se embora, Estêvão. Eu não lhe quero ouvir.*[17]

É essa *nova moral* – imoral no entender de Carolinda, simples "contradições no seio do povo" segundo Estêvão Jonas – que faz perder a confiança.

E por que o faz? Porque esses administr*aidores* de hoje, com seus negócios suspeitosos, são os idealistas do passado. O Estêvão Jonas do presente – ou melhor, os Estêvãos Jonas, pois que sua aparição se dá em diversas obras de Mia – é o mesmo guerrilheiro do passado (as "contradições no seio do povo", mais uma vez). Aquele que no passado dava sua cota de sacrifício para ver nascer a nação, que, por isso, era visto como um "pequeno deus", hoje é descrito como "homem mucoso, subserviente – um engraxa-botas. Como todo o agradista: submisso com os grandes,

---

17 COUTO, Mia. *Terra sonâmbula...*, p. 169. Os negritos são meus.

arrogante com os pequenos".[18] É assim que é descrito o Estêvão Jonas de *O último voo do flamingo*, ele que, ao chegar às terras que hoje administra,

> trazia uma farda lá da guerrilha e as pessoas o olhavam como um pequeno deus. Saíra de sua terra para pegar em armas e combater os colonos. Minha mãe [do Tradutor de Tizangara, o narrador do romance] muito simpatizou com ele. Na altura, dizem, ele não era como hoje. Era um homem que se entregava aos outros, capaz de outroísmos. Partira para além da fronteira sabendo que poderia nunca mais voltar. Ele levara uma mágoa, trouxera um sonho. E era um sonho de embelezar futuros, nenhuma pobreza teria mais esteira.
>
> *– Esse país vai ser grande.*
>
> Minha mãe se recordava de ele [Estêvão Jonas] declamar essa esperança. [...] *Morrera o quê dentro dele?* Com Estêvão Jonas se passou o seguinte: *a sua vida esqueceu-se da sua palavra. O hoje comeu o ontem.*[19]

"Morrera o quê dentro dele?" Morrera o quê dentro de Estêvão Jonas, o guerrilheiro que se tornou adminis*traidor*? É a esse e a outros Estêvãos Jonas moçambicanos que Mia se refere quando lembra que

> essa elite [refere-se à que atualmente comanda politicamente o país] é, estranhamente, a elite que lutou pela independência, a elite que fez a revolução, que fez o socialismo, o regime socialista, e, de repente, refez tudo, está fazendo o capitalismo agora com o mesmo empenho, e há ali, portanto, um sentimento de que estamos todos um pouco perdidos.[20]

---

18 COUTO, Mia. *O último voo do flamingo...*, p. 16.

19 *Ibidem*, p. 160-161. Grifo meu.

20 COUTO, Mia. Entrevista. Programa *Roda Viva*, 10 jul. 2007. Entrevista realizada durante a Feira Literária Internacional de Parati. Disponível em: <http://www.rodaviva.fapesp.br/materia/531/entrevistados/mia_couto_2007.htm>. Acesso em: 12 fev. 2010.

Talvez mesmo já desde a festa da subida do "pano de toda espera", como sentido e pronunciado por Fulano Malta, o jovem revolucionário (e depois homem revoltado) de *Um rio chamado tempo, uma casa chamada terra*, quando confidencia à sua esposa, Mariavilhosa, os seus motivos de não ir à festa da independência de seu país, pois que ela não entendia "como seria possível ficar indiferente com a subida da bandeira, o pano de toda espera, o desfraldar de toda esperança?" Para Fulano Malta, o motivo residia no fato de que "aqueles que, naquela tarde, desfilavam bem na frente, esses nunca se tinham sacrificado na luta".[21]

Sacrifício; essa que foi uma palavra-força daqueles tempos em que nascia a nação: "havia que aceitar que alguns se sacrificavam em nome dos outros. Fazia parte da crença".[22] Uma crença reiteradamente sublinhada pela Frelimo em relação às qualidades devidas a seus militantes, que podemos traduzi-la fazendo uso da própria definição frelimista para esse militante: "é um servidor das massas e sacrifica-se pela maioria"; caracteriza-se "pelo abandono de si próprio para entregar-se à luta para servir os interesses do Povo".[23]

Não parece ter sido bem assim. É esse o sentimento questionador que, reiteradamente, temos pelas linhas miacoutianas: a falta da prometida *serviência* aos "interesses do Povo", substituída por uma *subserviência* aos interesses privados, à "panela pessoal" de quem está no poder. Algo que ganha expressão na irônica metáfora do "cabritismo", usada por Mia. Ela está em *A varanda do frangipani*, na carta que Ernestina, a esposa do administrador do asilo, Vasto Excelêncio, escreve à enfermeira dali, Marta Gimo. Nela, Ernestina rememora a vida e os pensamentos do indiano Salufo Tuco, empregado da família. Em seu pensar sobre a guerra e seu sofrimento,

---

21 COUTO, Mia. *Um rio chamado tempo, uma casa chamada terra*. São Paulo: Companhia das Letras, 2003, p. 73.

22 COUTO, Mia. "Moçambique 25 anos". In: *Pensageiro frequente*. Lisboa: Caminho, 2010, p. 59.

23 MACHEL, Samora. *Estabelecer o poder popular para servir às massas*. Rio de Janeiro: Coderci, 1979, p. 26 (Pronunciamento de 1974. Há versão disponível em: <http://www.macua.org/livros/ ESTABELECER.htm>. Acesso em 7 fev. 2009).

> Salufo explicava-se assim: em todo o mundo, os familiares trazem lembranças para reconfortar os que estão nos asilos. Na nossa terra era ao contrário. Os parentes visitavam os velhos para lhes roubarem produtos. À ganância das famílias se juntavam soldados e novos dirigentes. Todos vinham tirar-lhes comida, sabão, roupa. Havia organizações internacionais que davam dinheiro para apoio à assistência social. Mas esse dinheiro nunca chegava aos velhos. *Todos se haviam convertido em cabritos. E como diz o ditado – cabrito come onde está amarrado.*[24]

Porém, para os velhos do asilo, a visão passada por Salufo seria não mais que uma mentira, um ardil para que eles, os velhos, se conformassem a viverem ali, exilados do mundo. A essa acusação Salufo respondia com mais uma metáfora: "vocês são a casca da laranja onde já não há nem sobra de fruta. Os donos da nossa terra já espremeram tudo. Agora, estão espremendo a casca para ver se ainda sai sumo".[25]

As duas metáforas de Salufo Tuco resumem bem aquilo que aqui desejo enfatizar: a persistência da *ruína* em Mia sugere, sobretudo, o desmoronar dos valores, das bandeiras – não de pano e tinta, mas de ideais – dos que, afinal, fizeram nascer "a nação moçambicana". "Todos se haviam convertido em cabritos", todos estavam, agora, a comer onde se haviam amarrado: no "pasto" do poder.

Uma metáfora (esta do "cabritismo") cara a Mia; veja-se sua reiteração em sua obra. Também a temos em *O último voo do flamingo*, posta na boca do administrador Estêvão Jonas para justificar seus privados usos de bens que deveriam servir, coletivamente, a sua gente:

> o administrador [Estêvão] Jonas tinha desviado o gerador do hospital para seus privados serviços. Dona Ermelinda, sua esposa, tinha vazado os equipamentos públicos das enfermarias: geleiras, fogão, camas. Até saíra num jornal da capital

---

24 COUTO, Mia. *A varanda do frangipani...*, p. 107-108. Grifo meu.

25 *Ibidem*.

que aquilo era abuso do poder. Jonas ria-se: ele não abusava; os outros é que não detinham poderes nenhuns. *E repetia o ditado: cabrito come onde está amarrado*.[26]

Para Mia, tal ditado, ou, como noutro texto o classifica, "provérbio de conveniência", tem servido como uma forma de expressão por meio da qual se verbaliza uma fundamentação da "acção de gente que tira partido das situações e dos lugares", tratando-se, pois, de um "lamentável uso":

> Já é triste que nos equiparemos a um cabrito. Mas também é sintomático que, nestes provérbios de conveniência, nunca nos identifiquemos como os animais produtores, como é, por exemplo, a formiga. Imaginemos que o provérbio muda e passa a ser assim: "Cabrito produz onde está amarrado." Eu aposto que, neste caso, ninguém mais quer ser cabrito.[27]

A questão que aí se coloca é a das aparências, dos brilhos falsos, do apenas "parecer" que seduz os "novos-ricos": "esta é a pobreza dos nossos novos-ricos. Não são ricos. Basta-lhes parecer".[28] Uma concepção que deixa claro aquilo que, para Mia, constitui-se num dos maiores obstáculos a separar as gentes moçambicanas "desse futuro que todos queremos". E "essa coisa tem nome: é uma nova atitude".

> Falo de uma nova atitude, mas a palavra deve ser pronunciada no plural, pois ela compõe um vasto conjunto de posturas, crenças, conceitos e preconceitos. Há muito que venho

---

26 COUTO, Mia. *O ultimo voo do flamingo...*, p. 18. Grifo meu.

27 COUTO, Mia. "Os sete sapatos sujos". In: *E se Obama fosse africano e outras interinvenções...*, p. 36-37. E não só a Mia essa é uma questão que incomoda. Muitos outros autores moçambicanos a tem apontado em suas escritas. Em *As vozes que falam de verdade*, de Marcelo Panguana, no conto "Vens Wiriamo...?", temos Muzila, um ex-combatente que, depois de "vinte e oito meses na tropa", se tornara um "improdutivo", propagandeador da filosofia de que "cada um arruma-se como pode", mais uma versão da filosofia do "cabritismo" denunciada por Mia (PANGUANA, Marcelo. *As vozes que falam de verdade*. Maputo: AEMO, 1987, p. 60).

28 COUTO, Mia. *Um rio chamado tempo, uma casa chamada terra...*, p. 154.

defendendo que o maior factor de atraso em Moçambique não se localiza na economia, mas na incapacidade de gerarmos um pensamento produtivo, ousado e inovador.[29]

Um pensamento (propulsor de novas atitudes) que decerto não é o dos "novos-ricos" com os quais a obra miacoutiana ironiza. Como se dá com o "novo-rico" Ultímio, o filho mais novo do velho Dito Mariano, em *Um rio chamado tempo, uma casa chamada terra*, que na chegada à ilha de Luar-do--Chão para o funeral do velho Dito, seu pai, vê seu "luxuoso automóvel" enterrar-se no areal, "rodas enfronhadas na areia". Para um "novo-rico" como Ultímio, não importava que a ilha não tivesse estradas transitáveis para automóveis, importava mais era exibir suas posses, seus luxos.[30]

Importava exibir sua diferenciação. Algo que Jason Sumich, num seu estudo acerca de "ideologias de modernidade" entre a elite dominante moçambicana, considera ser "um discurso bastante comum":

> Ao longo da minha investigação notei que existia frequentemente entre os membros desta elite o pressuposto implícito de que, por serem instruídos e "modernos", eles eram fundamentalmente diferentes da vasta maioria da população do país.[31]

Para esse cientista social, esse "sentido de diferença" torna-se ainda mais interessante na medida em que ele é expresso por aqueles que "deviam a sua posição de privilégio a uma ligação pessoal a um movimento político que, no seu período revolucionário, defendera um nacionalismo supostamente igualitário". Um paradoxo que leva Sumich a considerar que, "aparentemente, as noções de modernidade que outrora tinham estado na base de uma ideologia potencialmente emancipatória eram

---

29   COUTO, Mia. "Os sete sapatos sujos". In: *E se Obama fosse africano e outras interinvenções...*, p. 31.

30   COUTO, Mia. *Um rio chamado tempo, uma casa chamada terra...*, p. 28.

31   SUMICH, Jason. "Construir uma nação: ideologias de modernidade da elite moçambicana". *Análise Social*, Lisboa, vol. 43, nº 187, 2008, p. 320-321.

agora indicadores de diferença social".[32] Justamente aquilo que o discurso dos tempos de luta independentista dizia vir revolucionar.

Todavia, "a revolução" – a emancipação do homem, a "sociedade nova", o "homem novo" – não veio. É esse o sentimento que lemos em Mia Couto. O "homem novo" igualitário e capaz de "outroísmos" (expressão cunhada por Mia em O último voo do flamingo) do discurso socialista tornara-se o "homem novo" do capitalismo, portador dos valores do novo-riquismo (passe a expressão) e sua busca por status e diferenciação. Algo a que se pode melhor expressar a partir do pensamento do filósofo francês Dany-Robert Dufour, em seu A arte de reduzir as cabeças: sobre a nova servidão na sociedade ultraliberal:

> o neoliberalismo, como todas as ideologias precedentes desencadeadas durante o século XX (o comunismo, o nazismo...), quer apenas a fabricação de **um homem novo**. Mas a grande força dessa nova ideologia com relação às precedentes diz respeito a que ela não começou por visar o próprio homem por meio de programas de reeducação e de coerção. Ela se contentou em introduzir um novo estatuto do objeto, definido como simples mercadoria, aguardando que a seqüência acontecesse: que os homens se transformassem por ocasião de sua adaptação à mercadoria, promovida desde então como único real. **A nova montagem do indivíduo se efetua, pois, em nome de um "real" no qual é melhor consentir que a ele se opor**: ele deve sempre parecer doce, querido, desejado, como se se tratasse de entretenimentos (exemplo: a televisão, a propaganda...). Bem cedo veremos que formidável violência se dissimula atrás dessas fachadas soft.[33]

---

32 Ibidem.

33 DUFOUR, Dany-Robert. A arte de reduzir as cabeças: sobre a nova servidão na sociedade ultraliberal. Trad. Sandra Regina Felgueiras. Rio de Janeiro: Companhia de Freud, 2005, p. 14-15. Grifos do autor, negritos meus. Esta é uma leitura de Mia, como se pode constatar em O outro pé da sereia, em seu capítulo 6, em que a obra de Dufour é citada.

Ao real, "é melhor consentir que a ele se opor", nos termos de Dufour; nos termos de Mia (indo beber na proverbialidade popular), "cabrito come onde está amarrado": eis a "filosofia" dos "novos-ricos" moçambicanos, esses que, outrora, anunciavam futuros bem diversos desses valores presentes.

É ante tais paradoxos – que alguns dirigentes, como Estêvão Jonas em *Terra sonâmbula*, preferem, eufemisticamente, considerar como "contradições no seio do povo", como já antes citado – que se vai perdendo a confiança. E sob este aspecto, não podemos aqui deixar de concordar com o filósofo Kwame Anthony Appiah, para quem "a burguesia nacional que pegou o bastão da racionalização, da industrialização e da burocratização, em nome do nacionalismo, revelou-se uma *cleptocracia*".[34]

Uma *cleptocracia* que, para Appiah, já desde os anos da década de 1960 a literatura africana passa a denunciar, numa percepção também compartilhada por historiadores. Caso de Elikia M'Bokolo, que entende que essa "crítica das novas classes dirigentes" constituiu-se no "tema privilegiado" da literatura africana dos anos da década de 1970.[35]

Um tema de força, pois que persiste, contemporaneamente, a inquietar muitos dos criadores da literatura em África. O que não é de admirar se considerarmos a persistência dos desmandos, o escancarar nas vistas de luxos nem sempre explicáveis. Ou melhor: nem sempre explicáveis honestamente. Para muitos desses "novos-ricos", a explicação de suas posses está relacionada à corrupção, ao "cabritismo" predatório propiciado pelo acesso ao poder que a obra de Mia – toda ela – denuncia; ou está relacionada aos "negócios sujos", também denunciados por Mia: o tráfico de armas, em *A varanda do frangipani* [ver o 14º capítulo, "A revelação"]; o tráfico de drogas, em *Um rio chamado tempo, uma casa chamada terra* [ver o 13º capítulo, "Uns pós muito brancos"]; tráfico de órgãos, em *Venenos de deus, remédios do diabo* [ver p. 143]; reminagem de áreas já desminadas, em *O último voo do flamingo* [ver capítulo 19º, "As revelações].

---

34 APPIAH, Kwame Anthony. *Na casa de meu pai...*, p. 210. Grifo meu.

35 M'BOKOLO, Elikia. *África negra: história e civilizações* – Tomo II (do século XIX aos nossos dias). 2ª ed. Trad. Manuel Resende. Lisboa: Colibri, 2007, p. 593.

E essa gente, em nome de seus "negócios" e da manutenção de seus privilégios, é capaz de tudo, incluindo-se assassinatos. É o que temos em *Um rio chamado tempo, uma casa chamada terra*, em que os filhos do "novo-rico" Ultímio são ditos como os responsáveis pelo assassinato do velho Juca Sabão, pois que ele, em conjunto com o velho Dito Mariano, pensando tratar-se de adubo, espalharam pelo chão os "pós muito brancos" (drogas) trazidos à ilha de Luar-do-Chão.[36] É o que temos também em *Antes de nascer o mundo*, em que um professor – que "falava com paixão sobre a injustiça e contra os novos-ricos" – presta homenagem a um jornalista assassinado por denúncia de corrupção:

> Era um homem magro e seco, olhos cavos envelhecidos [o professor]. Falava com paixão sobre a injustiça e contra os novos--ricos. Uma tarde, levou a turma a visitar o local onde um jornalista que denunciara os corruptos tinha sido assassinado. No local, não havia nenhum monumento nem nenhum sinal de homenagem oficial. Apenas uma árvore, um cajueiro eternizava a coragem de quem arriscou a vida contra a mentira.
>
> — *Deixemos flores neste passeio para limpar o sangue; flores para lavar a vergonha.*[37]

Considerando-se a biografia de Mia Couto, tudo indica que aqui ele presta homenagem (são suas *flores de escrita*) ao amigo (jornalista, beirense), Carlos Cardoso, assassinado em 22 de novembro de 2000. Cardoso foi morto por dois indivíduos em plena Avenida Mártires da Machava, uma das principais de Maputo. Por essa altura, ele investigava, e denunciava, por meio de seu jornal, o *Metical*, o que era então considerado o maior escândalo financeiro do país: o desvio de cerca de 14 milhões de euros do Banco Comercial de Moçambique (BCM). As denúncias respingavam sobre homens de negócios (nominados por Cardoso em seus textos) muito influentes no país. Seu assassinato teve grande repercussão, no país e também fora dele,

---

36   COUTO, Mia. *Um rio chamado tempo, uma casa chamada terra...*, p. 171-173.

37   COUTO, Mia. *Antes de nascer o mundo...*, p. 254.

ainda mais porque um dos presos pela execução do crime, Aníbal António dos Santos Júnior (conhecido como "Anibalzinho"), acusou Nyimpine Chissano, um dos filhos do presidente moçambicano à altura (ano 2000), Joaquim Chissano, como sendo um dos mandantes do assassinato.[38]

À memória do amigo, Mia escreveu:

> Nos últimos anos, Cardoso confessou sentir-se solitário, saudoso desse em que se projectou como ideal – Samora Moisés Machel. Era, sobretudo, a saudade de uma utopia em que nos sonhávamos donos de nós mesmos [...].
>
> O sentimento que nos fica é o de estarmos a ser cercados pelo selvajaria [sic], pela ausência de escrúpulos dos que enriquecem à custa de tudo e de todos. Dos que acumulam fortunas à custa da droga, do roubo, do branqueamento ["lavagem"] do dinheiro e do tráfico de armas.
>
> Uma última pergunta nos fica – que país queremos deixar aos nossos filhos? Um país inviável, uma nação governada pelo medo?
>
> Ou queremos uma nação de paz, em que vale a pena ser-se justo e honesto? Porque se queremos essa outra nação, então alguma coisa vai ter que mudar. E mudar radicalmente.
>
> A questão é que já muitos de nós estão perdendo a crença nessa mudança. Após tanta mentira, tanta traição é natural esse desalento. Mas, em nome do nosso próprio futuro, compete-nos vencer esse esmorecimento. Porque é isso que pretendem os que mataram Cardoso e estão matando a nossa pátria.[39]

---

38 Carlos Cardoso (1951-2000) era uma figura de destaque no jornalismo moçambicano. Em 1992 funda uma cooperativa de jornalistas, a Mediacoop, que edita e distribui (via fax) o jornal *Mediafax*; depois, em 1997, funda o *Metical*, divulgado via fax e por correio eletrônico. Sobre seu assassinato, julgamento dos incriminados e discussões havidas, ver o dossiê elaborado por *Repórteres sem fronteiras* (REPÓRTERES SEM FRONTEIRAS. *Três anos após o assassínio de Carlos Cardoso, nem todos os responsáveis foram identificados*. Dossiê elaborado por Jean-François Julliard, nov. 2003. Disponível em: <http://www.rsf.org>. Acesso em: 16 abr. 2007).

39 COUTO, Mia. "Carlos Cardoso: elogio fúnebre por Mia Couto". *O mundo em Português*, Lisboa, ano II, nº 15, dez. 2000, p. 9.

E essa gente era a mesma que, no passado, solicitava sacrifícios ao "Povo". "O Povo moçambicano", essa entidade maiúscula dos discursos desse passado, era já agora só uma casca – "onde já não há nem sobra de fruta", como dito por Mia –, espremida e reespremida pelos novos "donos da nossa terra"; sua serventia (do "Povo"), nesses tempos novos, era a de ser não mais que uma entidade em nome da qual se pedia, mão estendida e sem cerimônia, aos de fora – as "organizações internacionais".

Não surpreende, pois, as novas estratégias para essa finalidade pedinte. Ela nos é descrita, com todas as letras, na carta de Estêvão Jonas, o administrador da vila de Tizangara, em *O último voo do flamingo*, endereçada ao chefe da Província. Nessa missiva, Estêvão comenta com "Sua Excelência, o Chefe Provincial", sobre o descontentamento de sua esposa, Ermelinda, com a proximidade dos pobres ao prédio da administração; uma incômoda aproximação para quem se quer distinta das "massas populares", mas necessária em tempos de pedintismo:

> *Aquela gente, ela bem sabia, eram antigos deslocados da guerra. O conflito terminou, mas eles não regressaram ao campo. Ermelinda conhece as orientações actuais e passadas. Se fosse era antigamente, tinham sido mandados para longe. Era o que acontecia se havia as visitas de categoria, estruturas e estrangeiros. Tínhamos orientações superiores: não podíamos mostrar a Nação a mendigar, o País com as costelas todas de fora. Na véspera de cada visita, nós todos, administradores, recebíamos a urgência: era preciso esconder os habitantes, varrer toda aquela pobreza.*

> *Porém, com os donativos da comunidade internacional, as coisas tinham mudado. Agora, a situação era muito contrária. Era preciso mostrar a população com a sua fome, com suas doenças contaminosas. Lembro bem as suas palavras, Exelência: a nossa miséria está render bem. Para viver num país de pedintes, é preciso arregaçar as feridas, colocar à mostra os olhos salientes dos meninos. Foram essas palavras do seu discurso, até apontei no meu caderno manual. **Essa é a actual palavra de ordem: juntar os destroços, facilitar a visão do desastre**. Estrangeiro de fora ou da capital deve poder apreciar toda aquela coitadeza sem desprender grandes suores. É por isso os*

> *refugiados vivem há meses acampados nas redondezas da administração,*
> *dando ares de sua desgraça.*[40]

A ordem, agora, era outra: não se queria acabar com a pobreza; ao contrário, queria-se fazê-la render – assim como *o cabrito come onde está amarrado!* Tudo "sem desprender grandes suores", pois que suor é "defeito dos pobres", conforme o entendimento do administrador Alfredo Suacelência, em *Venenos de deus, remédios do diabo,* que até queria se "desglandular" para não mais suar, para não mais se igualar aos pobres.[41]

Para quem lutou para pôr fim a um mundo dividido, assente justamente no pressuposto da desigualdade e da hierarquia dos indivíduos, segundo seus graus de "ilustração" e "hábitos individuais e sociais", conforme instituía o *Estatuto dos indígenas portugueses das províncias da Guiné, Angola e Moçambique* (Decreto-Lei nº 39.666, de 20 de maio de 1954),[42] base da engenharia social colonial, como conformar-se a uma "nova ordem" na qual tais pressupostos – da desigualdade e da hierarquia entre as pessoas – são reiterados? Que sentimento nascerá de tal constatação? É a resposta a essa indagação que permite pensar o *desanimismo* da obra miacoutiana e, nele, a persistência da ruína. Física, é certo; mas dos valores, enfaticamente.

Quiçá decorra daí, como um modo de contrapor-se a esse ruir, a evocação de imagens do passado tomadas como "garantia de segurança" em meio às "incertezas do presente", como é o caso da figura de Samora Machel. Segundo nos confessa Lorenzo Macagno, durante sua estada em Moçambique em 1996 para realização de pesquisa, pôde ouvir, ecoando nos "murmúrios" da "cidade baixa (o centro de Maputo)", frases como:

---

40 COUTO, Mia. *O ultimo voo do flamingo...*, p. 74-75. Negrito meu; itálico do original.

41 COUTO, Mia. *Venenos de deus, remédios do diabo...*, p. 44.

42 ESTATUTO DOS INDÍGENAS PORTUGUESES DAS PROVÍNCIAS DA GUINÉ, ANGOLA E MOÇAMBIQUE. Anotado por José Carlos Ney Ferreira e Vasco Soares da Veiga. Lisboa: Topografia-escola da Cadeia Penitenciária de Lisboa, 1957. Em seu artigo 2º, o *Estatuto* define a noção legal de "indígena": "Consideram-se indígenas das referidas províncias os indivíduos de raça negra ou seus descendentes que, tendo nascido ou vivendo habitualmente nelas, não possuam ainda a ilustração e os hábitos individuais e sociais pressupostos para a integral aplicação do direito público e privados dos cidadãos portugueses" (p. 14).

"na época de Samora não havia corruptos, como hoje"; "se Samora vivesse não haveria tanta delinqüência em Moçambique".[43] Algo a que Mia fez referência nas suas palavras de despedida ao amigo Carlos Cardoso, já antes assentes, segundo as quais, "nos últimos anos, Cardoso confessou sentir-se solitário, saudoso desse em que se projectou como ideal – Samora Moisés Machel". Para Mia, a saudade de Cardoso, à qual se junta, seria, "sobretudo, a saudade de uma utopia em que nos sonhávamos donos de nós mesmos".[44]

Há de ser por conta desse sentimento, dessa ligação afetiva a um valor do passado – que a figura de Samora Machel propicia construir – que Mia (assim como outros autores moçambicanos) não tenha tomado sua figura (ou a de outros heróis libertadores, ou a própria luta armada de libertação nacional) como fonte em sua escrita. "Porque é muito próximo no tempo e porque é muito próximo do sonho."[45]

Sonhos cujos valores que os constituíram foram sendo esquecidos. Ou, talvez, dos quais não se queiram lembrar aqueles que, no passado, os defenderam e proclamaram como inquebrantáveis, estando aí, nas tramas desse jogo do lembrar e do esquecer, outros delicados fios que a obra miacoutiana ensarilha no pensamento sobre a nação moçambicana.

"O NOVELO ENSARILHADO" DA MEMÓRIA

Pronunciando-se num congresso realizado na Universidade Politécnica de Maputo sobre literatura e sua relação com memórias das guerras vivenciadas em Moçambique, Mia Couto, a dado ponto de seu texto, enuncia: "falar de memórias é um assunto cheio de esquecimento". Esse seu texto aí lido intitula-se "O novelo ensarilhado" e traz-nos à reflexão instigantes problematizações acerca da ambígua e inextricável relação entre memória e esquecimento. Nesse texto, a fim de demonstrar seu

---

43 MACAGNO, Lorenzo. "Fragmentos de uma imaginação nacional". *Revista Brasileira de Ciências Sociais*, vol. 24, nº 70, jun. 2009, p. 17-36.

44 COUTO, Mia. "Carlos Cardoso – elogio fúnebre por Mia Couto"..., p. 9.

45 COUTO, Mia. "O novelo ensarilhado". In: *E se Obama fosse africano e outras interinvenções*..., p. 201.

ponto de vista, Mia o traz para o próprio corpo textual – tornando o externo interno, pode-se dizer. Dentro dessa estratégia de construção narrativa, Mia propõe a seus ouvintes – e, posteriormente, por meio da versão impressa, a seus leitores – o partilhar de uma lembrança:

> Um dos meus momentos mais antigos é o seguinte: estou sentado, de braços estendidos, frente à minha mãe que vai enrolando um novelo de lã a partir de uma meada suspensa nos meus pulsos. Eu era menino, mas aquela tarefa era mais que uma incumbência: eu estava dando corpo a um ritual antiquíssimo, como se houvesse antes de mim uma outra criança em cujos braços se enrolava o mesmo infinito fio de lã.

Uma "persistente lembrança" que, para Mia, pode ser tomada como "quase uma metáfora do trabalho da memória": "um fio ténue, juntando-se a outros fios que se enroscam num redondo ventre".[46]

Após essa proposição, Mia parte a discorrer sobre o tema do congresso, *literatura e memória de guerra,* e nos propõe um jogo: o de retermos essa sua lembrança primeira – "primeira pedra" de seu texto – que, em seu dizer, o inaugura "enquanto produtor de memórias e outras falsidades".

Acatando aqui o jogo proposto pelo autor, proponho que retenhamos essa sua lembrança, bem como sua sedutora associação entre memória e falsidade (invenção?) e, ainda, sua "quase metáfora do trabalho da memória" como "um fio ténue juntando-se a outros fios que se enroscam", para, ao cabo deste tópico, o retomarmos.

Assim, "regressarei, mais tarde, ao novelo de lã".[47]

Por agora, sigamos pelo emaranhado de *fios* (leia-se: questões, problemáticas) que *ensarilham* memória e esquecimento. Uma associação a princípio paradoxal, mas que, segundo Paul Ricoeur, é tão estreitamente imbricada que o esquecimento, em relação à memória, "pode ser considerado como uma de suas condições". Assim se entendendo essa relação, o

---

46 *Ibidem*, p. 199-207.

47 *Ibidem*, p. 200.

esquecimento não deve simplesmente ser "deplorado" ("da mesma forma que o envelhecimento ou a morte"), ser simplesmente visto como "uma das faces do inelutável, do irremediável"; deve, antes, ser tomado como parte constituinte dos trabalhos da memória.[48]

Mas eis, justamente, onde as coisas se *ensarilham*, se tornam mais nuançadas, menos autoevidentes. E se há uma certeza no trato dessa relação memória/esquecimento, essa é a de que ela é tudo, menos autoevidente. Metaforicamente falando, o nome da casa que a alberga é ambiguidade; os trabalhos que aí se operam (bem como seus mecanismos) são filhos e herdeiros dessa casa-ambígua.

E um desses mecanismos mais sedutores, mais fundamentais, é o da escrita. Sobretudo se se estar a tratar da nação (sua ideia e seus mecanismos de afiliação, de fazer pertencer). A escrita e suas metáforas criam casas de maternos ventres para o abrigo dos filhos da nação, essa toda gente que, em verdade, é tão mais diversa e tão menos idílica do que as metáforas que as dão dizibilidade querem fazer crer. Nessa perspectiva, as escritas historiográfica e literária, ao lidarem com memórias e esquecimentos, interferem nos modos como uma dada coletividade lida com seu passado, percebe seu presente e se projeta além dele. Trata-se de escritas que, bem percebidas, constituem-se como fios do novelo das memórias e, desse modo, estão imbricadas nas questões identitárias (o que fomos, o que somos, o que seremos ou poderemos ser). Algo a que Joseph Ki-Zerbo, reconhecidamente um dos pioneiros na escrita de uma história africana, refere a partir da metáfora do "escravo libertado":

> Quebrado que foi o parêntese colonial, estes países [recém-independentes] assemelham-se um pouco ao escravo libertado que se põe à procura dos seus e quer saber a origem dos antepassados. Quer também transmitir aos filhos aquilo que encontrou.

---

48 RICOEUR, Paul. *A memória, a história, o esquecimento*. Trad. Alain François *et al*. Campinas: Editora da Unicamp, 2007, p. 435.

Numa valorização do passado cujo "motivo subjectivo" era evidente: "para os Africanos trata-se da procura de uma identidade por meio da reunião dos elementos dispersos de uma memória colectiva". Uma demanda subjetiva que também teve seu "funcionamento objetivo" muito claramente determinado: a independência política desses países.[49]

Momento, pois, de uma nascença. Muito mais que política: uma nascença afetiva, da ordem do sentimento, do se sentir pertencer, aí se imbricando a problemática da memória à da identidade, "a ponto de com ela se confundir", como entende Paul Ricoeur; daí a percepção (ainda com Ricoeur) de que "tudo o que constitui a fragilidade da identidade se revela assim oportunidade de manipulação da memória, principalmente por via ideológica".[50] Não é a outra discussão senão a esta que a metáfora do escravo libertado de Ki-Zerbo nos remete. Querer *saber a origem dos antepassados e querer também transmitir aos filhos aquilo que encontrou* é justamente se emaranhar nos fios ensarilhados do novelo da memória, cruzados às não menos enoveladas questões da identidade. Aqui, o recurso da narrativa busca quebrar uma "forma ardilosa de esquecimento": aquela "resultante do desapossamento dos atores sociais de seu poder originário de narrarem a si mesmos",[51] como se deu durante o processo colonizador em África.

É justamente nesse emaranhado de questões que, para Mia Couto, o pensamento e a escrita da nação ganham seus contornos problemáticos, seus quês e porquês. No conjunto de sua obra, seus personagens (e seus narradores enfaticamente) são seres lembradores.

Mas não se trata de um lembrar nostálgico, reminiscência saudosa de um tempo que não há mais. No mais das vezes, são lembranças que se revelam parte de um intrincado jogo em que também participam a mentira (deliberada) e a invenção (deliberada ou não). E nesse jogo, a memória,

---

49 KI-ZERBO, Joseph. "As tarefas da história na África (Introdução)". In: *História da África Negra*. Vol. I. 2ª ed. Trad. Américo de Carvalho. Mem Martins: Publicações Europa-América, 1990 [p. 9-46], p. 9.

50 RICOEUR. Paul. *A memória, a história, o esquecimento...*, p. 455.

51 *Ibidem*.

segundo Mia Couto, é muitas vezes não um desejado remédio, mas um doloroso veneno.

E aqui nos vemos diante da "ambigüidade insuperável" que "fascinou" Ricoeur ao analisar o *Fedro*, de Platão.[52] No texto platônico, Theuth diz ao rei haver encontrado o remédio, o *pharmakon* para a memória; este seria a escrita. Todavia, para o rei, o que Theuth havia encontrado era o *pharmakon* para a rememoração (permitida pelo escrito, pelo signo gráfico), não para a memória. De todo modo, a ambiguidade do *pharmakon*, seja ele para a memória (autêntica) ou para a rememoração (memória inautêntica) permanece: será ele remédio ou veneno? Tomando o *Fedro* como mito de nascimento da escrita da historia, Ricoeur se coloca a indagação: "da escrita da história, também, não se deveria perguntar se ela é remédio ou veneno?"[53]

A obra miacoutina é sensível a essa discussão. Não a partir dos domínios formais e instituídos do saber historiográfico, claro está, mas a partir doutro lugar: o da literatura. Como prática significante que é, a escrita literária, com suas insinuadas e representadas "verdades" e "mentiras", possibilita a leitura das questões que se colocam a uma dada temporalidade. Como interrogar se, e em que medida, lembrar e esquecer podem ser tomados como veneno ou remédio. Não é gratuito que um de seus romances – principiado por uma busca que sempre esbarra em "memórias mentirosas" e findado com o semear de beijos-da-mulata, as "flores do esquecimento" – se intitule *Venenos de deus, remédios do diabo*, numa sugestiva e instigante desassociação (ou reassociação) de termos: deus, comumente associado ao bem, é deslocado para ser colocado ao lado do veneno (algo nocivo, se pensarmos pelo senso comum); já o diabo, símbolo de todo mal, vê-se atrelado ao remédio, substância benigna, meio de cura, segundo a lógica corrente. Com essa desassociação de termos

---

52 Que aqui é referido, claro fique, para uso de sua sugestão metafórica em relação à ambígua linha que separa a percepção do que seja veneno ou remédio. Não se trata, pois, de uma análise do *Fedro* ou de sua leitura por Ricoeur.

53 RICOEUR, Paul. *A memória, a história, o esquecimento...*, p. 151.

– uma trapaça ao senso comum, ao pensamento acostumado –, Mia nos faz enveredar, pois, pelos ambíguos e tortuosos caminhos do lembrar e do esquecer.

Nesse romance, temos a figura do médico[54] português, Sidónio Rosa, que deixa Lisboa rumo a Moçambique em busca de Deolinda, uma mulata por quem se apaixonou durante um congresso médico na capital lusitana. Chegado a Vila Cacimba, terra de morada da família de Deolinda (os Sozinhos), Sidónio encontra o velho Bartolomeu (mecânico reformado) e sua esposa Munda, pais (? – ao certo não se sabe) de Deolinda.

Ao longo da narrativa, a busca de Sidónio por Deolinda – que "está longe, num paradeiro que ele desconhece, participando num curso de capacitação" de que não se sabe onde – vai sendo enovelada num sem-fim de contraditórias versões sobre o que lhe sucedera: fora violada? Pelo administrador do lugar, Suacelência, ou por seu (suposto) pai, Bartolomeu Sozinho? Morrera ao fazer um aborto para extirpar o fruto da violência sofrida? Morrera em decorrência de AIDS? Era filha do casal Sozinho ou irmã mais nova de Munda?[55] Diante de tantas versões, cansado de transitar por entre tantas ilusórias "verdades", Sidónio implora a um de seus interlocutores-rememoradores: "— [...] *Por favor, conte-me a verdade*".[56] Sem atendimento a sua implorativa solicitação, Sidónio confessa, resignado: "— [...] *eu tenho escutado tantas versões que já não acredito mais em nada*".[57] Sem uma "verdadeira verdade", resta ao pobre médico ir-se dali, sem rever Deolinda e repleto de incertezas, tendo por único consolo um velho álbum de fotos de sua amada:

---

54 Ou quase médico, pois que essa é uma de suas mentiras: ele ainda estava se formando (COUTO, Mia. *Venenos de deus, remédios do diabo*. Lisboa: Caminho, 2008, p. 134).

55 Essas diferentes versões vão sendo reveladas a partir do capítulo 14 (p. 127), estendendo-se até o capítulo 18, último do romance.

56 *Ibidem*, p. 171.

57 *Ibidem*, p. 173.

O médico abre a mala e retira o álbum de fotografias. Folheia página por página, enquanto Suacelência espreita sobre o seu ombro.

> — Vou levar Deolinda comigo, nestas imagens... Assim posso vê-la todas as noites. Veja esta fotografia, veja como ela está tão menina...[58]

Mas nem de posse desse material e confiável (?) registro do passado Sidónio pode depositar confiança. Ele, que já fora iludido sobre o que sucedera a Deolinda, inclusive por meio de outro "registro material" – as supostas cartas por ela escritas, por ele recebidas depois de haver chegado a Vila Cacimba, e que foram fabricação de Munda e Bartolomeu Sozinho –, teria sido ludibriado vez mais? É o que assevera Suacelência:

> — Desculpe, Doutor, mas essa não é Deolinda.
>
> — Como não é Deolinda?
>
> — Essa é Munda.
>
> — Não pode ser.
>
> — É Munda, eu sei. Fui eu que tirei essas fotos.[59]

Como se pode ler, nem mesmo os "registros materiais" do passado podem, no tramado das vidas das gentes de Vila Cacimba, servir de porto seguro à deriva das memórias. E não pode porque, em parte, havia ali coisas a que não se podia (ou não se queria? Ou ambas?) lembrar, como confessado por dona Munda Sozinho: "— Há assuntos que não posso lembrar".[60] Havia ali, em Vila Cacimba, assuntos cujo lembrar estava imerso na mesma ambiguidade do pharmakon do Fedro: seria remédio ou veneno? Num proceder que nos faz perceber, assim entendo, aquilo a que Paul Ricoeur nominou de "estratégia de evitação", que é "um não-querer-saber". Ao assim proceder, ao fazerem uso de uma tal estratégia, o que essas gentes

---

58 Ibidem, p. 173.

59 Ibidem.

60 Ibidem.

nos deixam perceber é que "o esquecimento [é] um comportamento semipassivo e semi-ativo", e não um inelutável absoluto; que, assim como se dá com a memória, o esquecimento também pressupõe um trabalho.[61] Um trabalho a que, de antemão, não se pode considerar remédio ou veneno. A dosagem (o delicado equilíbrio) entre um e outro é já obra de um necessário trabalho de mediação. Assim entende Mia.[62]

O que a reflexão acerca da ambiguidade nessa relação memória/esquecimento, bem como acerca de sua função (se veneno ou remédio) nas vidas das gentes de Vila Cacimba nos sugere é algo de fundamental importância na obra miacoutiana: sua percepção das complexas implicações dessa ambiguidade no escrever da história de um jovem país como Moçambique – e, como de resto, em quase toda África –, em que o próprio "rosto" do país (e do continente) só existe, como insiste ele em dizer, "em conflito entre o retrato e a moldura".[63]

Essa é uma percepção que Mia expressa reiteradamente. Em seu entender,

> África vive uma situação quase única: as gerações vivas são contemporâneas da construção dos alicerces das nações. O que é o mesmo que dizer os alicerces das suas próprias identidades. É como se tudo se passasse no presente, como se todas as mãos se entrecruzassem no mesmo texto. Cada nação é assunto de todos, uma inadiável urgência a que ninguém se pode alhear. Todos são cúmplices dessa infância, todos deixam marcas num retrato que está em gestação.[64]

---

61 RICOEUR. Paul. *A memória, a história, o esquecimento...*, p. 455.

62 COUTO, Mia. "O novelo ensarilhado". In: *E se Obama fosse africano e outras interinvenções...*, p. 205.

63 Esta é uma imagem reiterada por Mia. Dentre outros locais, ela está em: COUTO, Mia. "Um retrato sem moldura. Prefácio". In: HERNANDEZ, Leila Leite. *A África na sala de aula: visita à história contemporânea*. São Paulo: Selo Negro Edições, 2005, p. 11-12; COUTO, Mia. "O estorinhador Mia Couto: a poética da diversidade". Entrevista a Celina Martins. *Revista Brasileira de Literatura*. Disponível em: <http://www.rbleditora.com/revista/artigos/celina3. html>. Acesso em: 21 dez. 2005.

64 COUTO, Mia. "As vozes da foto". In: *Pensatempos: textos de opinião*. Lisboa: Caminho, 2005, p. 81.

Uma "gestação" que ganha ainda muitas e mais intrincadas nuances por um fato de fundamental importância: os trabalhos da memória e do esquecimento se fazem na convivência da geração que edificou "os alicerces" da nação. Numa situação histórica tal – em que *todas as mãos se entrecruzam num mesmo texto* –, os conflitos de memórias e as tensões destas com a escrita da história tornam-se por demais candentes.

Isto porque a "memória viva" dos vivos reclama sua autoridade, e porque o passado não fora devidamente apaziguado. Se concordarmos com Michel de Certeau em que a escrita da história possui uma "estrutura de 'galeria'", de "quadros que se articulam com uma trajetória" em que se "re-presenta mortos no decorrer de um itinerário narrativo",[65] no caso de jovens países africanos como Moçambique, os quadros dispostos na galeria da história (e articulados com uma trajetória, não esqueçamos) recusam-se a assumir seus lugares nessa "parede dos ausentes".[66] Os "vultos da história", porque ainda vivos e investidos de autoridade, ainda perturbam os vivos. Em suma, usando aqui das palavras de Paul Ricoeur, "alcançamos, aqui, a relação estreita entre memória declarativa, narratividade, testemunho, representação figurada do passado histórico".[67] A que se associa a autoridade que o passado concede. Ou melhor: a autoridade que, do presente, é ancorada no passado (esse que é *declarado, narrado, testemunhado, representado*).

Pelas obras de Mia Couto esse emaranhado de discussões reitera-se. Um exemplo disto está nas figuras dos administradores, autoridades presentes em seus romances e contos, indivíduos cuja autoridade presente repousa justamente num passado (*declarado, narrado, testemunhado, representado*) de sacrifícios, de lutas para a constituição de um futuro: o atual presente.

---

65   CERTEAU, Michel de. *A escrita da história...*, p. 107.

66   A "parede dos ausentes" está presente no romance *O outro pé da sereia*. Na narrativa, ela funciona, *a la* Certeau, como uma "galeria" em que os mortos da família Rodrigues-Malunga são postos: "No corredor exibiam-se as fotos dos familiares defuntos. No chão, um balde recolhia as lágrimas dos falecidos" (COUTO, Mia. *O outro pé da sereia*. São Paulo: Companhia das Letras, 2006, p. 74).

67   RICOEUR. Paul. *A memória, a história, o esquecimento...*, p. 455.

Em *Terra sonâmbula*, temos em Estêvão Jonas e seu reclame de autoridade. Ou mais que isso: temos a profetização da história como juiz, como repositora de justiça para com os "heróis" do passado que, no presente, veem seus privilégios questionados pelas (ingratas!) "massas populares":

> —*Às vezes quase desisto de vocês, massas populares. Penso: não vale a pena, é como pedir a um cajueiro para não entortar seus ramos. Mas nós cumprimos destino de tapete: a História há-de limpar os pés nas nossas costas.*[68]

Há nessas palavras a certeza de que a História (o futuro), devidamente maiúscula, reporá à ordem do tempo o devido passado (aquele devidamente limpo das sujidades das críticas dos ingratos). Cumprir "destino de tapete" à História seria, nessa perspectiva, mais um ato de heroísmo dos Heróis da Pátria (devidamente maiúsculos, como devem ser os heróis).

Essa ordem de discussão está também em *Um rio chamado tempo, uma casa chamada terra*, em que temos Fulano Malta, um combatente pela independência, mas descrente dos rumos da nação já desde o dia do "glorioso" desfile da Independência – pois "aqueles que, naquela tarde, desfilavam bem na frente, esses nunca se tinham sacrificado na luta",[69] lembremos. Desde então, Fulano Malta havia guardado numa velha mala sua farda de guerrilheiro; desde então, nunca mais a havia retirado de lá. É seu filho Marianinho, a pedido do avô, Dito Mariano, que irá recordar Fulano Malta desse seu passado. Ao abrir a velha mala e aí ver a velha farda, "a reacção é violenta":

> —*Não quero isso. Não quero mais essa porcaria.*
>
> [...]
>
> *O que iria fazer com aquilo? Negócio com o Museu da Revolução? Negociar privilégios, apropriar-se de terras? Fazer o quê?*[70]

---

68   COUTO, Mia. *Terra sonâmbula*..., p. 57.

69   COUTO, Mia. *Um rio chamado tempo, uma casa chamada terra*..., p. 73.

70   *Ibidem*, p. 222.

Aqui, Mia aponta-nos para uma reflexão sobre os usos e abusos da "autoridade" que o passado concede. Um passado que, caso tivesse seus princípios morais norteadores respeitados, jamais poderia ser invocado como "fonte de autoridade" para o reclame de privilégios no presente. Ao referir-se à velha farda de guerrilheiro e ao Museu da Revolução, associando-os, na mesma frase, à ideia de "negócio", Mia faz sua crítica a essa persistente cobrança por privilégios, no presente, em compensação pelos sacrifícios do passado.

Uma cobrança reconhecida pela letra da lei. A Lei nº 3/2002, de 17 de janeiro de 2002, que estabeleceu o *Estatuto do cambatente da luta de libertação nacional*. Nela, em seu preâmbulo, lê-se que "a Constituição da República de Moçambique no seu artigo 8º reconhece e valoriza os sacrifícios dos que combateram pela Independência Nacional estabelecendo os seus direitos e regalias".[71]

Pelo *Estatuto*, são garantidos aos ex-cobatentes da luta independentista direitos como: "bónus de participação" na luta (artigo 7º); assistência para a aquisição de material de construção de habitação (artigo 10º); prioridade no acesso ao ensino a seus filhos, bem como na concessão de bolsas de estudos e isenção de pagamentos escolares (artigo 12º); redução no pagamento de aluguel de imóveis do "Parque Imobiliário do Estado" (artigo 13º); tarifa reduzida no transporte público, "mediante a apresentção de um cartão que o identifique como tal" (artigo 14º); assistência médica gratuita ou parcialmente gratuita, sendo esta "extensiva aos filhos menores e dependentes e ao cônjuge" (artigo 15º); incentivos fiscais "com vista à promoção de projectos para a sua inserção sócio-económica" (artigo 17º); assistência jurídica "sob patrocínio do Estado" (artigo 18º); uniforme específico para uso em datas comemorativas (artigo 19º); além

---

71 MOÇAMBIQUE. Lei nº 3/2002, de 17 de janeiro. In: RODRIGUES, Luís Barbosa; ALVES, Sílvia; NGUENHA, João. *Constituição da República de Moçambique e legislação constitucional.* Coimbra: Almedina, 2006, p. 763. Saliente-se que o artigo referido, o 8º, na nova Constituição do país, de 2004, passou a ser o artigo 15º.

doutros benefícios, têm ainda o "direito a condecorações e louvores a serem conferidos pelo Estado" (artigo 20º).[72]

Ante tais "direitos e regalias", a obra miacoutiana reitera sua crítica: pode um passado tanto afiançar (e financiar, como lemos no *Estatuto do combatente da luta de libertação nacional*) um presente?

Em *O último voo do flamingo*, essa crítica pode ser lida num diálogo entre o administrador Estêvão Jonas e o Tradutor de Tizangara (narrador do romance):

> — *Cheguei aqui enquanto eu era um guerrilheiro.*
>
> — *Já me disseram.*
>
> — *Não esqueça nunca: fui eu que libertei a pátria! Fui eu que o libertei a si, meu jovem.*[73]

Estêvão Jonas, *o libertador*, que, no presente, não vê "incorreção" em desviar bens destinados ao serviço público para uso de seus familiares (o seu enteado Jonassane), como confessa ele em carta a "Sua Excelência O Ministro Responsável":

> *O senhor sabe: ele [Jonassane] anda metido em maltas duvidosas que roubam e até inclinam para negócios de droga. Eu estou preocupado e, inclusive, lhe entreguei a ambulância que um projecto mandou para apoiar a saúde. Eu desviei a viatura para o moço fazer uns negócios de transporte. Entretinha-se e sempre rendia. Mas depois, complicaram-me com essas manias de corrupção-não-corupção e acabei devolvendo a ambulância. Estou agora a pedir a uns sul-africanos que querem instalar-se aqui para me darem uma nova viatura. Eles entregam, eu facilito. É incorrecto?*[74]

---

72   *Ibidem*, p. 763-767. O regulamento ao *Estatuto do combatente da luta de libertação nacional* foi promulgado pela Lei nº 49/2002, de 28 de dezembro de 2002 (p. 769-782).

73   COUTO, Mia. *O último voo do flamingo...*, p. 121.

74   *Ibidem*, p. 94-95. Itálico no original.

Mais que uma dúvida, o que temos explicitado a partir da carta de Estêvão Jonas, lida em confrontação com sua advertência peremptória – "não esqueça nunca" – sobre sua heroicidade, sobre o débito que as gentes de hoje têm para com ele, mais que uma dúvida, dizia, o que aí temos é a negação de um "princípio moral" que, segundo Mia, guiou a luta de libertação nacional. Segundo esse princípio, "não se pretendia substituir uma elite exploradora por outra, mesmo sendo de uma outra raça. Não se queria uma simples mudança de turno nos opressores".[75]

Essa lembrança de Mia nos remete aos princípios de conduta apontados como fundamentais pelos líderes independentistas moçambicanos. Em sua *Mensagem ao povo de Moçambique* quando da posse do governo de transição, em 20 de setembro de 1974, Samora Machel chamava atenção para "a necessidade de os dirigentes viverem de acordo com a política da Frelimo, a exigência de no seu comportamento representarem os sacrifícios consentidos pelas massas". Já nessa sua mensagem ao povo, Machel salientava que "o Poder, as facilidades que rodeiam os governantes podem corromper facilmente o homem mais firme". Por tal, prossegue Machel, "queremos que vivam modestamente e com o Povo, [que] não façam da tarefa recebida um privilégio e um meio de acumular bens ou distribuir favores".[76] É na observância desses princípios de conduta – "princípio moral", no entender de Mia – que as palavras dos dirigentes "encostavam" em seus atos; as palavras tinham sua verdade. Não sofriam dúvidas como a de Estêvão Jonas – *"Eles entregam, eu facilito. É incorrecto?"* – antes referida.

Naquele tempo passado, por exemplo, "dizermos camaradas é [era] pronunciar uma palavra regada pelos sacrifícios e pelo sangue".[77] Algo bem diverso do uso dessa palavra no tempo presente, como o temos ironizado por Mia em *Terra sonâmbula*, em que já "o povo" refere-se aos dirigentes

---

75 COUTO, Mia. "A fronteira da cultura". In: *Pensatempos: textos de opinião...*, p. 25.

76 MACHEL, Samora. *Mensagem ao povo de Moçambique – por ocasião da tomada de posse do governo de transição em 20 de setembro de 1974*. Porto: Afrontamento, 1974, p. 8-9.

77 *Ibidem*, p. 7.

como "camaradas patrões";[78] ou ainda em *O último voo do flamingo*, em que, ironicamente, Mia nos aponta a vacilação das pessoas sobre o atual e real sentido das palavras e das ideias: "o povo andava bastante confuso com o tempo e a actualidade", tanto que já não se sabia bem a distinção entre o que era de pertença do Estado ou de privados, como observado em relação à pensão da vila (de Tizangara):

> Em cima da porta, sobrevivia a placa "Pensão Martelo Jonas". Antes, o nome do estabelecimento era Martelo Proletário. Mudam-se os tempos, desnudam-se as vontades.
>
> [...]
>
> —*A pensão é privada, mas é do Partido. Isto é, do Estado.*
>
> E explicou [o funcionário]: nacionalizaram, depois venderam, retiraram a licença, voltaram a vender. E outra vez: anularam a propriedade e, naquele preciso momento, se o estrangeiro [Massimo Risi, o inspector da ONU] assim o desejasse, o hoteleiro até podia facilitar as papeladas para nova aquisição. Falasse com o administrador [Estêvão] Jonas, que tinha mandos no negócio.[79]

Mais que uma confusão de palavras, há na indecibilidade do "povo" em usá-las (e em como e em que ocasião fazê-lo) uma irônica e *desanimista* constatação de que o tempo transformou *utopistas* em *predadores*, que o escandaloso hoje desses *camaradas* comeu os seus briosos ontens, sendo essa uma discussão na qual Mia tem a companhia de outros muitos escritores moçambicanos.

Caso de Paulina Chiziane, que em seu romance *O sétimo juramento* (2001), por meio do lembrar de um de seus personagens, David, nos diz:

---

78   COUTO, Mia. *Terra sonâmbula...*, p. 115.

79   COUTO, Mia. *O último voo do flamingo...*, p. 36-37.

Neste mundo ninguém é bom para ninguém. Enganamo-nos uns aos outros. Tiranos brancos substituídos por tiranos negros, é a moral da história. Tirania é filha legítima do poder. [...]

Imagens de um passado de glória correm na mente como fotografias. Treinos militares e guerra contra o colonialismo, marchas, combates. Sabotagem. Comícios. Discursos. Palavras de ordem. Euforia, sonhos, convicções. Vitória final sobre o colonialismo. Delírio colectivo no dia da celebração da independência. Recorda com saudade as sessões de estudo em grupo das políticas revolucionárias. Recorda a linguagem antiga. Camarada comandante, camarada pai, camarada esposa, camarada chefe. Muita amizade, solidariedade, camaradagem verdadeira. *Naquele tempo*, tinha o coração do tamanho de um povo, *mas hoje* está tão pequeno que só alberga a si próprio. *Agora*, a palavra povo é um simples número, sem idade nem sexo. Sem sonhos nem desejos. Apenas estatística.

Logo a seguir, David revela seus valores de agora, pelos quais esses valores de antes, acima referidos, são já "maus pensamentos", pesadelos a serem esquecidos:

> *No tempo da revolução* investi. *Agora* estou na fase de egoísmo. Quero colher tudo o que semeei. Este estatuto de director [David fora recém-nomeado para o cargo numa importante empresa] não foi dádiva, foi conquista. Lutei para a liberdade deste povo.
>
> Volta para a cama. Enterra a cabeça na almofada, disposto a esquececer os maus pensamentos. Adormece.[80]

---

80 CHIZIANE, Paulina. *O sétimo juramento*. Lisboa: Círculo de Leitores, 2002, p. 11. Os grifos são meus; deixo-os para destacar a passagem do tempo, a vivência da temporalidade, o confronto entre expectativa e experiência, presente na fala do personagem, o que é dizer, na escrita de Chiziane; algo que já antes destaquei como marcante na escrita de Mia e de toda a sua geração, da qual a autora, também ela nascida em 1955 (no sul de Moçambique), faz parte.

Não admira, pois, que esses homens "de agora" busquem no passado apenas uma autoridade que lhes permita privilégios presentes – "lutei para a liberdade deste povo", como nos é dito –, relegando ao esquecimento (deliberado) os compromissos, as virtudes requeridas aos que exercem poderes "em nome do povo". Daí o sentimento de que "a injustiça apenas mudava de turno", numa confirmação de um receio em relação àqueles que "proclamavam mundos novos", como temos expresso em *Vinte e zinco* pela voz do cego Andaré Tchuvisco: "proclamavam mundos novos, tudo em nome do povo, mas nada mudaria senão a cor da pele dos poderosos. A panela da miséria continuaria no mesmo lume. Só a tampa mudaria".[81]

Essa discussão também está colocada num dos contos de *Cada homem é uma raça*. Na narrativa de "O apocalipse privado do tio Geguê", essa ambiguidade do lugar e dos usos presentes do passado nos é colocada a partir do caso de uma bota. Não uma qualquer, mas uma bota "muito histórica".

Passa-se, a estória, nos tempos da guerra civil; nela nos é narrada as venturas e desventuras do velho tio Geguê e seu sobrinho. Certo dia, depois de suas andanças, o tio Geguê traz a seu sobrinho uma "bota de tropa", um "calçado solteiro", sem seu par, e "grande de tamanho sobrado". Sem ver utilidade para aquele calçado, o sobrinho de Geguê não lhe dá o devido valor, o que aborrece seu tio, cuja paciência era "muito quebradiça":

> — *Você sabe de onde vem essa bota?*
>
> A botifarra [bota grande] estava garantida pela história: tinha percorrido os gloriosos tempos da luta pela independência.
>
> — *São botas veteranas, essas.*
>
> Então, ele me malditou: eu era um sem-respeito, sem subordinação à pátria. Eu haveria de chorar, tropeçado e pisado. Ou eu estava à espera que as estradas amolecessem para eu andarilhar com agrado?[82]

---

81   COUTO, Mia. *Vinte e zinco...*, p. 133.

82   COUTO, Mia. *Cada homem é uma raça*. Rio de Janeiro: Nova Fronteira, 1998, p. 30.

Não, as estradas não amoleceriam, nunca o haviam amolecido. Os *ca-minhos da pátria* haviam sido abertos, justamente, por aqueles que, no passado (não tão distante daqueles tempos da guerra), haviam calçado aquela bota, agora recusada por um jovem "sem-respeito, sem subordinação à pátria"; era essa a lição nas entrelinhas da fala do tio Geguê. Descontente com o sobrinho, e apesar de se tratar de uma bota "histórica", ele a deixa de lado. Porém, o assunto chegou à autoridade local, o "camarada secretário", que após reunir-se com o velho Geguê, se pronunciou:

> esta bota é demasiado histórica, não pode sofrer destino de lixeira. Geguê concordara, não se podia deitar tamanha herança fora. Mas o camarada secretário corrigira:
>
> — *Seu engano, Geguê: é preciso deitar esta porcaria fora.*
>
> — *Deitar? Mas não é muito histórica, a bota?*
>
> Por isso mesmo, respondeu o secretário.[83]

Para o "camarada secretário", autoridade do tempo presente, devia-se jogar no pântano aquele *resto histórico*. Em sua materialidade, aquele *resto* constituía-se em elemento de memória de um passado, de que alguns mais velhos já tinham até saudades: "alguns se amargavam, fazendo conta aos sacrifícios: — *Foi para isto que lutamos?*".[84] No fim das contas, o sentimento ficado era o de que a bota (a memória que ela materializava) "já estava deitada no fundo esquecimento".[85] Um esquecimento que, neste caso preciso, tinha por intento assegurar privilégios presentes, desvanecendo-se responsabilidades assumidas no passado. Em suma, a história, ou mais propriamente, determinados aspectos da história deveriam ser *deitados fora*. Em tal percepção, o "amargar" da memória de alguns ao *fazerem contas aos sacrifícios passados* não se assentam pacificamente ao lado do reclame de autoridade da memória de dirigentes que, na autorreclamada

---

83 *Ibidem*, p. 32-33.

84 *Ibidem*, p. 41.

85 *Ibidem*, p. 43.

qualidade de *libertadores do povo*, exigem o direito a privilégios e diferenciação das "massas populares".

Uma exigência que não deixa de ter reverberações no entendimento de como se deva escrever a história. Com tanta exigência para reconhecimentos de heróis e seus grandiosos feitos, a história que se vai "herdando" torna-se "uma história heróica de heróis sem história", segundo Mia Couto:

> A narrativa deste processo histórico [a luta de libertação nacional] foi sendo apropriada por um discurso de exaltação e ganhou demasiada solenidade. A epopeia perdeu sedução e passou a ser figurada apenas por heróis que têm nomes nas ruas e praças, mas que não têm rosto nem voz. Herdámos uma história heróica de heróis sem história. Personagens sobre-humanas destronaram as pessoas comuns, essa gente humilde que teve medo, que hesitou, que namorou, que se tornou semelhante a todos nós.
>
> [...] Onde estão as histórias dessa História com H maiúsculo?[86]

Não admira, ante tal concepção da História (maiúscula, heroica), a desesperada necessidade de heróis, como temos em *Cronicando,* na narrativa da vida de Zeca Tomé, no conto/crônica "As medalhas trocadas". Nela nos é dito do espanto do pobre Zeca que, "no embalo da sua inocência", sem mais quês nem porquês, sem o devido merecimento – pois o Zeca a ser "medalhado" era outro –, é proclamado herói da nação.

E por duas vezes. Primeiro no "Dia da Raça", ainda durante o regime colonial, tendo sido, logo que descoberta a troca dos Zecas, preso pelas autoridades coloniais. Por tal fato – fruto de um engano, lembremos –, nos tempos independentes Zeca é novamente condecorado, em "cerimónia internacionalista e proletária", inclusive com a presença do "camarada" presidente da Bulgária, mas agora como um herói da resistência à opressão colonial. Assim, o pobre Zeca Tomé é tornado herói nacional,

---

86 COUTO, Mia. "O novelo ensarilhado". In: *E se Obama fosse africano e outras interinvenções...*, p. 201-202.

mesmo dando ciência aos "camaradas dirigentes" de que não era merecedor da honraria; para esses, todavia, "fosse um ou o outro Tomé, para o caso nem interessava", importava era ter um herói a condecorar.[87]

Outro herói glorificado em circunstâncias semelhantes na obra de Mia é Ermelindo Mucanga, o defunto carpinteiro, morto-narrador de *A varanda do frangipani*. Ermelindo "carpinteirava em obra de restauro na fortaleza dos portugueses" (o forte de São Nicolau) quando morreu, tendo aí sido enterrado e esquecido.

> Até que, um dia, fui acordado por golpes e estremecimentos. Estavam a mexer na minha tumba. Ainda pensei na minha vizinha, a toupeira, essa que ficou cega para poder olhar as trevas. Mas não era o bicho escavadeiro. Pás e enxadas desrespeitavam o sagrado. O que esgravatava aquela gente, avivando assim a minha morte? Espreitei entre as vozes e entendi: os governantes me queriam transformar em herói nacional. Me embrulhavam em glória. Já tinham posto a correr que eu morrera em combate contra o ocupante colonial. Agora queriam os meus restos mortais. Ou melhor, os meus restos imortais. Precisavam de um herói mas não um qualquer. Careciam de um da minha raça, tribo e região. Para contentar discórdias, equilibrar as descontentações. Queriam pôr em montra a etnia, queriam raspar a casca para exibir o fruto. *A nação carecia de encenação*. Ou seria o vice-versa? De necessitado eu passava a necessário. Por isso me covavam o cemitério, bem fundo no quintal da fortaleza. Quando percebi, até fiquei atrapalhaço.[88]

Como dito por Ermelindo, "a nação carecia de encenação". E uma encenação requerida num momento delicado: o que compreendia o "período de transição", como entendido por Mia, logo após o fim da guerra

---

87 COUTO, Mia. *Cronicando*. 8ª ed. Lisboa: Caminho, 2006, p. 93-96.

88 COUTO, Mia. *A varanda do frangipani...*, p. 11-12. Grifo meu.

civil, em 1992.[89] Daí a referência no romance à necessidade de um herói, "mas não um qualquer", e sim um que tivesse dada "raça, tribo e região" para, com isso, "equilibrar as descontentações".

E aqui não deixa de ser instigante associar essa escrita de Mia ao processo de heroificação de Gungunhana, o último imperador do Reino/Império de Gaza; um processo que começa, segundo José Luís Lima Garcia, por volta de 1985, "numa altura em que o partido no poder [a Frelimo] enfrentava uma guerra civil com a Renamo, que poderia fraccionar a integridade territorial de um país que ia do Maputo ao Rovuma", e que atravessa (esse processo) o "período de transição" do fim da guerra à democratização do país. É nesse período, segundo Garcia – refletindo com Fernando Catroga – que "ritos de recordação" passam a ser intensificados com o intento de perpetuar o sentimento "de pertença e continuidade" da *nação moçambicana;* "havia necessidade de circunscrever um território numa colectividade de habitantes com um legado comum de 'tradições', 'aspirações' e 'interesses'", estando inserida nessa necessidade a busca por heroificação de "figuras históricas".[90]

Caso de Gungunhana.

---

89 COUTO, Mia. "A crítica e a criação". Entrevista a Rita Chaves e Tania Macêdo. In: *Biblioteca Sonora. Rádio USP*, 14 de agosto de 2006. Disponível em: <http://www.radio.usp.br/programa. php?id=2&edicao=060814>. Acesso em: 10 ago. 2011.

90 GARCIA, José Luís Lima. "O mito de Gungunhana na ideologia nacionalista de Moçambique". In: TORGAL, Luís Reis *et al* (coords.). *Comunidades imaginadas: nação e nacionalismos em África*. Coimbra: Imprensa da Universidade de Coimbra, 2008, p. 131-147.

Imagem 11: Gungunhana [gravura, 1895; retrato, 1904]

Gungunhana. Gravura representando o último imperador de Gaza após sua captura, em 1985. In: TELO, António José. *Moçambique 1895: a campanha de todos os heróis*. Lisboa: Tribuna, 2004, p. 85

Último retrato do Gungunhana [à esquerda, sentado], 1904. In: MARTINS, Leonor Pires. *Um império de papel: imagens do colonialismo português na imprensa periódica ilustrada (1875-1940)*. Lisboa: Edições 70, 2012, p. 86

Ocorre que sua história "era ao mesmo tempo uma história africana, também moçambicana, de opressores e oprimidos".

> Gungunhana fazia parte de uma genealogia de chefes guerreiros vindos de fora, dos limites do território que se convencionou chamar Moçambique, e que no seu périplo para o litoral foi massacrando, rapinando e eliminando muitas populações de vários grupos étnicos que já estavam integrados no território sob soberania portuguesa.[91]

Como nos recorda Mia, Gungunhana, "o herói da resistência anticolonial", foi, "ao mesmo tempo, coronel do exército português. No seu

---
91 *Ibidem*, p. 143.

quartel-general esteve hasteada a bandeira lusitana". Daí, pois, que nessa glorificação de figuras da história de Moçambique – como o "leão de Gaza" (cognome de Gungunhana), mas não apenas ele[92] – seus nomes "não podem [possam] ser cantados sob risco de despertarem fantasmas dos que foram escravizados por essas mesmas personagens".[93]

É ante tal constatação que se pode refletir acerca do "descasamento" de memórias, dos conflitos e ambiguidades entre as muitas memórias e esquecimentos das muitas gentes moçambicanas.

E ao referirmos isto, tornamos à "pedra primeira" deste tópico, aquela a que antes se prometeu voltar: a narrativa da lembrança infantil de Mia Couto sobre o enrolar de lã junto com sua mãe. Tendo dito desta sua "persistente lembrança" como um idílico recordar que o "inaugurava" a ele "enquanto produtor de memórias", Mia Couto, ao final de sua intervenção, retorna a ela para confessar:

> esse momento tão cheio de sossego tem uma outra versão. Se perguntarem à minha mãe ela dirá que aquilo era um inferno. É assim que ela me responde ainda hoje: "Tu não paravas quieto, queixavas-te que aquilo não era tarefa para um rapaz e eu tinha que te dar umas sapatadas para não ensarilharmos o novelo".

---

92 Mia faz referência a Farelay de Angoche. Sultão do sultanato de mesmo nome (Angoche), no norte de Moçambique, que resistiu à presença portuguesa até 1910. Para mais a respeito, ver: MATTOS, Regiane Augusto de. *As dimensões da resistência em Angoche: da expansão política do sultanato à política colonialista portuguesa no norte de Moçambique (1842-1910)*. Tese (doutorado em História Social) – FFLCH, Universidade de São Paulo, São Paulo, 2012. Disponível em: <www.teses.usp.br/teses/disponiveis/8/8138/tde-01082012-164035/>. Acesso em: 10 abr. 2013.

93 COUTO, Mia. "O novelo ensarilhado". In: *E se Obama fosse africano e outras interinvenções...*, p. 204-205. Na literatura moçambicana, um dos exemplos mais referidos desse "despertar de fantasmas", por meio da escrita criadora, é o romance *Ualalapi*, de Ungulani Ba Ka Khosa (nome *tsonga* de Francisco Esaú Costa), descendente de um desses povos – os *tsongas* – dominados por Gungunhana. Na obra, por meio de um intenso recurso à documentação histórica, as quais deixam ler percepções diversas (e antagônicas) da figura de Gungunhana, Khosa ficcionaliza os últimos dias do *hosi* (imperador) de Gaza. Uma obra provocadora já desde sua epígrafe, onde se lê: "A História é uma ficção controlada", frase da escritora portuguesa Agustina Bessa Luís (KHOSA, Ungulani Ba Ka. *Ualalapi*. 2ª ed. Lisboa: Caminho, 1998).

Para Mia, "a lição" que esta outra versão, contraposta à sua, lhe ensina é que:

> aprendi que se eu quero celebrar a casa, essa que depois de tantas casas é a minha única casa, eu não posso sentar todas as lembranças junto de minha velha mãe. Um de nós tem de esquecer. E acabamos esquecendo os dois, para que a antiga casa possa renascer na penumbra do tempo. Para não ensarilharmos o novelo da memória.[94]

Para não *ensarilharmos o novelo da memória*, esquecemos, propõe-nos Mia Couto. O que implica um trabalho, uma negociação entre memórias. Um trabalho complexo e delicado, bem sabemos, este por meio do qual se opera a separação entre o que reter na memória e o que esquecer. Uma separação que, não obstante sua busca, é algo de impossível execução plena. Não se pode separar memória e esquecimento. O *novelo da memória* é, por si, algo ensarilhado, emaranhado, enredado.

E ao escrever "por si", quero, com a impropriedade do termo, justamente chamar atenção para essa impossibilidade executória de separação memória/esquecimento; quero enfatizar que memória e esquecimento são fibras de um mesmo fio. Falar de um termo, pois, implica, necessariamente, não desconsiderar o outro, ou, nos termos de Mia, implica entender que – reiteremos sua percepção – "falar de memórias é um assunto cheio de esquecimento".[95]

Não é acaso que, neste caso de sua memória infantil, o idílico, o lúdico a ela associada por si (Mia), só se sustenta por meio de um esquecimento deliberado: o da "outra versão" desse "momento tão cheio de sossego", que é a de sua mãe. É somente no confrontar dessas duas memórias que uma certeza se estabelece: "eu não posso sentar todas as lembranças junto de minha velha mãe". Uma certeza que possibilita uma negociação

---

94 COUTO, Mia. "O novelo ensarilhado". In: *E se Obama fosse africano e outras interinvenções...*, p. 206-207.

95 *Ibidem*, p. 200.

apaziguadora do confronto: "e acabamos esquecendo os dois". Nesse sentido, o esquecimento não pode ser tomado como "o outro" da memória, mas antes como um de seus mecanismos, ou, para usarmos da imagética miacoutiana, como um dos fios de seu novelo.

"A ÁRVORE DAS VOLTAS"
(ou OS TRABALHOS DO ESQUECIMENTO)

Se para Mia Couto o trabalho da memória pode ter como sua "quase metáfora" o novelo – "um fio ténue, juntando-se a outros fios que se enroscam num redondo ventre"[96] –, o trabalho do esquecimento não deixa de ter em sua obra as suas metáforas e as suas proposições problematizantes.

Uma dessas metáforas está em *O outro pé da seria*. É a "árvore do esquecimento"; "conhecida, desde há séculos, como 'a árvore das voltas'", assim nominada devido ao expediente utilizado por aqueles que recorriam a seu uso: "quem rodasse três vezes em seu redor perdia a memória. Deixaria de saber de onde veio, quem eram os seus antepassados. Tudo para ele se tornaria recente, sem raiz, sem amarras".[97]

Quem nos conta dela no romance é o curandeiro e adivinho Lázaro Vivo, num encontro seu com o historiador afro-americano Benjamin Southman – estudioso, justamente, das memórias da escravidão, motivo primeiro de sua estada ali. Segundo Lázaro Vivo, aquele *mulembe* (ou *embondeiro*, ou *baobá*), o maior de toda a redondeza, fora plantado pelos escravos, tendo sido eles os primeiros a dele fazerem uso. Benjamin, diante do que lhe informa o curandeiro, e também os demais vilalongenses participantes no encontro, pensa consigo mesmo: "pela dificuldade que tinham de recordar, todos os habitantes de Vila Longe deviam ter rodado em volta do majestoso tronco". Pensamento esse logo corroborado pelas falas dos que ali estavam:

---

96   *Ibidem*, p. 199.

97   COUTO, Mia. *O outro pé da sereia...*, p. 276.

> — *Eu mesmo já dei voltas e voltas em seu redor.*
> [fala de Jesustino Rodrigues]

> — *Quando você sair daqui, meu irmão Benjamin, eu hei-de querer esquecer.*
> [fala de Lázaro Vivo][98]

Cheio de dúvidas e inquietações não remediadas pelos seus depoentes – eles que, dia após dia, mais iam contrariando as certezas e as visões de mundo trazidas pelo historiador ao ali chegar –, não resta a Benjamin senão ir-se dali, frustrado nesse seu tão ansiado encontro com um "legítimo" representante da "África mais profunda".[99] Uma África existente somente em seus sonhos e suspiros – "Oh, Africa! My forgotten land!"[100] – e nas certezas que o seu saber autorizavam.

De volta a Vila Longe, pois que o encontro com Lázaro Vivo se dera longe dali, Benjamin, em diálogo com Jesustino Rodrigues, expõe sua angustiante inquietação, reveladora da complexidade constituinte da relação memória/esquecimento, bem como dos pressupostos donde partia sua percepção acerca da questão: "— [...] *Há uma coisa que não entendo: nós lá, na América, nunca esquecemos. Como é que aqui vocês não se lembram?*".[101]

Nessa fala do historiador afro-americano, temos colocada a distância havida entre sua percepção (seu saber, suas crenças) e a percepção (as estratégias) das gentes de Vila Longe para lidar com as memórias, uma distância que opõe dois espaços – *lá* (Estados Unidos da América) e *aqui* (Vila Longe/África) –, mas sobretudo duas percepções acerca do "peso do passado" e dos modos de lidar com essa herança para, no tempo presente, não sucumbir a ela.

Mas essa possível *distância* havida entre esses dois modos de lidar com o "peso do passado" ganha ainda mais nuances e (instigantes) sutilezas na resposta dada por Jesustino Rodrigues a Benjamin Southman. Segundo

---

98   *Ibidem*, p. 276.

99   *Ibidem*, p. 270-271.

100 *Ibidem*, p. 144.

101 *Ibidem*, p. 278.

o alfaiate de origem goesa, descendente de uma família de senhores de escravos: "—*A gente não esqueceu. Apenas não lembramos*".[102]

Percebamos bem: no entender de Jesustino Rodrigues, não há esquecimento, um apagamento de memória, um desaparecimento definitivo; há, antes, uma estratégia, uma intenção, um intento de não recordar, de não reavivar *certas* memórias; em suma: não há uma perda, mas a presença de uma vontade.

Trata-se aqui de uma percepção que nos é mais ainda autorizada se, adotando a estratégia narrativa de Mia, *costurarmos* as duas narrativas (passadas em duas diferentes temporalidades: o ano de 2002 e o século XVI, não esqueçamos) que constituem o corpo narrativo de O *outro pé da sereia*. Assim procedendo, iremos deparar com o personagem Nimi Nsundi, um dos que, nos idos do ano de 1560, nas águas do Índico, seguem na nau Nossa Senhora da Ajuda rumo ao reino do Monomotapa, nos "sertões" das terras do que era, então, *Rios de Sena, Cuama e Sofala,* hoje Moçambique.

Nimi Nsundi era um "escravo particular". "Em terra, cumpria funções de mainato; no mar, era um estrinqueiro, encarregado de zelar pelas velas e pelos cabos"; na viagem em que ia, todavia, fora promovido a auxiliar de meirinho, "um funcionário da justiça, de alta confiança e responsabilidade". Era também um "trocado", uma "moeda de carne", pois tinha sido trocado por mercadorias que o rei Afonso I (ou Mbemba Nzinga) havia mandado vir de Portugal. Nimi "custara uma espingarda, cem espoletas, cinquenta balas de chumbo, um barril de pólvora e uma pipa de cachaça". Orgulhava-se de não ser "um simples cafre"; em Lisboa, após sua "troca", até revelou-se rebelde, tendo, como punição, sido enviado à então Índia Portuguesa, onde, além de cumprir serviços domésticos, "apurava os conhecimentos de português para servir de intérprete nas costas de África".[103]

É Nimi Nsundi, pois, esse escravo da costa atlântica, capturado na região do Reino do Congo, que nos irá revelar das nuances do lembrar e

---

102 *Ibidem*, p. 278.

103 *Ibidem*, p. 53.

do esquecer, mais acima lidas na fala de Jesustino Rodrigues a Benjamin Southman. Certa noite, em conversa com a escrava indiana Dia Kumari – aia da nobre portuguesa Felipa Caiado, esposa do negociante António Caiado, homem de negócios estabelecidos no Reino do Monomotapa –, Nimi Nsundi lhe dá algo: "um pequeno saco cheio de terra". Ao entregá--lo a Dia, esta não sabe muito bem o que fazer: "ela foi desfolhando nos dedos um torrão de areia". Nimi então a indaga:

> — *Sabe de onde é essa areia?*, perguntou o mainato.
>
> — *De onde é?*
>
> — *Do lugar onde você nasceu. Apanhei essa areia na praia de Goa, fique com isso...*
>
> — *Para quê?*

Na sequência do diálogo, em sua resposta a Dia, Nimi revela a "tradição dos escravos" embarcados rumo ao desconhecido: para não se perderem nas "névoas do mar", estes se banhavam de terra. Leiamo-lo:

> Apoiado na base do mastro, o escravo retirou do saco uma mão cheia de terra. Levantou os braços e cobriu-os de areia branca, em contraste com a pele negra. Era como se uma outra pele mais branca que a dos brancos, cobrisse não apenas o seu corpo, mas toda a sua alma.
>
> — *Faça isso, também você, Dia...*
>
> — *Aqui? Tenho vergonha.*
>
> — *Ninguém a vê.*
>
> — *Vejo-me eu.*
>
> — *De qualquer modo*, disse o escravo, *esse saco é seu, essa areia guarda pegadas antigas dos seus mais velhos...*
>
> Essa era a tradição dos escravos: dava sorte navegar levando sacos com terra. Os que embarcavam nas naus – os anamadzi,

os da água, como lhe chamavam – obedeciam a esse preceito. Quem não levasse consigo, numa bolsa de couro, uns torrões da sua terra natal corria o risco de se perder para sempre entre as névoas do mar.[104]

Tal "tradição dos escravos" de banhar-se de terra, das *suas terras* de origem, não contradiria a outra "tradição" de se recorrer à "árvore do esquecimento", cujo "remédio" por ela proporcionado seria justamente o de fazer perderem-se as *raízes*, as *amarras*? Por que aqueles que, à partida, buscavam um *remédio* para o esquecimento, em alto mar, buscariam remediarem-se desse mesmo esquecimento? Por que Nimi Nsundi, escravo capturado no Reino do Congo, na costa atlântica africana, provável utilizador da "árvore do esquecimento" ao dali sair,[105] por que ele recorria à tradição de banhar-se da terra do seu lugar?

Se aqui pensarmos a partir da fala de Jesustino Rodrigues, já antes posta, de que "*A gente não esqueceu. Apenas não lembramos*", podemos propor um entendimento ao recurso às duas "tradições" menos como uma insolúvel contradição e mais como a explicitação de uma ambiguidade intrínseca: a que, afinal, envolve lembrar e esquecer. Nesse sentido, reforço minha percepção de que na diferenciação entre esquecer (uma perda total, um apagamento definitivo) e não lembrar (uma estratégia, uma vontade) estabelecida na fala do personagem, o que aí temos implicado diz respeito ao "peso do passado", aos usos e abusos emaranhados na relação

---

104 *Ibidem*, p. 108-109.

105 Segundo Alberto da Costa e Silva, a "tradição" do uso da "árvore do esquecimento" "parece ter sido construída no fim do século passado [século XIX]". Como um modo de desvinculação da vida anterior, o rito era de "alto valor simbólico", tanto que, para o caso de Ajudá (no antigo Daomé, atual Benin, na costa atlântica), esse rito era comandado pelo *ouekenon*, uma espécie de sacerdote "que controlava o acesso à praia e o embarque dos escravos" (COSTA E SILVA, Alberto da. *Francisco Félix de Souza, mercador de escravos*. Rio de Janeiro: Nova Fronteira: EdUERJ, 2004, p. 139). Segundo Nei Lopes, no verbete "Árvore do esquecimento" de sua *Enciclopédia brasileira da diáspora africana*, para algumas interpretações desse rito, o recurso a ele seria "uma defesa dos traficantes africanos contra possíveis feitiços ou pragas mandados pelos infelizes traficados" (LOPES, Nei. *Enciclopédia brasileira da diáspora africana*. São Paulo: Selo Negro Edições, 2004, p. 76).

entre memória e esquecimento. O que é dizer: trata-se de questões que se geram a partir das vivências das gentes do tempo presente, em suas demandas por um *passado,* em suas perspectivas de um *futuro.*

E são justamente essas questões – demanda por passado, perspectivas de futuro – que a escrita da nação, ao lidar com memórias e esquecimentos, *ensarilha.*

Mia é sabedor desse delicado processo, sobretudo em jovens nações como Moçambique. Em sua percepção,

> poder-se-ia pensar que *o nascimento da nação* (este que ainda vivemos) fosse o momento mais apropriado para recolher e reinventar o nosso comum património de lembranças. Mas acontece exactamente o contrário. *Este é o período mais frágil*, onde sabemos possível a emboscada do julgamento passadista. Em todos os países do mundo sucedeu o mesmo: *o início da narrativa da nação nasceu daquilo que alguns chamaram de 'sintaxe do esquecimento'*. [...]
>
> É preciso vazar de lembranças o território simbólico da nação para o poder povoar de novo, preenchendo o imaginário de formas novas, *num espelho que mostra não tanto o que somos, mas o que poderemos ser.*[106]

Na perspectiva miacoutiana, pois, "o que poderemos ser" enquanto nação é também (e, talvez até, sobretudo) trabalho do esquecimento, da "sintaxe" que esse trabalho vai *escrevendo* na escrita da nação.

Uma perspectiva que se aproxima do pensamento de Homi K. Bhabha. Para esse estudioso das questões pós-coloniais, "é através da sintaxe do esquecer – ou do ser obrigado a esquecer – que a identificação problemática de um povo nacional se torna visível". Isto porque a "vontade de nacionalidade" enevera por uma busca de "anterioridade da nação", e isto "muda inteiramente nossa compreensão do caráter passado do passado e do presente sincrônico da vontade de nacionalidade". Desse modo,

---

106 COUTO, Mia. O novelo ensarilhado. In: *E se Obama fosse africano e outras interinvenções...*, p. 205-206. Grifos meus.

ser obrigado a esquecer – na construção do presente nacional – não é uma questão de memória histórica; é a construção de um discurso sobre a sociedade que desempenha a totalização problemática da vontade nacional.[107]

É um discurso sobre a sociedade do tempo presente em sua busca por constituir nacionalidade, por escrever uma nação. E nesse discurso, o esquecimento vai costurando, vai dando contornos à "totalização" ("problemática") da nação, vai expondo as disputas latentes, os conflitos não resolvidos e as demandas por formas de exercício de poder, sendo o não esquecimento (a possibilidade de poder narrar), certamente, uma delas.

É nessa perspectiva que se torna necessário esquecer – ou melhor dizendo, *não lembrar,* conforme a diferenciação já antes exposta – que as gentes "moçambicanas" do presente são filhas de invasores e de espoliados, de colonizadores e de escravizados, de culpados e de vítimas *ao mesmo tempo*; a vivência dessas gentes, ao longo do tempo, misturou seus sangues, suas histórias.

Um sangue misturado que, em *O outro pé da sereia,* nos é dito por dona Constança Malunga, mãe de Mwadia. No último capítulo do romance ("As revelações"), a velha matriarca da família, despedindo-se da filha que retorna a seu lugar de morada, Antigamente, lhe oferece dois presentes, "duas lembranças":

> — Para si, minha filha, trago duas lembranças. Uma de cada rio.
>
> — De cada rio?
>
> — Somos todos feitos assim: de duas águas.
>
> Estendeu, primeiro, um lenço de estimação. Era uma herança de Dona Rosária Rodrigues, a avó materna de Jesustino Rodrigues.
>
> — Esta é a lembrança de uma velha dona de escravos.

---

107 BHABHA, Homi. "DissemiNação: o tempo, a narrativa e as margens da nação moderna". In: *O local da cultura.* Trad. Myriam Ávila *et al.* Belo Horizonte: Editora UFMG, 1998, p. 226.

> Depois, exibiu uma pequena caixa de rapé. Tinha sido pertença de Lela Amissi, bisavó de seu pai Edmundo Marcial Capitani.
>
> —A avó Lela foi escrava. Morreu no chibalo [trabalho forçado].[108]

Dois presentes, duas lembranças, sugerindo-nos, num exemplo familiar, a "totalização problemática" com que uma nação com uma tal formação histórica tem de lidar em sua *escrevência*.

Daí que a inquietação do historiador afro-americano Benjamin Southman (reiteradamente colocada pelas páginas do romance), sobre por que as gentes de Vila Longe não lembram, ganhe por melhor resposta aquela que lhe é dada por Singério, o ajudante de alfaiataria de Jesustino Rodrigues: "— *Sabe por que nós aqui não lembramos? É porque sempre estivemos juntos, todos misturados: vítimas e culpados*".[109] Nesse mesmo sentido, o ex-pugilista Zeca Matambira declara a Southman: "Nós somos filhos deles",[110] sendo o "eles" referido os *vangunis*, que em seu processo de expansão pelo sul de Moçambique no século XIX dominaram as populações aí existentes, dando origem ao Reino/Império de Gaza e a uma gente *misturada*, filha de invasores e de dominados.[111]

Para Mia, é a "dificuldade" – por conta da *história misturada* das gentes – em estabelecer separações binárias do tipo *bons* versus *maus*, *vítimas* versus *culpados* que torna problemática a escrita de uma história da escravidão em Moçambique (e por que não dizer em toda África), uma vez que essa escrita desperta fantasmas que vêm assombrar as "boas consciências" de perspectivas vitimistas, estabelecidas sob falaciosas e a-históricas dicotomias. Em seu entender, foi, e é, pois, essa dificuldade que "isentou de registo narrativo o longo e dramático período da escravatura. Por que não

---

108 COUTO, Mia. *O outro pé da sereia...*, p. 325-326.

109 *Ibidem*, p. 278.

110 *Ibidem*, p. 149.

111 Sobre os *vangunis*, neste trabalho, ver capítulo 2, tópico "Nós não somos quem vocês procuram".

temos memória dessa tragédia? A resposta pode ser: é que nós fomos, ao mesmo tempo, escravos e escravagistas".[112]

E, noutros romances, remetendo a processos históricos de outras temporalidades, Mia expõe essa mesma percepção, essa mesma "distribuição pelo paraíso e pelo inferno".[113] Em *Antes de nascer o mundo* ela nos é colocada por Ernestinho Sobra, ou, após seu rebatizamento, Zacaria Kalash. Um homem das armas, como seu sobrenome denuncia: "neto de soldado, filho de sargento, ele mesmo não tendo sido outra coisa senão um militar". Um orgulho seu era carregar no próprio corpo as marcas de sua alma militar, como lemos em uma sua conversa com Mwanito e Ntunzi, duas crianças, dois outros viventes de Jesusalém, o lugar-exílio em que decorre grande parte do romance:

> — *Vão saltar, já vos mostro.*
>
> Os dedos zelosos de Zacaria comprimiam os músculos da perna de encontro ao osso. Subitamente, da carne, saltavam pedaços de metal que tombavam e rodopiavam pelo chão.
>
> — *São balas* – proclamava Zacaria Kalash com orgulho.
>
> Na ponta dos dedos erguia-as uma por uma e anunciava o calibre e as circunstâncias em que tinha sido alvejado. Cada uma das quatro balas tinha a sua própria proveniência.
>
> — *Esta, a da perna, ganhei na Guerra Colonial. A da coxa veio da guerra com Ian Smith.*[114] *Esta, no braço, é desta guerra de agora...* [entre Frelimo e Renamo].[115]

---

112 COUTO, Mia. "O novelo ensarilhado". In: *E se Obama fosse africano e outras interinvenções...*, p. 205. A esse tocante, veja-se a história de D. Honória Bailor-Caluker contada por Mia e apontada no tópico anterior.

113 *Ibidem*, p. 204.

114 Líder do regime segregacionista da Rodésia do Sul (atual Zimbábue), fronteira com Moçambique, e que após a independência moçambicana em 1975 entrou em conflito com seu regime socialista.

115 COUTO, Mia. *Antes de nascer o mundo...*, p. 83.

Ocorre que essas marcas, esses artefatos metálicos e de memória, foram ganhos "do outro lado". Segundo Tio Aproximado, outro habitante (mais visitante que habitante, em verdade) de Jesusalém, Zacaria Kalash

> lutara sempre do lado errado. Foi assim desde sempre na sua família: o avô lutara contra Gungunhana, o pai se alistara na polícia colonial e ele mesmo [Zacaria] combatera pelos portugueses na luta de libertação nacional.[116]

E neste "estar do outro lado", a ficcional narrativa de vida de Zacaria Kalash não pode ser tomada como única, como sugerindo uma exceção. Em estudo sobre o "potencial de violência" advindo do processo de militarização das sociedades coloniais sob domínio português, o historiador e escritor moçambicano João Paulo Borges Coelho aponta-nos que, "em termos comparativos" aos demais territórios coloniais, e apesar de mais tardia em relação a estes, Moçambique teve a maior percentagem de recrutamento local para a formação de tropas africanas. Não já para as forças armadas regulares (vindas da metrópole), em que essas tropas locais atuaram como suas auxiliares, mas já para a criação de unidades "definidas precisamente em termos rácicos, regionais ou étnicos, e actuando operacionalmente de forma semi-autónoma ou mesmo autónoma". Daí que ao final do conflito, em 1974, "fosse generalizada a utilização de forças de recrutamento local". Na conclusão de Borges Coelho, tal "utilização maciça de tropas africanas" intentou "transformar a guerra colonial em três conflitos internos nos três teatros de operações [Angola, Guiné-Bissau e Moçambique]". Ainda que não se prendendo à avaliação do grau de consecução desse intento, para Borges Coelho importa a consideração de que essa "extrema militarização" da sociedade "deixou um legado de contornos ainda não inteiramente circunscritos mas que, pelo

---

116 *Ibidem*, p. 86.

seu potencial de violência, constituiu poderoso factor alimentador dos conflitos pós-coloniais".[117]

Um legado que envolve também a constituição de memórias e a busca por esquecimentos, o que, decerto, abre espaço para conflitos em relação a tais processos que têm o passado (suas leituras e interpretações no presente) como cerne de suas problemáticas.

Em Moçambique, com o fim desses conflitos armados – em 1992, com a assinatura do Acordo Geral de Paz entre Frelimo e Renamo –, outras demandas se colocaram a essa sociedade no processo de construção da ideia de nação: a necessidade de reconciliação, a busca por sarar as feridas e apaziguar os espíritos. E nessa tarefa, a delicada relação entre memória e esquecimento se coloca de modo incontornável. Como o temos na escrita de Mia sobre a vida de Zacaria Kalash, esse habitante de Jesusalém, "soldado de tantas guerras", que nos é descrito como tendo sempre sido um "soldado sem nenhuma causa", ou pelo menos sem uma causa condizente com uma *vontade de nação*: "Defender a pátria? Mas a pátria que defendera nunca fora sua" – assim como a pátria defendida por seu avô e seu pai no passado, Portugal, nunca fora deles. Não admira que Zacaria não goste de recordar certas memórias: "— *Não gosto de antiguar os tempos*".[118] Fazer isso significa tocar em feridas particulares, mas significa, também (e isto nos é de relevância), revelar a "totalização problemática" da "vontade de nacionalidade" e sua reivindicação de "anterioridade", assim como os trabalhos operados pela *sintaxe do esquecimento,* como apontado por Homi K. Bhabha.[119] "Antiguar os tempos" implica considerar que *a nação moçambicana* não é uma unidade que atravessa a história, mas uma vontade que pressupõe um complexo e delicado trabalho.

---

117 COELHO, João Paulo Borges. "Da violência colonial ordenada à ordem pós-colonial violenta: sobre um legado das guerras coloniais nas ex-colónias portuguesas". *Lusotopie* – Violences et contrôle de la violence au Brésil, en Afrique et à Goa. Paris: Éditions Karthala, 2003, p. 175-193. Disponível em: <http://www.lusotopie.sciencespobordeaux.fr/borges2003.pdf.> Acesso em 18 nov. 2005.

118 COUTO, Mia. *Antes de nascer o mundo...*, p. 86.

119 BHABHA, Homi. "DissemiNação". In: *O local da cultura...*, p. 226

Inclusive um trabalho de esquecimento. Que pode atuar como elemento mediador, servindo como um meio pelo qual a sociedade se vai desencolerizando, pacificando a lida com o passado e perspectivando as possibilidades de futuro. Nesse sentido, o não querer "antiguar os tempos" pode ser tido como um *esquecimento apaziguador*, talvez até como um "trabalho de luto", esse que "separa definitivamente o passado do presente e abre espaço ao futuro", uma vez que, refletindo com Paul Ricoeur, "uma sociedade não pode estar indefinidamente encolerizada contra si mesma".[120]

Um entendimento partilhado por Mia. Para ele, "em toda a nossa história [de Moçambique] vencidos e vencedores se imiscuíram e agora nenhum deles quer desenterrar tempos carregados de culpa e de ressentimento". Em sua concepção, há nesse proceder – que entende presente na sociedade moçambicana – "uma economia de paz, uma mediação de silêncios, cuja inteligência não pode ser minimizada".[121] O que não quer dizer que haja uma total conciliação com o passado ou que essa "mediação" (presente/passado) se dê sem conflitos; não se trata disto, mas antes de uma estratégia buscada e – é o que leio em Mia – tacitamente validada na prática social das gentes de Moçambique.

Ao escrever a *Nyumba-Kaya*, a casa grande dos Malilanes/Marianos em *Um rio chamado tempo, uma casa chamada terra*, é justamente por meio da busca de um trabalho de luto apaziguador, de uma mediação com as questões do passado, que Mia vai-nos expondo a "totalização problemática" dessa *casa grande*.

Com a meio-morte do velho patriarca Dito Mariano, os conflitos vão sendo colocados, verdades e mentiras vão sendo confrontadas, e só à medida que estas vão sendo apaziguadas é que o velho Dito vai se encaminhando de uma meio-morte para uma morte definitiva, *apaziguada*. E ainda: não deixa de ser instigante pensar que a meio-morte do patriarca

---

120 RICOEUR, Paul. *A memória, a história, o esquecimento...*, p. 507.

121 COUTO, Mia. "O novelo ensarilhado". In: *E se Obama fosse africano e outras interinvenções...*, p. 205.

dos Malilanes/Marianos se dá quando este pousava para um retrato familiar[122] – metáfora de uma "totalização problemática"?

Mas esse aspecto apaziguador do trabalho de esquecimento não deixa de estar emaranhado em ambiguidades, que nos são colocadas por Mia a partir da relação entre amnésia e anistia. Ela está posta em *O outro pé da sereia*, e é relatada justamente quando nos é apresentada a "árvore do esquecimento". Ao se dizer dos seus efeitos – perda de raízes e de amarras com o passado –, o narrador do romance nos declara: "Quem não tem passado não pode ser responsabilizado. O que se perde em amnésia, ganha-se em amnistia".[123] Trata-se de uma proximidade, segundo Paul Ricoeur, que vai além da fonética e da semântica; ela "aponta para a existência de um pacto secreto com a denegação de memória".[124]

Creio ser esta a questão apontada pelo texto de Mia. Se a anistia responde a um "desígnio de terapia social emergencial", esta se dá "sob o signo da utilidade e não da verdade". Essa verdade não é apagada, ela *apenas* não é lembrada. Trata-se de uma estratégia (como a que vemos usada pelas gentes de Vila Longe, em *O outro pé da sereia*, por exemplo), não de uma perda. Nesse sentido, ainda pensando com Ricoeur,

> se uma forma de esquecimento puder então ser legitimamente evocada, não será um dever calar o mal, mas dizê-lo num modo apaziguado, sem cólera. Essa dicção tampouco será a de um mandamento, de uma ordem, mas a de um desejo no modo optativo.[125]

Não seria isto a proposição (a opção?) de Mia de que "—*A gente não esqueceu. Apenas não lembramos*", posta em *O outro pé da sereia*? Para uma jovem nação como Moçambique, cujas gentes vivenciaram, em pouco mais de três décadas, uma série de graves conflitos armados, essas são problemáticas

---

122 COUTO, Mia. *Um rio chamado tempo, uma casa chamada terra...*, p. 57.

123 COUTO, Mia. *O outro pé da sereia...*, p. 276.

124 RICOEUR, Paul. *A memória, a história, o esquecimento...*, p. 460.

125 *Ibidem*, p. 462.

(as que estão envolvidas na necessidade e nos mecanismos de apaziguamento) de grande pertinência.

Mia Couto é delas sabedor e, por meio de sua obra, um seu problematizador. Em *O outro pé da sereia*, em diálogo entre Benjamin Southman e Singério, este, após partilhar ao historiador afro-americano sua percepção de que o não lembrar das gentes de Vila Longe deve-se ao fato de, historicamente, estarem "todos juntos, todos misturados: vítimas e culpados", estende essa sua percepção à última guerra (a que opôs Frelimo e Renamo). Para Singério,

> acontecera o mesmo com a recente guerra. Milhares de mortos, uma lista de infindáveis e indizíveis crimes. Alguém assumia esse passado? Alguma vez a culpa se escrevia com nomes, rostos e datas?[126]

Nessas palavras do ajudante de alfaiataria podemos ler a ambiguidade, a difícil execução envolvida no trabalho de esquecimento, antes referido nas palavras de Paul Ricoeur: não calar o mal, mas poder dizê-lo sem cólera. Essa é uma grande questão que se coloca a Moçambique.

Não só em relação ao último conflito armado (entre Frelimo e Renamo), mas também em relação aos anteriores, como a guerra contra o regime colonial português. Tratando das demandas advindas com o fim desse conflito, João Paulo Borges Coelho nos relata as formas de integração/punição dos ex-combatentes que estiveram do "outro lado":

> foram duas as formas de integração/punição dos combatentes comprometidos com estas forças [coloniais]: o internamento em campos de reeducação, localizados no centro e norte do país, onde entrando como inimigos do povo deveriam sair, após um *processo de limpeza*, como exemplo do "homem novo" revolucionário, identificado com o povo; e um processo de *"purificação"* que passava pela afixação em locais públicos (de trabalho ou

---

126 COUTO, Mia. *O outro pé da sereia...*, p. 278.

residência), por parte destes comprometidos, das suas biografias pessoais, ficando assim demonstrado o seu arrependimento, e libertando-se os arrependidos das chantagens que lhes pudessem ser feitas por terceiros com base no seu agora incómodo passado. Momento simbólico deste processo foi o *ajuste de contas* mediático e urbano conduzido pelo presidente Samora Machel e que ficou conhecido como a "Reunião com os comprometidos". Nela, o presidente interpelou várias figuras de Moçambicanos que haviam ocupado postos na vigência colonial, desde membros da assembleia legislativa provincial a agentes da PIDE e combatentes das forças especiais. Alguns foram presos no local e enviados directamente para campos de reeducação; outros mandados em paz, para reassumir a sua vida civil.[127]

Pelas palavras de Borges Coelho, percebemos a dificuldade inerente ao árduo exercício de lidar com o "peso do passado" e fazer sua "mediação" para "libertação" do presente desse passado; não o negando, mas buscando apaziguá-lo. E nesse exercício a literatura, ao "outrar" a realidade, ao lhe propor novos olhares, contribui para a mediação humana desse "fardo" feito de tempo e histórias.

Nesse sentido, a literatura, essa *mentira consentida*, justamente por esse seu estatuto, pode tocar em temas que a escrita da história (uma *verdade aceita*) ainda tem, num país como Moçambique, dificuldade em lidar. Assim, seu (pretenso) estatuto de *não verdade* a possibilita atuar como um dos meios de apaziguamento do tempo presente com o "peso" e as feridas de seu passado.

É deste modo que as muitas histórias que a invenção literária vai escrevendo, ao ensarilhar os fios da História, vão "outrando" (rasurando) as versões totalizadoras dessa História, maiúscula, e propondo em seu lugar histórias – minúsculas, menos eloquentes, tramadas de tempos e modos plurais de percepção do mundo.

---

127 COELHO, João Paulo Borges. "Da violência colonial ordenada à ordem pós-colonial violenta"..., p. 191. Grifos meus.

CONSIDERAÇÕES FINAIS

Não se enerve, são *fatos literários*: Mia Couto e as boas perguntas que a literatura faz

A estas considerações, que tão impropriamente as chamamos finais, resolvi nominá-las com um riso, um irônico dizer de Mia Couto colocado à boca do velho Bartolomeu Sozinho, personagem de *Venenos de deus, remédios do diabo*.

Numa sua conversa com o jovem médico Sidónio Rosa, o velho Sozinho, com um riso não difícil de se lhe adivinhar, conta a seu interlocutor um sonho que teve: que o jovem médico chegava junto a sua cama trazendo à mão algo que parecia ser uma seringa, todavia, à proximidade da luz, via-se que não se tratava de uma seringa, mas de uma pistola. *"— Fantástico, não é, Doutor?"*, pergunta, com um riso sibilando as letras, o velho marinheiro aposentado. Respostando-lhe, Sidónio Rosa diz achar estranho o sonho de seu paciente, não percebendo o que poderia ele significar. Estranheza com que Bartolomeu Sozinho, irônico, não concorda: *"— Talvez não seja tão estranho assim, se pensarmos que os seus antepassados traziam pistolas e espingardas para nos matar, a nós, africanos"*. Enervando-se com as palavras do velho homem, o jovem médico o lembra de que ele, Sidónio, tem tanto a ver "com essa gente" como ele próprio, Bartolomeu Sozinho, o tem. E mais uma vez, com seu irônico riso adivinhado, o velho toma a fala: "— *Calma, Doutor. Não se enerve, são factos históricos...*".[1]

É, pois, este irônico riso da ficção miacoutiana que, ironicamente parafraseado para meu uso, tomo para nominar as considerações acerca dos caminhos percorridos até este ponto, que em verdade nunca é, e nem pode ser, final.

E as considerações a aqui serem feitas devem primeiramente redizer algo que se enuncia por todo o corpo textual desta escrita: que, enquanto modos de narrar e dar sentido à viviência humana, história e literatura "dividem o mesmo ato de refiguração ou remodelamento de nossa experiência de tempo por meio das configurações da trama".[2] O que não implica, de nenhum modo, dizer que história e ficção se confundem. "O passado realmente existiu. A questão é: *como* podemos conhecer esse passado hoje – e *o que* podemos conhecer a seu respeito?".[3] "A questão é saber *de quem* é a história que sobrevive",[4] é "perguntar *de quem* é a verdade que se conta", muito mais do que aspirar por "contar a verdade"[5] (una e petrificada).

São a questões como essas que uma obra literária como a de Mia Couto nos incita a refletir. Quando ele nos diz: "*não se enerve, são factos históricos...*", por meio desse riso, dessa "tática", ele nos está a "inspirar reconsiderações irônicas acerca da natureza da coisa caracterizada ou da inadequação da própria caracterização"; ele está, em verdade, a nos "sinaliza[r] de antemão uma descrença real ou fingida na verdade de seus próprios enunciados",[6] como se quisesse, rindo-se, nos dizer: *não se enervem, são fatos*

---

1   COUTO, Mia. *Venenos de deus, remédios do diabo*. Lisboa: Caminho, 2008, p. 93-94.

2   HUTCHEON, Linda. *Poética do pós-modernismo: história, teoria, ficção*. Trad. Ricardo Cruz. Rio de Janeiro: Imago, 1991, p. 135.

3   *Ibidem*, p. 126.

4   *Ibidem*, p. 159.

5   *Ibidem*, p. 162.

6   Algo a que o irônico Hayden White diz ser "a fórmula estilística predileta da linguagem irônica": "afirmar tacitamente a negação do que no nível literal é afirmado positivamente, ou o inverso" (WHITE, Hayden. *Meta-história: a imaginação histórica do século XIX*. Trad. José Laurênio de Melo. 2ª ed. São Paulo: Edusp, 2008, p. 50-51).

literários, e a literatura não lida com "verdades", mas com a imaginação, com a mais pura e deliberada invenção. E como sabemos, isto não seria senão uma *descrença fingida*, pois, pela consideração de sua obra, não será demasiada a percepção de que Mia Couto partilha do entendimento de que "o social é [está] inserido no interior das práticas de significação de uma cultura",[7] sendo a literatura uma delas.

É nesse sentido que sua criação literária, essa *prática de significação* que é, foi aqui tomada: como lugar de boas perguntas, de perspicazes inquietações colocadas à história. Foi seu "valor de problema" que se buscou enfatizar, num entendimento tal qual o proposto por Sandra Jathay Pesavento para o diálogo história/literatura e o trato de suas "verdades". Para a historiadora,

> a verdade da ficção literária não está, pois, em revelar a existência dos personagens e fatos narrados, mas em possibilitar a leitura das questões em jogo numa temporalidade dada. [...] para o historiador que se volta para a literatura o que conta na leitura do texto não é o seu valor de documento, testemunho de verdade ou autenticidade do fato, mas o seu *valor de problema*. O texto literário revela e insinua as verdades da representação ou do simbólico através de fatos criados pela ficção.[8]

Seria esta uma percepção com que Mia não discordaria. Não é por acaso que rejeite ele a rotulação ou o entendimento de suas obras como "romances históricos", mesmo aquelas em que faz uso de "documentos" da história, como no caso de *O outro pé da sereia*.[9] Para Mia, não se trata

---

7   HUTCHEON, Linda. *Poética do pós-modernismo...*, p. 132.

8   PESAVENTO, Sandra Jatahy. "História e Literatura: uma velha-nova história". *Nuevo Mundo Mundo Nuevos*, Debates, 2006. Disponível em: <http://www.nuevomundo.revues.org/pdf/1560>. Acesso em: 09 abr. 2009, p. 8. Grifo meu.

9   Por meio de um *roteiro epigráfico*, assim digamos, da obra, encontramos apontados por Mia os seguintes registros históricos: cartas diversas de D. Gonçalo da Silveira; o canto X de *Os Lusíadas*, de Camões; carta do Papa Nicolau V ao rei de Portugal (de 1452); a biografia de D. Gonçalo da Silveira escrita por Bertha Leite (LEITE, Bertha. *D. Gonçalo da Silveira*. Lisboa: Agência Geral

de propor uma versão outra da história (a sua), mas antes de um "jogo" para com ela; jogo por meio do qual essa história passa a ser percebida em suas nuances, em suas possibilidades outras de leitura, o que é diferente de se propor outra verdade, substituidora da anterior, reiteremos esse entendimento.[10]

É nessa perspectiva que Ana Cláudia da Silva, analisando *O outro pé da sereia*, nos lembra que a "releitura" da história operada por Mia no romance "se dá pela criação de personagens coadjuvantes fictícias", sendo por meio desses seres inventados (literários) que Mia chama atenção para detalhes, para nuances contidas na documentação histórica de que faz uso em sua narrativa. Os "personagens históricos" com que o romance lida têm seus perfis retratados de modo coincidente aos dos registros na documentação trabalhada; como no caso do protagonista da narrativa passada no século XVI, o jesuíta D. Gonçalo da Silveira, cujo perfil não apresenta "rupturas" em relação à documentação (cartas, biografias, relatos de época) usada por Mia, algo que pode ser verificado nesses textos, a partir das indicações deixadas por Mia nas muitas epígrafes que abrem os capítulos da obra.[11]

Ao aqui colocar essas questões, o que intento enfatizar é que, por meio desse expediente criador, Mia, através de seu "jogo" para com a história, dá relevo à textualidade da escrita histórica, a seu aspecto de construto

---

das Colónias, 1946); textos/memórias (de D. Gonçalo e outros jesuítas) reunidos por A. P. de Paiva e Pona e apresentados à 10ª sessão do Congresso Internacional dos Orientalistas (PAIVA E PONA, A. P. *Dos primeiros trabalhos dos portuguezes no Monomotapa. O Padre D. Gonçalo da Silveira, 1560*. Lisboa: Imprensa Nacional, 1808. Versão digitalizada disponível no sítio eletrônico da Biblioteca Nacional de Portugal [<http://purl.pt>]); além de textos/obras de: Edward Said (*Orientalismo*), Dany-Robert Dufuor (*A arte de reduzir as cabeças*), James Henderson (*Le baptême par Le Saint-Sprit*), Allen e Barbara Isaacman (*Slavery and beyond, the making of men Chikunda ethnic identities*), Padre António Vieira (*Sermão de Santo Antônio*).

10 COUTO, Mia. "A crítica e a criação. Entrevista a Rita Chaves e Tania Macêdo". *Biblioteca Sonora. Rádio USP*, 14 de agosto de 2006. Disponível em: <http://www.radio.usp.br/programa. php?id=2&edicao=060814>. Acesso em: 10 ago. 2011.

11 SILVA, Ana Cláudia da. "A história revisitada nas epígrafes de O outro pé da sereia". *Estação literária*, Campinas, vol. 2, 2008. Disponível em: <http://www.uel.br/pos/letras/EL>. Acesso em: 22 maio 2011, p. 114.

humano com vistas a dar sentido à vivência da temporalidade. Se, como propõe Derrida, "um texto só é um texto se ele oculta ao primeiro olhar, ao primeiro encontro, a lei de sua composição e a regra de seu jogo",[12] por meio de sua ficção Mia Couto fornece-nos elementos para um desocultamento dessas "leis" e "regras" que operam nas *escritas que escrevem* a história. São a esses expedientes que podemos entender como o "valor de problema" que a literatura coloca à história, como as "boas perguntas" que a ficção faz ao saber historiográfico.

Dentre essas boas perguntas/inquietações, está a percepção da ambiguidade albergada na casa-nação, na *Nyumba-Kaya* moçambicana, uma casa que não pode ser pensada una; tampouco como construto eficaz e certo de um projeto, independentemente da justeza que lhe seja tributado; que não pode ser concebida como um artefato da pura racionalidade, de uma forma única de leitura e interpretação do mundo; que carece dialogoar com outras espistemologias; que suscita uma escrita que seja capaz de reunir o diverso, o múltiplo, algo graficamente representado no hífen-ponte que possibilita a passagem, que agrega as duas casas (metáforas de muitas mais, é certo), a *Nyumba* nortenha e a *Kaya* sulista.

Outra boa pergunta/inquietação colocada pela obra miacoutiana diz respeito à validade de ideários de identidades puricistas e fechadas. Sua obra é uma reiterada denúncia dessa falácia. E não por meio de uma simples negação sem mais questionamento; sua percepção se efetiva por meio de um perscrutar detido sobre a história como modo de demonstrar a falsidade de tais ideias, seja em relação a Moçambique especificamente, seja em relação ao continente africano de modo mais abrangente. Uma demanda de não pouca relevância, sobretudo para uma jovem nação como a sua, ainda "gatinhando" no chão do ser-se uma nação, como nos diz Mia:

---

12 DERRIDA, Jacques. *A farmácia de Platão*. Trad. Rogério da Costa. São Paulo: Iluminuras, 2005, p. 7.

> Estamos ainda gatinhando esse chão de sermos uma nação, partilhando iguais sonhos e desilusões. [...] Estaremos mais despertos para saber que tudo pede um caminho e um tempo.
>
> Um quarto de século é muito na história de um indivíduo. Mas é quase nada na História de um país.[13]

E uma outra indagação/problematização colocada pela escrita de Mia é justamente a de que Moçambique, uma nação ainda em nascença, mas já cheia de cicatrizes, carece conciliar sonhos e desilusões, sendo que esse trabalho apaziguador requer um caminho e um tempo. É nesse sentido que as problematizações acerca da (ambígua, inextricável) relação entre memória e esquecimento se tornam tão relevantes, tão presentes em sua obra. Mia é sabedor de que os ensarilhamentos da memória e os trabalhos do esquecimento têm suas funções nesse trabalho apaziguador que o tempo possibilita. O que não quer dizer um trabalho de apagamento, pois apaziguar é bem mais complexo que apagar. Apaziguar implica buscar conciliar, promover diálogos, prestar "luto" ao passado para libertar o presente de um excessivo "peso".

São indagações/inquietações que, em seu conjunto, possibilitam-nos desenhar os contornos de uma compreensão acerca dos paradoxos e das ambiguidades que a nascença de uma nação – enquanto tempo de busca por um "rosto" – carrega. A literatura, enquanto prática significante, toma esses paradoxos e ambiguidades em que a nascença da nação se dá como signos para textualizar "o diverso presente de um tempo", mesmo que o faça tomando nesse seu trabalho de enredamento, de tessitura, vestígios do passado. E nessa tessitura, uma vez que seu intento não é a busca de uma "verdade", mas uma exploração de olhares e percepções sobre as vivências, a literatura pode capturar sentires em processo, ricos em possibilidades para uma reflexão sobre a história.

Em suma, o que espero é ter podido dar a ler, na trama que construí, os muitos fios – vivências, memórias, esquecimentos, desencantos,

---

13   COUTO, Mia. "Moçambique 25 anos". In: *Pensageiro frequente*. Lisboa: Caminho, 2010, p. 61.

esperanças, identidades, projetos, outros olhares, percepções da temporalidade etc. – que *a delicada escrevência* de uma nação ensarilha, aí se incluindo aqueles que emaranham literatura e história.

Com isso, e por fim, espero ainda não ter entristecido o homem por detrás das linhas de escritura de meu "objeto". Disse certa vez Mia Couto numa entrevista: "O que me deixou sempre triste é que os meus livros fossem analisados do ponto de vista da invenção da língua, porque a história é que conta".[14] Penso (e oxalá o tenha conseguido) que a história tenha contado na tessitura desta *Nyumba-Kaya*.

---

14 COUTO, Mia. "Entrevista". *Ler*, Lisboa, nº 55 [p. 50-65], 2002, p. 64. É certo que nessa sua fala, ao mencionar "história", Mia não se está referindo propriamente ao saber historiográfico, havendo certa ambiguidade no entendimento do termo (em verdade, uma ambiguidade – acontecido/narração; vivências/seu estudo – a que a *história* não consegue renunciar). É me apropriando dela, usurpando-a para meu interesse, que a reitero aqui (história: as vivências que contei/a escrevência que articulei até este ponto).

REFERÊNCIAS

FONTES

I. Obras de Mia Couto

Ficção

COUTO, Mia. *A varanda do frangipani*. São Paulo: Companhia das Letras, 2007 [1996].

_____. *Antes de nascer o mundo*. São Paulo: Companhia das Letras, 2009 [2009].

_____. *Cada homem é uma raça*. Rio de Janeiro: Nova Fronteira, 1998 [1990].

_____. *Contos do nascer da terra*. 5ª ed. Lisboa: Caminho, 2002 [1997] (Coleção Outras margens, nº 2).

_____. *Cronicando*. 8ª ed. Lisboa: Caminho, 2006 [1991] (Coleção Outras margens, nº 22).

_____. *Estórias abensonhadas*. Rio de Janeiro: Nova Fronteira, 1996 [1994].

_____. *Idades cidades divindades*. Lisboa: Caminho, 2007 [2007] (Coleção Outras margens, nº 69).

_____. *Mar me quer*. Maputo: Ndjira, 2000 [2000].

_____. *Na berma de nenhuma estrada e outros contos*. Maputo: Ndjira, 2001 [2001].

_____. *O outro pé da sereia*. São Paulo: Companhia das Letras, 2006 [2006].

_____. *O último voo do flamingo*. São Paulo: Companhia das Letras, 2005 [2000].

_____. *Raiz de orvalho e outros poemas*. 3ª ed. Lisboa: Caminho, 2001 [1999] (Coleção Uma terra sem amos, nº 105).

_____. *Terra sonâmbula*. São Paulo: Companhia das Letras, 2007 [1992].

_____. *Tradutor de chuvas*. Lisboa: Caminho, 2011 [2011] (Coleção Outras margens).

_____. *Um rio chamado tempo, uma casa chamada terra*. São Paulo: Companhia das Letras, 2003 [2002].

_____. *Venenos de deus, remédios do diabo*. Lisboa: Caminho, 2008 [2008] (Coleção Outras margens, nº 75).

_____. *Vinte e zinco*. Lisboa: Caminho, 1999 [1999] (Coleção Caminho de abril).

_____. *Vozes anoitecidas*. 9ª ed. Lisboa: Caminho, 2008 [1986] (Coleção Outras margens, nº 53).

Textos de intervenção

COUTO, Mia. *E se Obama fosse africano e outras interinvenções*. Lisboa: Caminho, 2009 [2009] (Coleção Outras margens, nº 79).

_____. *Pensatempos: textos de opinião*. Lisboa: Caminho, 2005 [2005] (Coleção Nosso mundo).

_____. *Pensageiro frequente*. Lisboa: Caminho, 2010 [2010] (Coleção Outras margens).

II. Entrevistas

Programas televisivos

COUTO, Mia. Entrevista ao programa *Roda Viva*, jul. 2007. São Paulo: TV Cultura, 85 min.

_____. Entrevista a Bia Corrêa do Lago. *Umas palavras*, 2004. Rio de Janeiro: Canal Futura, DVD 1 – Prosadores.

_____. Entrevista ao programa *Grande Entrevista*, com Judite de Sousa, em 21 jun. 2007 [36 min.]. Lisboa: RTP Portugal. Disponível em: <http://ww1.rtp.pt/multimedia/index.php?tvprog=1436&formato=flv>. Acesso em 20 nov. 2008.

Livros, mídia impressa e internet

COUTO, Mia. "A crítica e a criação". Entrevista a Rita Chaves e Tania Macêdo. *Biblioteca Sonora*. *Rádio USP*, 14 de agosto de 2006. Disponível em: <http://www.radio.usp.br/programa.php?id=2&edicao=060814>. Acesso em: 10 ago. 2011.

_____. "A Frelimo de hoje dá cobertura a coisas que combateu". Entrevista a Jeremias Langa. *O País*, Maputo, 3 abr. 2009. Disponível em: <http://www.opais.co.mz/opais/index.php?option=com_content&view=article&id=324:a-frelimo-de-hoje-da-cobertura-a-coisas-que-combateu-&catid=76:entrevistas&itemid=305>. Acesso em: 3 abr. 2009.

_____. "A 'pureza fascista' da autoridade". Entrevista a Cristina Zarur. *O Globo*, Rio de Janeiro, 6 jun. 2006. Suplemento Prosa e Verso.

_____. "África espera um olhar do Brasil, diz Mia Couto". Entrevista a Álvaro Bufarah. *Agência Brasil – Radiobrás*. Brasília, 2003. Disponível em: <http://www.radiobras.gov.br/especiais/africa_miacouto/miacouto_capa.htm>. Acesso em: 15 jun. 2007.

_____. "Brincar com a língua". Entrevista a Filomena Serrano. *Jornal de Notícias*, Porto, 8 jun. 2001.

_____. "Escrita desarrumada. Mia Couto toma posse na Academia Brasileira de Letras". Entrevista, *Folha de São Paulo*. São Paulo, 18 nov. 1998.

_____. "Entrevista". In: CHABAL, Patrick. *Vozes moçambicanas: literatura e nacionalidade*. Lisboa: Vega, 1994 (Coleção Palavra africana), p. 274-291.

_____. "Entrevista. Confira a entrevista com Mia Couto, vencedor do V Prêmio Zaffari & Bourbon de Literatura, que trata de sua escrita e da situação da literatura em seu país, Moçambique". *Portal Literal*, Artigos, Rio de Janeiro, 26 ago. 2008. Disponível em: <http://www.literal.com.br/artigos/mia-couto>. Acesso em: 12 jan. 2009.

_____. "Entrevista". In: LABAN, Michel. *Moçambique: encontro com escritores*, vol. III. Porto: Fund. Eng. António de Almeida, 1998, p. 995-1040.

_____. "Entrevista". *Ler*, Lisboa, nº 55, 2002, p. 50-65.

_____. "Entrevista". Programa *Nova África* – TV Brasil, São Paulo, jun. 2009. Versão disponível em: <http://www.benfazeja.com/2010/08/entrevista-com-mia--couto.html>. Acesso em: 2 mar. 2013.

_____. "Entrevista". Programa *Roda Viva*, 10 jul. 2007. Entrevista realizada durante a Feira Literária Internacional de Parati – Flip/2007. Disponível em: <http://www.rodaviva.fapesp.br/materia/531/entrevistados/mia_couto_2007.htm>. Acesso em: 12 fev. 2010.

_____. "Entrevista". *Texto Editores Moçambique*. Maputo. Disponível em: <http://mz.textoeditores.com/educacao/entrevistas/index.jsp?id=80>. Acesso em: 25 out. 2006.

_____. "Espreitando o mundo insólito do contista moçambicano Mia Couto". Entrevista. In: VENÂNCIO, José Carlos. *Literatura e poder na África lusófona*. Lisboa: Ministério da Educação/Instituto de Cultura e Língua Portuguesa, 1992 (Coleção Diálogo, Série Convergência), p. 107-109.

_____. "Literatura: em entrevista exclusiva, Mia Couto fala sobre seu novo livro". Entrevista a Lia Ceron. *USP On line*, São Paulo, 21 jun. 2006, Cultura. Disponível em: <http://www.noticias.usp.br/acontece/obterNoticia?codntc=13098&print=s>. Acesso em: 19 jul. 2006.

_____. "Mia Couto: contador de 'estórias abensonhadas'". Entrevista a Catarina Oliveira. *Lusitano*, Lisboa, 10 jun. 2000.

_____. "Mia Couto: escrita falada". Entrevista a Sérgio Vale. *Discutindo literatura*, São Paulo, 2008, nº 16, ano 3.

_____. "Mia Couto e o exercício da humildade". Entrevista a Marilene Felinto. *Thot*, São Paulo, nº 80 – África, abr. 2004, p. 47-59.

_____. "Mia Couto revisitado". Entrevista a Elisa Andrade Buzzo. *Digestivo cultural*, São Paulo, 14 set. 2006, Colunas. Disponível em: <http://www.digestivocultural.com/colunistas/imprimir.asp?codigo=2047>. Acesso em: 19 jun. 2007.

_____. "Moçambique é uma ilha". Entrevista. *Jornal do Brasil*, Rio de Janeiro, 29 ago. 1998.

_____. "Não à reforma ortográfica". Entrevista a Jonas Furtado. *Istoé*. Rio de Janeiro, 26 set. 2007. Disponível em: <http://www.terra.com.br/istoe/edicoes/1978/artigo62007-1.htm>. Acesso em: 3 abr. 2009.

_____. "O Brasil tem uma visão muito mistificada da África". Entrevista a Paula Barcellos. *Jornal do Brasil*, Rio de Janeiro, 27 ago. 2004. Caderno Idéias. Disponível em: <http://www.jb.com.br/jb/papel/cadernos/ideias/2004/08/27/jori-de20040827005.html>. Acesso em 6 fev. 2005.

_____. "O estorinhador Mia Couto: a poética da diversidade". Entrevista a Celina Martins. *Revista Brasileira de Literatura*. Disponível em: <http://www.rbleditora.com/revista/artigos/celina3.html>. Acesso em 21 dez. 2005.

_____. "O jogo das reinvenções: uma entrevista com Mia Couto, por Sophia Beal". *Storm-magazine*, Lisboa, edição 22, mar./abr. 2005. Disponível em: <http://www.storm-magazine.com>. Acesso em: 22 jun. 2006.

_____. "O meu segredo é transportar a meninice". Entrevista a Luísa Jeremias. *A capital*, Lisboa, 8 dez. 2000.

_____. "O prazer quase sensual de contar histórias". Entrevista com Mia Couto. *O Globo*, Rio de Janeiro, 30. jun. 2006. Caderno Prosa & Verso. Disponível em: <http://www.flip2007.wordpress.com/2007/06/30/o-prazer-quse-sensual--de-contar-historias-entrevista-com-mia-couto>. Acesso em: 15 jul. 2007.

_____. "Posso ter que sair de Moçambique". Entrevista a Alexandra Lucas Coelho. *Público*, Lisboa, 15 jun. 2000. Disponível em: <http://macua.blogs.com/mocambiqueparatodos/files/miacoutodenuncia2000.doc>. Acesso em: 20 maio 2007.

_____. "Sou essas duas coisas sem querer ser nenhuma delas". Entrevista. *Portal da Literatura*, 26 set. 2006. Disponível em: <http://www.portaldaliteratura.com/entrevistas.php?id=6>. Acesso em: 25 nov. 2008.

_____. "Sou um contrabandista entre dois mundos". Entrevista a Luísa Jeremias. *A capital*, Lisboa, 25 maio 2000.

_____. "Sou um poeta que conta estórias". Entrevista. *Círculo de Leitores*, Lisboa, 2007. Disponível em: <http://www.circuloleitores.pt/cl/artigofree.asp?cod_artigo=68379>. Acesso em: 20 jan. 2009.

_____. "'Vivemos a vertigem do caos', diz escritor moçambicano". Entrevista a Ubiratan Brasil. *O Estadão*, São Paulo, 16 jun. 2007, Letras. Disponível em: <http://www.estadao.com.br/ext/inc/print/print.htm>. Acesso em: 18 jun. 2007.

III. Outros textos de Mia Couto

COUTO, Mia. "Carlos Cardoso – elogio fúnebre por Mia Couto (extracto da mensagem à família e amigos próximos)". *O mundo em Português*, Lisboa, ano II, nº 15, dez. 2000, p. 9.

_____. "Economia – a fronteira da cultura". *Macua de Moçambique*, Maputo, 30 set. 2003. Texto apresentado na Associação Moçambicana de Economistas. Disponível em: <http://www.macua.org/miacouto/Mia_Couto_Amecom2003. htm>. Acesso em: 16 fev. 2006.

_____. "Lembrança de um outro Brasil". In: ARAGÃO, Claudene; VASCONCELOS, Vânia (orgs.). *Travessias literárias: memória da 6ª Bienal Internacional do Livro do Ceará 2004*. Fortaleza: SECULT, 2006 (Coleção Nossa Cultura, Série Documenta), p. 106.

_____. "Moçambique: 30 anos de independência". Conferência realizada em Deza Traverse-Suíça, em 16 jun. 2005. *Triplov*, Lisboa, 2005. Disponível em: <http:// triplov.com/letras/mia_couto/mozambique/convite.htm>. Acesso em: 19 dez. 2005.

_____. "Os sete sapatos sujos". *Triplov*, Lisboa, 2005. Disponível em: <http://triplov.com/letras/mia_couto/sete_sapatos2.htm>. Acesso em: 19 dez. 2005.

_____. "Palavras proferidas por Mia Couto na entrega do Prémio *Mário António*, da *Fundação* Calouste Gulbenkian, em 12 de junho de 2001". In: *O último voo do flamingo*. São Paulo: Companhia das Letras, 2005.

_____. "Palestra sobre literatura portuguesa". In: ANGIUS, Fernanda; ANGIUS, Matteo. *O desanoitecer da palavra: estudo, selecção de textos inéditos e bibliografia anotada de um autor moçambicano*. Praia (Cabo Verde): Embaixada de Portugal; Centro Cultural Português de Praia – Mindelo, 1998 (Col. Encontro de culturas), p. 121-128.

_____. "Perguntas à língua portuguesa". *Autores africanos do Rovuma ao Maputo*. Disponível em: <http://www.cern.ch/~pintopc/www.africa/Africa.htm>. Acesso em: 11 abr 1997.

_____. "Plastificar a cidade?". *Macua de Moçambique*, Maputo, 20 fev. 2004. Texto publicado no jornal *Savana*, caderno A asa da letra. Disponível em: <http://www.macua.org/miacouto/MiaCoutoinSAVANA20.02.04.htm>. Acesso em: 14 set. 2006.

_____. Texto de contracapa. In: SAÚTE, Nelson. *O rio dos bons sinais*. Rio de Janeiro: Língua Geral, 2007.

_____. "Um retrato sem moldura. Prefácio". In: HERNANDEZ, Leila Leite. *A África na sala de aula: visita à história contemporânea*. São Paulo: Selo Negro Edições, 2005, p. 11-12.

_____. "Uma natureza pouco natural?". In: SAÚTE, Nelson (org.). *Moçambique: a oitava cor do arco-íris/Mozambique: el octavo color del arco iris*. Madri: Agencia Española de Cooperación Internacional, 1998, p. 19-27.

IV. Literatura moçambicana/africana

CASSAMO, Suleiman. *O regresso do morto*. Lisboa: Caminho, 1997.

_____. *Palestra para um morto*. Lisboa: Caminho, 1999.

CHIZIANE, Paulina. *O sétimo juramento*. Lisboa: Círculo de Leitores, 2002.

COELHO, João Paulo Borges. *As duas sombras do rio*. Lisboa: Caminho, 2003.

_____. *Crónica da rua 513.2*. Lisboa: Caminho, 2006.

CRAVEIRINHA, José. *José Craveirinha: antologia poética*. Organização de Ana Mafalda Leite. Belo Horizonte: Editora UFMG, 2010.

_____. *Obra poética I*. Lisboa: Caminho, 1999.

_____. *Poemas da prisão*. Lisboa: Texto Editora, 2004.

HONWANA, Luís Bernardo. *Nós matamos o cão tinhoso*. São Paulo: Ática, 1980 (Coleção Autores africanos).

JOÃO, Mutimati Barnabé. *Eu, o povo*. Lisboa: Cotovia, 2008.

KHOSA, Ungulani Ba Ka. *Ualalapi*. 2ª ed. Lisboa: Caminho, 1998.

KNOPLI, Rui. *Rui Knopli: antologia poética*. Organização de Eugénio Lisboa. Belo Horizonte: Editora UFMG, 2010.

PANGUANA, Marcelo. *As vozes que falam de verdade*. Maputo: Associação dos Escritores Moçambicanos, 1987.

PEPETELA [Artur Carlos Maurício Pestana dos Santos]. *A sul. O sombreiro*. Lisboa: Dom Quixote, 2011.

312 DÉRCIO BRAÚNA

_____. *A geração da utopia*. Rio de Janeiro: Nova Fronteira, 2000.

_____. *Predadores*. Lisboa: Dom Quixote, 2005.

SAÚTE, Nelson (org.). *Nunca mais é sábado: antologia de poesia moçambicana*. Lisboa: Dom Quixote, 2004.

_____. *O rio dos bons sinais*. Rio de Janeiro: Língua Geral, 2007.

VIEIRA, Sérgio. *Também memória do povo*. Maputo: Associação dos Escritores Moçambicanos, 1983.

V. Outros [documentação diversa: entrevista de escritores, documentação institucional, relatórios, livros de viagem etc.]

CAMINHO [Editora]. *Mia Couto – biografia*. Disponível em: <http://www.caminho.leya.com/autores/biografia.php?id=23143>. Acesso em: 12 jan. 2013.

COMPANHIA DE MOÇAMBIQUE (1892-1934). *Documentario fotográfico apresentado na Primeira Exposição Colonial Portuguesa*. Lisboa: Sociedade Nacional de Tipografia, 1934.

CRAVEIRINHA, José. "Entrevista". In: LABAN, Michel. *Moçambique: encontro com escritores*. Vol. I. Porto: Fund. Engº António de Almeida, 1998.

_____. "Prefácio". In: COUTO, Mia. *Vozes anoitecidas*. 9ª ed. Lisboa: Editorial Caminho, 2008.

DEPARTAMENTO DE HISTÓRIA DA UNIVERSIDADE EDUARDO MONDLANE. *História de Moçambique: primeiras sociedades sedentárias e impacto dos mercadores (200/300 – 1886)*. Maputo: Tempo/UEM, 1982.

ENES, António. *Moçambique. Relatório apresentado ao Govêrno*. 3ª ed. Lisboa: Divisão de Publicações e Biblioteca/Agência Geral das Colónias/Ministério das Colônias, 1946.

Estatuto dos indígenas portugueses das províncias da Guiné, Angola e Moçambique (anotado por José Carlos Ney Ferreira e Vasco Soares da Veiga). Lisboa: Tipografia-Escola da Cadeia Penitenciária de Lisboa, 1957.

FRENTE DE LIBERTAÇÃO DE MOÇAMBIQUE. *Estatutos e programa*. Disponível em: <http://www.frelimo.org.mz>. Acesso em: 18 set. 2008.

_____. *História de Moçambique*. Lisboa: Afrontamento, 1971.

_____. *Mensagem por ocasião do 31º aniversário da proclamação da independência nacio-nal*. Maputo, jun. 2006. Disponível em: <http://www.frelimo.org.mz/docs/25dejunho.pdf>. Acesso em: 29 jun. 2006.

FREYRE, Gilberto. *Aventura e rotina: sugestões de uma viagem à procura das constantes portu-guesas de caráter e ação*. 3ª ed. Rio de Janeiro/Topbooks: Ed. Universidade, 2001.

_____. *Um brasileiro em terras portuguesas: introdução a uma possível luso-tropicologia, acompa-nhada de conferências e discursos proferidos em Portugal e em terras lusitanas e ex-lusitanas da Ásia, da África e do Atlântico*. Rio de Janeiro: José Olympio, 1953.

INSTITUTO NACIONAL DE ESTATÍSTICA [Moçambique]. *III Recenseamento Geral da Po-pulação*. Maputo. Disponível em: <http://www.ine.gov.mz/censo2007>. Aces-so em 25 jul. 2010.

LABAN, Michel. *Moçambique: encontro com escritores*. 3 vols. Porto: Fund. Engº António de Almeida, 1998.

LEMOS, Virgílio. "Entrevista". In: LABAN, Michel. *Moçambique: encontro com escrito-res*. Vol. I. Porto: Fundação Engº António de Almeida, 1998.

LEYA [Grupo editorial]. *Leya em Moçambique*. Disponível em: <http://www.leya.com/gca/?id=111>. Acesso em: 26 dez. 2012.

_____. *Prémio Leya*. Disponível em: <http://www.leya.com/gca/?id=122>. Acesso em: 15 abr. 2013.

_____. *Sobre a Leya*. Disponível em: <http://www.leya.com/gca/?id=68>. Acesso em: 26 dez. 2012.

MACHEL, Samora. *A educação é uma tarefa de todos nós: orientações do presidente Samora Ma-chel no início do ano lectivo de 1978*. Maputo: Tipografia Notícias, 1978.

_____. "A luta armada começou em Manica e Sofala". Publicado em *A voz da revo-lução*, nº 2, jul./ago. 1972. Disponível em: <http://www.macua.org/livros/ALUTAARMADA.htm>. Acesso em 7 fev. 2009.

_____. "A luta continua". Pronunciamento em Queluz, 30 jul. 1974. Publicado em *A voz da revolução*, 21 jan. 1974. Disponível em: <http://www.macua.org/livros/lutacontinua.htm>. Acesso em 7 fev. 2009.

_____. *Declaramos guerra ao inimigo interno – Moçambique 1980*. Discurso pronunciado em 18 mar. 1980. São Paulo: Quilombo, 1980.

_____. "Educar al hombre para vencer la guerra, crear uma sociedad nueva y desarrolar la patria". In: *Frelimo: documentos fundamentales del Frente de Liberación de Mozambique*. Barcelona: Anagrama, 1975.

_____. *Estabelecer o poder popular para servir às massas*. Rio de Janeiro: Coderci, 1979.

_____. *Mensagem ao povo de Moçambique – por ocasião da tomada de posse do governo de transição em 20 de setembro de 1974*. Porto: Afrontamento, 1974 (Coleção Libertação dos povos das colónias, nº 6).

_____. "Mensagem aos militantes da Frelimo e ao povo moçambicano por ocasião do golpe de estado em Portugal". Publicado em *A voz da revolução*, 21 jan. 1974. Disponível em: <http://www.macua.org/livros/MENSAGEM.htm>. Acesso em 7 fev. 2009.

_____. *No trabalho sanitário materializaremos o princípio de que a revolução liberta o povo*. Pronunciamento em novembro de 1971. Disponível em: <http://www.macua.org/livros/NOTRABALHOSANITARIO.htm>. Acesso em 7 fev. 2009.

_____. *O processo da revolução democratica popular em Moçambique*. Maputo: Edições Frelimo, 1974.

_____. "Pela independência imediata e total de Moçambique". Publicado em *A voz da revolução*, nº 15, jan./fev. 1973. Disponível em: <http://www.macua.org/livros/PELAINDEPENDENCIA.htm>. Acesso em 7 fev. 2009.

_____. *Produzir é aprender. Aprender para produzir e lutar melhor*. Disponível em: <http://www.macua.org/livros/PRODUZIR.htm>. Acesso em 7 fev. 2009.

MATUSSE, Renato Manuel; BODSTEIN, Airton; BARROS, Angela Maria Abreu de. "Análise e avaliação do sistema de gestão de calamidades em Moçambique". Texto apresentado no V *Seminário Internacional de Defesa Civil*. São Paulo, 18-20 nov. 2009. Anais eletrônicos. Disponível em: <http://www.defencil.gov.br>. Acesso em: 30 jul. 2010.

MOÇAMBIQUE. "Constituição (1975)". In: RODRIGUES, Luís Barbosa; ALVES, Sílvia; NGUENHA, João. *Constituição da República de Moçambique e legislação constitucional*. Coimbra: Almedina, 2006, p. 21-36.

MONDLANE, Eduardo. *Lutar por Moçambique*. Trad. Maria da Graça Forjaz. Porto: Afrontamento, 1975 [Tradução a partir de: *The struggle for Mozambique*. Harmondsworth: Penguin Books, 1969].

PETRAQUIM, Luís Carlos. "Como se fosse um prefácio". In: COUTO, Mia. *Vozes anoitecidas*. 9ª ed. Lisboa: Caminho, 2008.

_____. "Entrevista". In: LABAN, Michel. *Moçambique: encontro com escritores*. Vol. III. Porto: Fund. Engº António de Almeida, 1998.

PRÊMIO PORTUGAL TELECOM DE LITERATURA. *Sobre o prêmio*. Disponível em: <http://www.premioportugaltelecom.com.br/sobre-o-premio/>. Acesso em: 15 abr. 2013.

REIS, João; MUIANE, Armando Pedro (orgs.). *Datas e documentos da história da Frelimo*. 2ª ed. rev. e aum. Maputo: Imprensa Nacional de Moçambique, 1975.

REPÓRTERES SEM FRONTEIRAS. *Três anos após o assassínio de Carlos Cardoso, nem todos os responsáveis foram identificados*. Dossiê elaborado por Jean-François Julliard, nov. 2003. Disponível em: <http://www.rsf.org>. Acesso em: 16 abr. 2007.

Revista Tempo, número especial, 25 jun. 1975. Maputo: Tempográfica, 1975. Disponível em: <http://www.xiconhoca.org/TEMPO/ESPECIAL25JUN1975.index.htm>. Acesso em: 18 jun. 2009.

RODRIGUES, Luís Barbosa; ALVES, Sílvia; NGUENHA, João. *Constituição da República de Moçambique e legislação constitucional*. Coimbra: Almedina, 2006.

SANTOS, Marcelino dos. "Entrevista". In: MATEUS, Dalila Cabrita. *Memórias do colonialismo e da guerra*. Lisboa: Edições Asa, 2006.

SAÚTE, Nelson (org.). *Moçambique: a oitava cor do arco-íris/Mozambique: el octavo color del arco iris*. Madri: Agencia Española de Cooperación Internacional, 1998.

TEIXEIRA, Isaías Gomes. "Entrevista". *Os meus livros*. Lisboa: Entusiasmo Media Publicações, nº 60, fev. 2008.

WHITE, Eduardo. "Entrevista". In: LABAN, Michel. *Moçambique: encontro com escritores*. Vol. III. Porto: Fund. Engº António de Almeida, 1998.

REFERÊNCIAS BIBLIOGRÁFICAS
[História, Ciências sociais, Estudos literários, Estudos teóricos, Filosofia]

ABDALA JÚNIOR, Benjamin (org.). *Margens da cultura: mestiçagens, hibridismo & outras misturas*. São Paulo: Boitempo, 2004.

AHMAD, Aijaz. "Teoria literária e a 'literatura do terceiro mundo': alguns contextos". In: *Linhagens do presente*. Trad. Sandra Guardini Vasconcelos. São Paulo: Boitempo, 2002, p. 53-81.

ALBUQUERQUE, Orlando de; MOTTA, José Ferraz. *História da literatura em Moçambique*. Braga (Portugal): Edições APPACDM Distrital de Braga, 1998.

ALBUQUERQUE JÚNIOR, Durval Muniz de. *A invenção do Nordeste e outras artes*. 3ª ed. Recife: FJN/Massangana; São Paulo: Cortez, 2006.

_____. *História: a arte de inventar o passado*. Bauru-SP: Edusc, 2007.

ANDERSON, Benedict. *Comunidades imaginadas*. Trad. Denise Bottman. São Paulo: Companhia das Letras, 2008.

_____. "Introdução". In: BALAKRISHNAN, Gopal (org.). *Um mapa da questão nacional*. Trad. Vera Ribeiro. Rio de Janeiro: Contraponto, 2000.

ANDERSON, Perry. *Portugal e o fim do ultracolonialismo*. Trad. Eduardo de Almeida. Rio de Janeiro: Civilização Brasileira, 1966.

ANGIUS, Fernanda; ANGIUS, Matteo. *O desanoitecer da palavra: estudo, selecção de textos inéditos e bibliografia anotada de um autor moçambicano*. Praia (Cabo Verde): Embaixada de Portugal; Centro Cultural Português de Praia – Mindelo, 1998 (Col. Encontro de Culturas).

APPIAH, Kwame Anthony. "Las exigencias de la identidade". In: *La ética de la identidad*. Trad. Lilia Mosconi. Buenos Aires: Katz, 2007.

_____. *Na casa de meu pai: a África na filosofia da cultura*. Trad. Vera Ribeiro. Rio de Janeiro: Contraponto, 1997.

ARAÚJO, Luciana. "Nau da ficção portuguesa". *EntreLivros*, São Paulo, nº 23, ano 2, 2007.

BAGNOL, Brigitte. "*Lovolo* e espíritos no sul de Moçambique", *Análise social*, Lisboa, vol. XLIII, nº 187, 2º trimestre 2008, p. 252-272.

BASTO, Maria Benedita. *A guerra das escritas: literatura, nação e teoria pós-colonial em Mo-çambique*. Viseu: Vendaval, 2006.

_____. "Relendo a literatura moçambicana dos anos 80". In: RIBEIRO, Margarida Calafate; MENESES, Maria Paula (orgs.). *Moçambique: das palavras escritas*. Porto: Afrontamento, 2008.

BEZERRA, Kátia da Costa. "*Um rio chamado tempo, uma casa chamada terra*: a tensa re--escrita da nação moçambicana". *Estudos portugueses e africanos*, Campinas – IEL/ Unicamp, nº 43/44, 2004.

BHABHA, Homi K. "Democracia des-realizada". *Tempo brasileiro*, Rio de Janeiro, nº 148, jan.-mar. 2002.

_____. "Ética e estética do globalismo: uma perspectiva pós-colonial". In: BHA-BHA, Homi K. *et al*. *A urgência da teoria*. Trad. Catarina Mira *et al*. Lisboa: Tinta da China/Fund. Calouste Gulbenkian, 2007.

_____ (comp.). *Nación y narración: entre la ilusión de una identidad y las diferencias culturales*. Trad. María G. Ubaldini. Buenos Aires: Siglo XXI, 2010.

_____. *O local da cultura*. Trad. Myriam Ávila *et al*. Belo Horizonte: Editora UFMG, 1998.

BALAKRISHNAN, Gopal (org.). *Um mapa da questão nacional*. Trad. Vera Ribeiro. Rio de Janeiro: Contraponto, 2000.

BORGES, Edson. *Estado e cultura: a práxis cultural da Frente de Libertação de Moçambique (1962-1982)*. Dissertação (mestrado em Antropologia) – FFLCH/USP, São Paulo, 1997.

BOURDIEU, Pierre. *As regras da arte: gênese e estrutura do campo literário*. Trad. Maria Lucia Machado. São Paulo: Companhia das Letras, 1996.

_____. *O poder simbólico*. 12ª ed. Trad. Fernando Tomaz. Rio de Janeiro: Bertrand Brasil, 2009.

BROKE-ROSE, Christine. "História palimpsesta". In: ECO, Umberto (org.). *Interpretação e superinterpretação*. Trad. Martins Fontes. São Paulo: Martins Fontes, 1993.

BURKE, Peter. *História e teoria social*. Trad. Klauss Brandini Gerhart e Roneide Venâncio Majer. São Paulo: Editora Unesp, 2002.

CABAÇO, José Luís. *Moçambique: identidade, colonialismo e libertação.* São Paulo: Editora Unesp, 2009.

CÂNDIDO, Antonio. *Literatura e sociedade.* São Paulo: Companhia Editora Nacional, 1967.

CAPELA, José. *Donas, senhores e escravos.* Porto: Afrontamento, 1995.

_____. "O apriorismo ideológico na historiografia de Moçambique". In: JOSÉ, Alexandrino; MENESES, Paula Maria G. (orgs.). *Moçambique – 16 anos de historiografia: focos, problemas, metodologias, desafios para a década de 90 [Vol. I].* Maputo: Cegraf, 1991 (Col. Painel Moçambicano), p. 73-78.

CARENA, Carlo. "Ruína/Restauro". In: *Enciclopédia Einaudi.* Vol. I – *Memória-História.* Lisboa: Imprensa Nacional-Casa da Moeda, 1984, p. 107-129.

CARVALHO, Clara; PINA-CABRAL, João de (orgs.). *A persistência da história: passado em contemporaneidade em África.* Lisboa: Imprensa de Ciências Sociais, 2004.

CASAL, Adolfo Yánez. "A crise da produção familiar e as aldeias comunais em Moçambique". *Revista Internacional de Estudos Africanos.* Lisboa, nº 8-9, 1988, p. 157-190.

CASTELO, Cláudia. *"O modo português de estar no mundo": o lusotropicalismo e a ideologia colonial portuguesa (1933-1961).* Porto: Afrontamento, 1998.

_____. *Passagens para África: o povoamento de Angola e Moçambique com naturais da Metrópole (1920-1974).* Porto: Afrontamento, 2007.

CATROGA, Fernando. *Os passos do homem como restolho do tempo: memória e fim do fim da história.* Coimbra: Almedina, 2009.

CERTEAU, Michel de. *A escrita da história.* 2ª ed. Trad. Maria de Lourdes Meneses. Rio de Janeiro: Forense Universitária, 2008.

CHARTIER, Roger. *A história ou a leitura do tempo.* Trad. Cristina Nunes. Belo Horizonte: Autêntica, 2009.

CHATTERJEE, Partha. "Comunidade imaginada por quem?". In: BALAKRISHNAN, Gopal (org.). *Um mapa da questão nacional.* Trad. Vera Ribeiro. Rio de Janeiro: Contraponto, 2007.

_____. *Colonialismo, modernidade e política*. Trad. Fábio Baqueiro Figueiredo. Salvador: EdUFBA; CEAO, 2004.

CHAVES, Rita; MACÊDO, Tania (orgs.). *Marcas da diferença: as literaturas africanas de língua portuguesa*. São Paulo: Alameda, 2006.

CHRISTIE, Ian. *Samora: uma biografia*. Trad. Machado da Graça. Maputo: Ndjira, 1996.

COELHO, João Paulo Borges. "Da violência colonial ordenada à ordem pós-colonial violenta: sobre um legado das guerras coloniais nas ex-colónias portuguesas". *Lusotopie* – Violences et contrôle de la violence au Brésil, en Afrique et à Goa. Paris: Éditions Karthala, 2003, p. 175-193. Disponível em: <http://www.lusotopie.sciencespobordeaux.fr/borges2003.pdf.> Acesso em 18 nov. 2005.

_____. "E depois de Caliban? A história e os caminhos da literatura no Moçambique contemporâneo". In: GALVES, Charlote *et al* (orgs.). *África-Brasil: caminhos da língua portuguesa*. Campinas: Ed. Unicam, 2009.

_____. "Estado, comunidades e calamidades naturais no Moçambique rural". In: SANTOS, Boaventura de Sousa (org.). *Semear outras soluções: os caminhos da biodiversidade e dos conhecimentos rivais*. Rio de Janeiro: Civilização Brasileira, 2005, p. 217-251.

_____. "Um itinerário histórico da moçambicanidade". In: ROSAS, Fernando; ROLLO, Maria Fernanda (coord.). *Portugal na viragem do século. Língua portuguesa: a herança comum* (Cadernos do Pavilhão de Portugal, Expo'98). Lisboa: Assírio & Alvim, 1998.

COLAÇO, João Carlos. "Trabalho como política em Moçambique: do período colonial ao regime socialista". In: FRY, Peter (org.). *Moçambique: ensaios*. Rio de Janeiro: Editora UFRJ, 2001.

COSTA, Luana Antunes. *Pelas águas mestiças da história: uma leitura de O outro pé da sereia de Mia Couto*. Niterói-RJ: Editora UFRJ, 2010.

COSTA E SILVA, Alberto da. *Francisco Félix de Souza, mercador de escravos*. Rio de Janeiro: Nova Fronteira/Editora UERJ, 2004.

_____. "Notas de um companheiro de viagem". In: FREYRE, Gilberto. *Aventura e rotina: sugestões de uma viagem à procura das constantes portuguesas de caráter e ação*. 3ª ed. rev. Rio de Janeiro: Topbooks, 2001.

DERRIDA, Jacques. *A farmácia de Platão*. Trad. Rogério da Costa. São Paulo: Iluminuras, 2005.

DUFOUR, Dany-Robert. *A arte de reduzir as cabeças: sobre a nova servidão na sociedade ultraliberal*. Trad. Sandra Regina Felgueiras. Rio de Janeiro: Companhia de Freud, 2005.

FANON, Frantz. *Os condenados da terra*. Trad. Enilce A. Rocha e Lucy Magalhães. Juiz de Fora-MG: Editora UFJF, 2005.

FERREIRA, Eduardo de Sousa. *O fim de uma era: o colonialismo português em África*. Lisboa: Sá da Costa, 1977.

FERREIRA, Manuel. *Literaturas africanas de expressão portuguesa* (2 volumes). Lisboa: Instituto de Cultura Portuguesa, Secretaria de Estado da Investigação Científica, Ministério da Educação e Investigação Científica, 1997.

FLORÊNCIO, Fernando. "Christian Geffray e a antropologia da guerra: ainda a propósito de *La cause des armes au Mozambique*". *Etnográfica* – Revista do Centro de Estudos de Antropologia Social, Lisboa, vol. VI, nº 2, 2002, p. 347-364.

FONSECA, Maria Nazareth Soares; CURY, Maria Zilda Ferreira. *Mia Couto: espaços ficcionais*. Belo Horizonte: Autêntica, 2008.

FOUCAULT, Michel. *O que é um autor*. 6ª ed. Trad. António Fernando Cascais e Eduardo Cordeiro. Lisboa: Vega, 2006.

FRY, Peter (org.). *Moçambique: ensaios*. Rio de Janeiro: Editora UFRJ, 2001.

GALVES, Charlote *et al* (orgs.). *África-Brasil: caminhos da língua portuguesa*. Campinas: Editora da Unicamp, 2009.

GARCIA, José Luís Lima. "O mito de Gungunhana na ideologia nacionalista de Moçambique". In: TORGAL, Luís Reis; PIMENTA, Fernando Tavares; SOUSA, Julião Soares (orgs.). *Comunidades imaginadas: nação e nacionalismos em África*. Coimbra: Imprensa Universitária, 2008, p. 131-147.

GEFFRAY, Christian. *A causa das armas: antropologia da guerra contemporânea em Moçambique*. Trad. Adelaide Odete Ferreira. Porto: Afrontamento, 1991.

GENETTE, Gérard. *Paratextos editoriais*. Trad. Álvaro Faleiros. Cotia-SP: Ateliê Editorial, 2009.

GIANTURCO, Leone. *Moçambique, Sant'Egidio e a paz*. Roma: Comunidade Sant'Egidio, 2002.

GRAÇA, Pedro Borges. *A construção da nação em África: ambivalência cultural de Moçambique*. Coimbra: Almedina, 2005.

GRANJO, Paulo. "Dragões, régulos e fábricas: espíritos e racionalidade tecnológica na indústria moçambicana". *Etnográfica* – Revista do Centro de Estudos de Antropologia Social, Lisboa, vol. XLIII, nº 187, 2008, p. 223-249.

GUEDES, Armando Marques. "A identidade, a propaganda e o nacionalismo: o projecto de leitorados de língua e cultura portuguesas, 1921-1997". *Lusotopie* – Des protestantismes em "lusophonie catholique", Paris, 1998, p. 107-132. Disponível em: <http://www.lusotopie.sciencespobordeaux.fr/guedes98.pdf>. Acesso em: 18 nov. 2005.

GUIMARÃES, Manuel Luiz Salgado (org.). *Estudos sobre a escrita da história*. Rio de Janeiro: 7 Letras, 2006.

_____. "Prefácio". In: ALBUQUERQUE JÚNIOR, Durval Muniz de. *História: a arte de inventar o passado*. Bauru-SP: Edusc, 2007.

GUSMÃO, Manuel. "Da literatura enquanto construção histórica". In: BUESCU, Helena; DUARTE, João Ferreira; GUSMÃO, Manuel (orgs.). *Floresta encantada: novos caminhos da literatura comparada*. Lisboa: Dom Quixote, 2001, p. 181-224.

HALL, Stuart. "Quem precisa de identidade?". In: SILVA, Tomaz Tadeu da (org.). *Identidade e diferença: a perspectiva dos Estudos Culturais*. 8ª ed. Trad. Tomaz Tadeu da Silva. Petrópolis: Vozes, 2008.

HAMILTON, Russell G. "A literatura dos PALOP e a teoria pós-colonial". *Via Atlântica* – Revista do Departamento de Letras Clássicas e Vernáculas da FFLCH-USP, São Paulo, nº 3, 1999, p. 12-22.

HARTOG, François. "Tempos do mundo, história, escrita da história". In: SALGADO, Manuel Luiz (org.). *Estudos sobre a escrita da história*. Rio de Janeiro: 7 Letras, 2006.

HERNANDEZ, Leila Leite. *A África na sala de aula: visita à história contemporânea*. São Paulo: Selo Negro Edições, 2005.

HOBSBAWM, Eric J. *A era dos extremos: o breve século XX (1914-1991)*. 2ª ed. Trad. Marcos Santarrita. São Paulo: Companhia das Letras, 1995.

_____. *Nações e nacionalismo desde 1780: programa, mito e realidade*. 4ª ed. Trad. Maria Celia Paoli e Anna Maria Quirino. Rio de Janeiro: Paz e Terra, 1990.

HONWANA, Alcinda Manuel. *Espíritos vivos, tradições modernas: possessão de espíritos e reintegração social pós-guerra no sul de Moçambique*. Lisboa: Ela por Ela, 2003.

HUTCHEON, Linda. *Poética do pós-modernismo: história, teoria, ficção*. Trad. Ricardo Cruz. Rio de Janeiro: Imago, 1991.

ISAACMAN, Allen F; ISAACMAN, Barbara. *A tradição de resistência em Moçambique: o Vale do Zambeze, 1850-1921*. Porto: Afrontamento, 1979.

JOSÉ, Adriano Cristiano. "Revolução e identidades nacionais em Moçambique: diálogos (in)confessados". In: RIBEIRO, Margarida Calafate; MENESES, Maria Paula (orgs.). *Moçambique: das palavras escritas*. Porto: Afrontamento, 2008.

JOSÉ, Alexandrino; MENESES, Paula Maria G. (orgs.). *Moçambique – 16 anos de historiografia: focos, problemas, metodologias, desafios para a década de 90 [Vol. I]*. Maputo: Cegraf, 1991 (Col. Painel Moçambicano).

JESUS, José Manuel Duarte de. *Eduardo Mondlane: um homem a abater*. Coimbra: Almedina, 2010.

KI-ZERBO, Joseph; MAZRUI, Ali A.; WONDJI, Christophe. "Construção da nação e evolução dos valores políticos". In: *História geral da África*. Vol. VIII. Brasília: Unesco, 2010, p. 565-602. Disponível em: <http://www.unesco.org/brasilia>. Acesso em: 28 jan. 2011.

KI-ZERBO, Joseph. "As tarefas da história na África (Introdução)". In: *História da África negra*. Vol. I. 2ª ed. rev. e atual. Trad. Américo de Carvalho. Mem Martins (Portugal): Publicações Euro-América, 1990.

KOSELLECK, Reinhart. *Futuro Passado: contribuição à semântica dos tempos históricos*. Trad. Vilma Patrícia Maas e Carlos Almeida Pereira. Rio de Janeiro: Contraponto/Editora PUC-Rio, 2006.

LARANJEIRA, Pires. *Literaturas africanas de expressão portuguesa*. Lisboa: Universidade Aberta, 1995.

Le GOFF, Jacques. "Passado/presente". In: *Enciclopédia Einaudi*. Vol. I – Memória-História. Trad. Irene Ferreira. Lisboa: Imprensa Nacional/Casa da Moeda, 1984, p. 293-310.

LEITE, Ana Mafalda. *Literaturas africanas e formulações pós-coloniais*. Lisboa: Colibri, 2003.

LEITE, Bertha. *D. Gonçalo da Silveira*. Lisboa: Agência Geral das Colónias, 1946.

LIMA, Luiz Costa. *História. Ficção. Literatura*. São Paulo: Companhia das Letras, 2006.

LOBATO, Alexandre. *Evolução administrativa e económica de Moçambique (1752-1763)*. Lisboa: Publicações Alfa, 1989.

LOPES, Armando Jorge. "Reflexões sobre a situação linguística de Moçambique". In: CHAVES, Rita; MACÊDO, Tania (orgs.). *Marcas da diferença: as literaturas africanas de língua portuguesa*. São Paulo: Alameda, 2006.

LOPES, Nei. *Enciclopédia brasileira da diáspora africana*. São Paulo: Selo Negro Edições, 2004.

LUKÁCS, Georg. *A teoria do romance*. Trad. Alfredo Margarido. Lisboa: Presença, s/d.

M'BOKOLO, Elikia. *África negra: história e civilizações*. Tomo II – Do século XIX aos nossos dias. 2ª ed. Trad. Manuel Resende. Lisboa: Colibri, 2007.

MAALOUF, Amin. *As identidades assassinas*. 2ª ed. Trad. Susana Serras Pereira. Lisboa: Difel, 2002.

MACAGNO, Lorenzo. "Fragmentos de uma imaginação nacional". *Revista Brasileira de Ciências Sociais*, vol. 24, nº 70, jun. 2009, p. 17-35.

_____. *Outros mulçumanos: Islão e narrativas coloniais*. Lisboa: Imprensa de Ciências Sociais, 2006.

_____. "O discurso colonial e a fabricação dos usos e costumes: António Enes e a 'Geração de 95'". In: FRY, Peter (org.). *Moçambique: ensaios*. Rio de Janeiro: Editora UFRJ, 2001.

MACÊDO, Tania; MAQUÊA, Vera. *Literatura de língua portuguesa: marcos e marcas – Moçambique*. São Paulo: Arte e Ciência, 2007.

MARGARIDO, Alfredo. *A lusofonia e os lusófonos: novos mitos portugueses*. Lisboa: Edições Universitárias Lusófonas, 2000.

MARTINS, Leonor Pires. *Um império de papel: imagens do colonialismo português na imprensa periódica ilustrada (1875-1940)*. Lisboa: Edições 70, 2012.

MATA, Inocência. "A crítica literária africana e a teoria pós-colonial: um modismo ou uma exigência?". *Ipotesi – Revista de Estudos Literários*. Juiz de Fora, vol. 10, nos 1 e 2, 2006, p. 33-44.

MATEUS, Dalila Cabrita. *A PIDE/DGS na Guerra Colonial – 1961-1974*. Lisboa: Terramar, 2004.

_____. *Memórias do colonialismo e da guerra*. Lisboa: Edições Asa, 2006.

MATEUS, Dalila Cabrita; MATEUS, Álvaro. *Nacionalistas de Moçambique: da luta armada à independência*. Alfragide (Portugal): Texto Editores, 2010.

MATTOS, Regiane Augusto de. *As dimensões da resistência em Angoche: da expansão política do sultanato à política colonialista portuguesa no norte de Moçambique (1842-1910)*. 2012. Tese (doutorado em História Social) – FFLCH-USP, São Paulo, 2012. Disponível em: <www.teses.usp.br/teses/disponiveis/8/8138/tde-01082012-164035/>. Acesso em: 10 abr. 2013.

MATUSSE, R. Manuel; BODSTEIN, Airton; BARROS, Angela M. Abreu de. "Análise e avaliação do sistema de gestão de calamidades em Moçambique". *V Seminário Internacional de Defesa Civil*. São Paulo, 18-20 nov. 2009. Anais eletrônicos. Disponível em: <http://www.defencil.gov.br>. Acesso em: 30 jul. 2010.

MAZRUI, Ali A. "O desenvolvimento da literatura moderna". In: *História geral da África*. Vol. VIII. Brasília: Unesco, 2010, p. 663-696. Disponível em: <http://www.unesco.org/brasilia>. Acesso em: 28 jan. 2011.

_____. "Procurai primeiro o reino político...". In: *História geral da África*. Vol. VIII. Brasília: Unesco, 2010, p. 125-149. Disponível em: <http://www.unesco.org/brasilia>. Acesso em: 28 jan. 2011.

MBEMBE, Achille. "As formas africanas de auto-inscrição". Trad. Patrícia Farias. *Estudos afro-asiáticos*, Salvador, ano 23, nº 1, 2001, p. 171-209.

MEDINA, Cremilda de Araújo. *Sonha Mamana África*. São Paulo: Epopeia/Secretaria da Cultura, 1987.

MENDES, Francisco Fabiano de Freitas. *Ponto de fuga: tempo, fome, fala e poder em 'Vidas Secas' e 'São Bernardo'*. Dissertação (mestrado em História Social) – Centro de Humanidades, Universidade Federal do Ceará, Fortaleza, 2004.

MENDONÇA, Fátima. "Literaturas emergentes, identidades e cânone". In: RIBEIRO, Margarida Calafate; MENESES, Maria Paula (orgs.). *Moçambique: das palavras escritas*. Porto: Afrontamento, 2008.

MENESES, Maria Paula. "Corpos de violência, linguagens de resistência: as complexas teias de conhecimento no Moçambique contemporâneo". In: SANTOS, Boaventura de Sousa; MENESES, Maria Paula (orgs.). *Epistemologias do sul*. Coimbra: CES/Almedina, 2009, p. 177-214.

NEWITT, Malyn. *História de Moçambique*. Trad. Lucília Rodrigues e Maria Georgina Segurado. Mem Martins: Europa-América, 1997.

NOA, Francisco. *Império, mito e miopia: Moçambique como invenção literária*. Lisboa: Editorial Caminho, 2002.

_____. "Literatura moçambicana: os trilhos e as margens". In: RIBEIRO, Margarida Calafate; MENESES, Maria Paula (orgs.). *Moçambique: das palavras escritas*. Porto: Afrontamento, 2008.

PAIVA E PONA, A. P. *Dos primeiros trabalhos dos portuguezes no Monomotapa. O Padre D. Gonçalo da Silveira, 1560*. Lisboa: Imprensa Nacional, 1808. Disponível em: <http://purl.pt>. Acesso em: 17 maio 2011.

PELISSIÉR, René. *História de Moçambique: formação e oposição, 1854-1918*. Vols. I e II. Trad. Manuel Ruas. Lisboa: Estampa, 1994.

PESAVENTO, Sandra Jatahy. "História e Literatura: uma velha-nova história". *Nuevo Mundo Mundo Nuevos*, Debates, 2006. Disponível em: <http://www.nuevomundo.revues.org/pdf/1560>. Acesso em: 9 abr. 2009.

PIMENTA, Fernando Tavares. *Brancos de Angola: autonomismo e nacionalismo (1900-1961)*. Coimbra: Minerva, 2005.

PINA-CABRAL, João de. "Cisma e continuidade em Moçambique". In: CARVALHO, Clara; PINA-CABRAL, João de (orgs.). *A persistência da história: passado e contemporaneidade em África*. Lisboa: Imprensa de Ciências Sociais/ICS, 2004, p. 375-393.

PINTO, Júlio Pimentel. *Uma memória do mundo: ficção, memória e história em Jorge Luis Borges*. São Paulo: Estação Liberdade/Fapesp, 1998.

RAMALHO, Maria Irene; RIBEIRO, António Sousa Ribeiro (orgs.). *Entre ser e estar: raízes, percursos e discursos da identidade*. Lisboa: Afrontamento, 2001.

RAMOS, Francisco Régis Lopes. "Fundadores e fundamentos: José de Alencar e a escrita sobre o passado cearense". *Anais do Museu Histórico Nacional*, Rio de Janeiro, vol. 41, 2009.

REAL, Miguel. *O romance português contemporâneo – 1950-2010*. 2ª ed. Lisboa: Caminho, 2012.

REIS, Eliana Lourenço de. *Pós-colonialismo, identidade e mestiçagem cultural: a literatura de Wole Soyinka*. Rio de Janeiro: Relume-Dumará; Salvador: Fundação Cultural do Estado da Bahia, 1999.

REIS, João C. (org.). *A empresa da conquista do senhorio do Monomotapa*. Lisboa: Heuris, 1984.

RENAN, Ernest. "O que é uma nação?" Trad. Glaydson J. da Silva. *Revista Aulas*, Campinas – Unicamp, vol. 1, 2000. Disponível em: <http://www.unicamp.br/~aulas/VOLUME01/ernest.pdf>. Acesso em: 10 mar. 2011.

RIBEIRO, Margarida Calafate; MENESES, Maria Paula (orgs.). *Moçambique: das palavras escritas*. Porto: Afrontamento, 2008.

RICOEUR, Paul. *A memória, a história, o esquecimento*. Trad. Alain François *et al*. Campinas: Editora da Unicamp, 2007.

_____. *Tempo e narrativa*. Vol. I (*A intriga e a narrativa histórica*). Trad. Claudia Berliner. São Paulo: WMF Martins Fontes, 2010.

_____. *Tempo e narrativa*. Vol. III (*O tempo narrado*). Trad. Claudia Berliner. São Paulo: WMF Martins Fontes, 2010.

RITA-FERREIRA, António. *Fixação portuguesa e história pré-colonial de Moçambique*. Lisboa: Instituto de Investigação Científica Tropical/Junta de Investigação Científica do Ultramar, 1982.

_____. *Pequena história de Moçambique pré-colonial*. Lourenço Marques (Maputo): Fundo de Turismo, 1975.

ROCHA, Enilce Albergaria. "Os vocábulos em 'des' nas escritas de Édouard Glissant e Mia Couto". In: CHAVES, Rita; MACÊDO, Tania (orgs.). *Marcas da diferença: as literaturas africanas de língua portuguesa*. São Paulo: Alameda, 2006.

ROCHA, Ilídio. *A imprensa de Moçambique: história e catálogo (1854-1975)*. Lisboa: Livros do Brasil, 2000.

ROSAS, Fernando; ROLLO, Maria Fernanda. *Portugal na viragem do século. Língua portuguesa: a herança comum* (Cadernos do Pavilhão de Portugal, Expo'98). Lisboa: Assírio & Alvim, 1998.

SAID, Edward W. *Cultura e imperialismo*. Trad. Denise Bottman. São Paulo: Companhia das Letras, 1995.

_____. *Orientalismo: o Oriente como invenção do Ocidente*. Trad. Rosaura Eichenberg. São Paulo: Companhia das Letras, 2007 (Ed. Companhia de Bolso).

SANCHES, Manuela Ribeiro (org.). *"Portugal não é um país pequeno": contar o "império" na pós-colonialidade*. Lisboa: Cotovia, 2006.

SANTOS, Boaventura de Sousa. "Entre Próspero e Caliban: colonialismo, pós-colonialismo e inter-identidade". In: RAMALHO, Maria Irene; RIBEIRO, António Sousa Ribeiro (orgs.). *Entre ser e estar: raízes, percursos e discursos da identidade*. Lisboa: Afrontamento, 2001.

SANTOS, Gabriela Aparecida dos. *Reino de Gaza:o desafio português na ocupação do sul de Moçambique (1821-1897)*. São Paulo: Alameda, 2010.

SARLO, Beatriz. "Raymond Williams: uma releitura". In: *Paisagens imaginárias*. São Paulo: Edusp, 1997.

SECCO, Carmen Lucia Tindó Ribeiro. *A magia das letras africanas: ensaios sobre as literaturas de Angola e Moçambique e outros diálogos*. 2ª ed. Rio de Janeiro: Quartet, 2008.

SEVCENKO, Nicolau. *Literatura como missão: tensões sociais e criação cultural na Primeira República*. 2ª ed. São Paulo: Companhia das Letras, 2003.

SILVA, Ana Cláudia da. "A história revisitada nas epígrafes de O outro pé da sereia". *Estação literária*, Campinas, vol. 2, 2008. Disponível em: <http://www.uel.br/pos/letras/EL>. Acesso em: 22 maio 2011.

SILVA, Tomaz Tadeu da (org.). *Identidade e diferença: a perspectiva dos Estudos Culturais*. 8ª ed. Trad. Tomaz Tadeu da Silva. Petrópolis: Vozes, 2008.

SOPA, António. "Editoras em Moçambique". In: CRISTÓVÃO, Fernando (dir. e coord.). *Dicionário temático da lusofonia*. Lisboa: Texto Editores, 2005.

SOUSA, João Tiago. "Eduardo Mondlane: resistência e revolução (1920-1969). Caminhos de um projecto de investigação". In: *Estudos do século XX*, nº 3. Coimbra: Quarteto, 2003, p. 351-382.

_____. "Eduardo Mondlane e a luta pela independência de Moçambique". In: TORGAL, Luís Reis *et al* (coords.). *Comunidades imaginadas: nação e nacionalismos em África*. Coimbra: Imprensa da Universidade de Coimbra, 2008, p. 149-159.

SOUZA, Lynn Mário T. Meneses de. "Hibridismo e tradução cultural em Bhabha". In: ABDALA JÚNIOR, Benjamin (org.). *Margens da cultura: mestiçagens, hibridismo e outras misturas.* São Paulo: Boitempo, 2004.

SUMICH, Jason. "Construir uma nação: ideologias de modernidade da elite moçambicana". *Análise Social*, Lisboa, vol. 43, nº 187, 2008, p. 319-345.

TELO, António José. *Moçambique 1895: a campanha de todos os heróis.* Lisboa: Tribuna, 2004.

THOMAZ, Omar Ribeiro; CACCIA-BAVA, Emiliano de Castro. "Introdução. Moçambique em movimento: dados quantitativos". In: FRY, Peter (org.). *Moçambique: ensaios.* Rio de Janeiro: Editora UFRJ, 2001.

THOMAZ, Omar Ribeiro. "Prefácio". In: CABAÇO, José Luís. *Moçambique: identidade, colonialismo e libertação.* São Paulo: Editora Unesp, 2009.

TODOROV, Tzvetan. *A literatura em perigo.* Trad. Caio Meira. Rio de Janeiro: Difel, 2009.

TORGAL, Luís Reis. *Estados Novos, Estado Novo.* Vol. I. Coimbra: Imprensa da Universidade de Coimbra, 2009.

TORGAL, Luís Reis; PIMENTA, Fernando Tavares; SOUSA, Julião Soares (orgs.). *Comunidades imaginadas: nação e nacionalismos em África.* Coimbra: Imprensa Universitária, 2008.

TROUCHE, André. *América: história e ficção.* Niterói: Editora UFRJ, 2006.

VAN DIS, Adriaan. "Línguas roubadas". Trad. Irene Fialho. *Camões – Revista de Letras e Culturas Lusófonas*, Lisboa, nº 6 (Pontes Lusófonas II), jul./set. 1999.

VELHO, Gilberto. *Projeto e metamorfose.* 2ª ed. Rio de Janeiro: Zahar, 1999.

VEYNE, Paul. *Como se escreve a história.* 4ª ed. Trad. Alda Baltazar e Maria Auxiliadora Kneipp. Brasília: Editora UNB, 2008.

VILHENA, Maria da Conceição. *Gungunhana no seu reino.* Lisboa: Colibri, 1996.

_____. *Gungunhana: grandeza e decadência de um império africano.* Lisboa: Colibri, 1999.

WEST, Harry G. *Kupilikula: o poder e o invisível em Mueda, Moçambique.* Lisboa: Instituto de Ciências Sociais, 2009.

WHITE, Hayden. "A questão da narrativa na teoria histórica contemporânea". Trad. Bruno Gambarotto. In: NOVAIS, Fernando A.; SILVA, Rogerio F. (orgs.). *Nova história em perspectiva*. Vol. I. São Paulo: Cosac Naify, 2011, p. 438-483.

_____. "As ficções da representação factual". Trad. Marina Santos. In: SANCHES, Manuela Ribeiro (org.). *Deslocalizar a Europa: antropologia, arte, literatura e história na pós-colonialidade*. Lisboa: Cotovia, 2005, p. 43-61.

_____. *Meta-história: a imaginação histórica do século XIX*. Trad. José Laurênio de Melo. 2ª ed. São Paulo: Edusp, 2008.

WILLIAMS, Raymond Williams. *Marxismo e literatura*. Trad. Waltensir Dutra. Rio de Janeiro: Zahar, 1979.

_____. *Palavras-chave: um vocabulário de cultura e sociedade*. Trad. Sandra G. Vasconcelos. São Paulo: Boitempo, 2007.

ZAMPARONI, Valdemir. *De escravo a cozinheiro: colonialismo e racismo em Moçambique*. Salvador: EDUFBA/CEAO, 2007.

Z'GRAGGEN, Bruno; LEE NEUNBURG, Grant (orgs.). *Iluminando vidas: Ricardo Rangel und die mosambikanische fotografie* [Ricardo Rangel e a Fotografia Moçambicana]. Basel [Suíça]: Christoph Merian Verlag Ed. 2002.

ANEXO

Sinopses das obras trabalhadas

I. *Vozes anoitecidas* [contos/1986]

Livro com que Mia Couto estreia na escrita em prosa. As estórias narradas se tecem a partir do universo rural moçambicano e seus imaginários. Tratam de problemáticas de tempos recentes do país, como as calamidades (secas, enchentes) do início dos anos de 1980. É nele que Mia já principia em sua escrita o trabalho de recriação linguística, algo que marcará sua escrita em prosa. Em sua primeira edição (em Moçambique) a obra compõe-se de oito narrativas, sendo aumentadas para doze na edição da obra em Portugal.

II. *Cada homem é uma raça* [contos/1990]

Reunião de onze contos, com narrativas passadas predominantemente nos espaços rurais. Suas temáticas são diversas, mas comum ao universo ficcional miacoutiano: questões identitárias, crítica aos desmandos, confrontos entre diferentes imaginários, entre outros.

III. *Cronicando* [crônicas/1991]

Reunião de crônicas, dos anos de 1988 e 1989, publicadas originalmente em jornais moçambicanos (na edição portuguesa, o autor acrescentou alguns textos). São escritos breves, uma vez que originalmente destinados a colunas jornalísticas, que abordam muitas e diversas temáticas, sobressaindo aquelas relacionadas aos tempos presentes do país em sua relação com o passado próximo.

IV. *Terra sonâmbula* [romance/1992]

Romance construído a partir da circularidade de duas narrativas. A primeira é a do miúdo Muidinga e do velho Tuahir, que encontrara aquele, semimorto, em um campo de refugiados. Os dois passam então a errar pelos caminhos em busca dos pais de Muidinga. A segunda é a narrativa (ou melhor, as várias narrativas) contada(s) pelos cadernos de Kindzu, os quais foram encontrados dentro de uma mala, à beira dum caminho, junto ao cadáver de um menino caído próximo ao machimbombo (ônibus) em que Muidinga e Tuahir se abrigam. As histórias se passam nos tempos da guerra civil que tomou Moçambique logo após a independência do país (1975) e só terminou com a assinatura de um acordo de paz entre a Frente de Libertação de Moçambique (Frelimo) e a Resistência Nacional Moçambicana (Renamo), em 1992.

V. *Estórias abensonhadas* [contos/1994]

Mais uma reunião de contos de Mia. Escritas depois da guerra, as vinte e seis narrativas que a compõem denotam um caráter mais aberto à esperança e às possibilidades advindas com o fim do conflito. Parte dos textos (onze) havia sido publicada anteriormente no jornal português *Público*. No que toca às temáticas, estas mantêm um fio de continuidade com seus outros livros de contos: questões identitárias, confronto de imaginários, entre outros temas.

VI. *A varanda do frangipani* [romance/1996]

Romance narrado por um morto, o carpinteiro Ermelindo Mucanga, falecido em 1975, quando trabalhava na fortaleza São Nicolau. Por estar longe de sua terra, assim não recebendo as devidas cerimônias fúnebres, ele se torna um *xicopo* (morto não cerimoniado como devido) que habita a cova onde foi enterrado, junto a uma frangipaneira. Passados vinte anos, as autoridades querem-no transformar em herói póstumo, ideia que não o agrada, o que o faz então retornar ao mundo dos vivos, incorporando--se num inspetor de polícia, Izidine Naíta, que ali vem ter para investigar as nebulosas condições da morte de Vasto Excelêncio, diretor do asilo que agora funcionava ali, onde antes fora uma fortaleza portuguesa. Em suas investigações, o inspetor vê-se enredado nas muitas, contraditórias e sabidamente falsas narrativas de seus depoentes (internos do asilo São Nicolau), sendo sua única ponte com a "razão" as informações de Marta Gimo, a enfermeira que ali cuidava dos idosos internos. No avançar de seus trabalhos, o inspetor vai desvelando negócios escusos havidos ali, sobretudo o tráfico de armas. Uma outra discussão presente diz respeito ao abandono dos mais velhos e seus saberes, suas "tradições".

VII. *Contos do nascer da terra* [contos/1997]

Outra reunião de contos de Mia, tendo sido boa parte deles publicados anteriormente em jornais e revistas de várias partes. Trata-se de narrativas "alicerçadas no quotidiano desse país", como nos é informado em nota ao índice, nas quais as temáticas que lhe são caras mais uma vez estão presentes. Dentre as narrativas, destaque para "Governados pelos mortos (fala com um descamponês)" e sua crítica ao reordenamento do espaço rural do país e sua desconsideração dos valores norteadores das vidas das gentes.

VIII. *Vinte e zinco* [novela/1999]

Texto concebido a partir de uma encomenda da editora portuguesa de Mia Couto (a Editorial Caminho) para uma coleção intitulada *Caminho de Abril*, cujo intento era o de marcar as comemorações, em Portugal, do 25º aniversário (em 1999) do 25 de Abril português (a Revolução dos Cravos). Os capítulos que compõem a narrativa estão divididos em datas, de 19 a 30 de abril. Neles são contadas as estórias da família Castro: Lourenço, um inspetor da Pide (Polícia política portuguesa), que vive atormentado por pesadelos, causados por sua vivência num "mundo" que não é o seu; Margarida, sua mãe protetora; Irene, a tia que, para horror da família, vivia em "modos africanos"; o pai, Joaquim de Castro, também inspetor da Pide, que morrera em serviço. Misturando-se às estórias dos Castros e de alguns portugueses ainda vivendo ali (o padre, o administrador, o médico), conta-se as estórias das gentes do lugar, como o cego Andaré Tchuvisco, a feiticeira Jessumina, o mecânico Custódio Juma, o revolucionário Marcelino, entre outros. Nessas todas estórias, passadas num curto e conturbado período, sobressai a percepção de que o vinte e cinco moçambicano (para as gentes pobres que viviam em barracos de madeira e zinco – daí *vinte e zinco*) ainda seria outro que não aquele 25 de abril de 1974.

IX. *Raiz de orvalho e outros poemas* [poesia/1999]
[reedição, modificada pelo autor, de *Raiz de orvalho*, de 1983]

Reedição, alterada, do livro de estreia de Mia Couto, reunindo poemas escritos nos anos da década de 1970 e 1980. A obra compõe-se de poemas a que se podem considerar "engajados", mas sobretudo de poemas de caráter mais intimista. Sua escrita, para Mia, foi um modo de contrapor-se à escrita militante (mesmo planfetária, a chamada "literatura de combate") então dominante em Moçambique quando de sua publicação, em 1983.

X. *Mar me quer* [novela/2000]

Trata-se de "um conto grande ou um romance pequeno", na (in)definição do próprio autor. Nele, narra-se a história dos vizinhos Zeca Perpétuo e Luarmina. A pedido desta, Zeca vai desfiando suas memórias, que, ao final (e ao gosto do autor), vão se entrelaçando às da mulata Luarmina, ela que passa tempos em sua varanda a desfolhar intermináveis flores, num infindável bem-me-quer/mal-me-quer, a aguardar a realização de desejos enraizados num passado presente. Na obra, podemos encontrar alguns dos temas recorrentes na obra do autor, como o amor e a morte, a viagem através de fronteiras (interiores), nas quais se distinguem e se mesclam diversas culturas.

XI. *O último voo do flamingo* [romance/2000]

O tempo é o do pós-guerra civil e da consecução do processo de paz, comandado pelos "capacetes azuis" (soldados das Nações Unidas). O lugar é a imaginária vila de Tizangara. É aí que, inexplicavelmente, esses soldados começam a explodir, restando apenas seus sexos "avultados e avulsos". Um inspetor, o italiano Massimo Risi, é designado para acompanhar e esclarecer as mortes. Para seu auxílio, o administrador local, Estêvão Jonas, designa um tradutor (o tradutor de Tizangara), que é o narrador do romance. É ele que irá "traduzir", tentar fazer dialogar, duas diversas formas de ver o mundo: a das gentes do lugar e a do inspetor Massimo Risi, que não compreende, por isso não aceita, as explicações que lhe chegam. À medida que avançam as andanças e inquirições de Massimo, vai-se lendo sobre os usos e abusos do poder, a dependência do Estado em relação às doações estrangeiras, o tráfico de drogas, as relações (a utilidade delas) entre vivos e mortos, a dura relação com a memória entre aqueles que lutaram em lados opostos (na luta independentista ou na guerra civil pós-independência), sobre memórias de práticas do Estado socialista, entre outras questões.

XII. *Na berma de nenhuma estrada* [contos/2001]

Mais uma reunião de contos. Trata-se de narrativas curtas, num total de trinta e oito. Predominam nas estórias os temas caros a Mia: a morte e sua relação com o mundo dos vivos, as questões identitárias, a relação com o mundo natural no espaço rural moçambicano. A obra é dedicada a Carlos Cardoso, jornalista amigo de Mia, assassinado em novembro de 2000.

XIII. *Um rio chamado tempo, uma casa chamada terra* [romance/2002]

Neste romance, conta-se sobre os Malilanes (ou Marianos, no aportuguesamento do nome), do regresso do jovem Marianinho, estudante universitário, a sua ilha-natal, Luar-do-Chão, para o funeral de seu (suposto) avô, Dito Mariano. Marianinho passa então a receber misteriosas cartas que, mais tarde, descobrirá partirem do velho Dito Mariano, do outro lado da vida. São elas que lhe irão desvendando os mistérios da família. A narrativa constrói-se colocando em paralelo diferentes formas de dar sentido às "sucedências" que ali se dão, desse modo imbricando diversos modos de perceber e explicar o mundo, mecanismo cuja síntese está no próprio Marianinho. Pelo romance, vão-se costurando as intrigas e segredos familiares, aos poucos revelados, a questões caras ao autor: o abuso do poder e a ganância, as relações entre crenças locais e religiões instituídas, os negócios escusos (o tráfico de drogas), os usos (e abusos) da memória, das identidades, a desilusão com o futuro prometido pelo socialismo, a inseparabilidade entre o homem e o mundo natural, entre outras mais questões. É em paralelo a essa micro-história familiar que se questiona a história moçambicana em seus tempos pós-coloniais.

XIV. *Pensatempos: textos de opinião* [intervenções/2005]

Obra que reúne, em livro, textos elaborados para participação em eventos diversos, em diferentes áreas, e também publicados em periódicos moçambicanos e estrangeiros. Os textos tratam de assuntos diversos: cultura, meio ambiente, política, literatura etc. Nesses textos, apreendem-se preocupações que se reiteram em sua ficção (um *pensar o tempo*, a que o título nos remete). Dentre os textos, tem-se: "Que África escreve o escritor africano?"; "Rir num Abril, dançar em outro Abril"; "O sertão brasileiro na savana moçambicana"; "Os sete pecados de uma ciência pura"; "A fronteira da cultura"; e mais treze outros textos.

XV. *O outro pé da sereia* [romance/2006]

Romance em que se entrelaçam duas histórias, em dois distintos tempos. No presente, conta-se das gentes de Vila Longe e Antigamente, que encontram nas margens de um rio a imagem de uma santa. Santa essa que vem de outro tempo, a outra história contada (baseada em fatos históricos): a da viagem da nau Nossa Senhora da Ajuda, saída de Goa, na Índia, em 1560, comandada pelo jesuíta D. Gonçalo da Silveira, conduzindo a imagem da santa com o fito de catequese ao imperador do Monomotapa, lendária "terra do ouro" nos "sertões" moçambicanos. Na nau se cruzam muitos personagens e culturas: escravos, jesuítas, indianos, portugueses. Nos tempos presentes, a pequena Vila Longe se articula para receber a visita de um casal de estudiosos afro-americanos, que ali vêm em busca de histórias de escravos e de um reencontro com as "raízes profundas" da "Mãe África". Mwadia ("canoa", na língua *si-nhungwé*), a mulher que encontra a imagem e resolve voltar a Vila Longe, é a personagem que liga esses dois momentos históricos. Como uma "canoa" que pudesse fazer a travessia dos tempos. É ela que na tentativa de encontrar um local para a santa, encontra os restos mortais e a arca com documentos de D. Gonçalo da Silveira, documentos esses que usará como "fonte" para preparar encenações de sessões de transe a fim de impressionar os afro-americanos. É nesses transes (que à medida que se dão já não se sabe se ela apenas finge ou se se encontra em estado de possessão) que Mwadia "re-liga" os tempos, em que falas do passado voltam ao presente por sua voz. Nas linhas da narrativa, muitas discussões vão sendo colocadas, sendo a mais instigante delas, quiçá, a complexidade da relação memória/esquecimento e seus usos e abusos na escrita da história da nação.

XVI. *Venenos de deus, remédios do diabo* [romance/2008]

Neste romance é contada a estória do médico português Sidónio Rosa, que em Portugal apaixonara-se pela mulata moçambicana Deolinda, a quem conhecera num congresso médico. Na busca por sua amada, ele vai para Moçambique, indo a Vila Cacimba, porém sem a encontrar; apenas seus pais, Bartolomeu Sozinho (um velho marinheiro da Companhia Colonial de Navegação) e Munda Sozinho, são por ele localizados. Sidónio passa então a com eles conviver, mediando, nesse convívio, a memória ausente de Deolinda, que porém se faz presente por meio de cartas. É a partir da convivência desses e mais outros personagens (como o administrador Suacelência ou a mulher que espalha flores do esquecimento) que se vão desvelando as estórias não contadas de Vila Cacimba, nas quais Sidónio Rosa busca, sem encontrar, os passos de Deolinda.

XVII. *Jesusalém (Antes de nascer o mundo)* [romance/2009]

Romance que narra a história de um homem, mais seus dois filhos, um empregado, uma jumenta e um tio "aproximado", que saem do mundo e se refugiam num mundo seu, um lugar chamado Jesusalém. Longe de tudo e de todos, esses personagens não deixarão de ser confrontados com o que vem "de fora". A começar pela chegada de uma mulher portuguesa, Marta, que ali vem em busca de rastros de seu sumido marido. A par dessa estória, vai sendo contado também sobre esse mundo "de fora" (suas violências, suas desigualdades sociais, seus desmandos), do qual os habitantes de Jesusalém buscavam esquecer. No Brasil, a obra foi intitulada *Antes de nascer o mundo*.

XVIII. *E se Obama fosse africano e outras interinvenções* [intervenções/2009]

Reunião de textos elaborados para intervenções em eventos, no país e no estrangeiro, em universidades e congressos. Os assuntos tratados respeitam a temáticas diversas: literatura de viagem, influências de Jorge Amado e Guimarães Rosa na literatura moçambicana, lusofonia, violência, a eleição do presidente dos Estados Unidos, Barack Obama, entre outros assuntos.

XIX. *Pensageiro frequente* [crônicas/2010]

Reunião de textos escritos por Mia Couto para a revista de bordo *Índico*, editada pelas Linhas Aéreas de Moçambique. Trata-se de vinte e seis histórias breves, em que o olhar e o pensamento do escritor/biólogo/jornalista se misturam para uma "visita às múltiplas identidades que coexistem numa única nação", sendo esse "o serviço" dessa escrita, em suas próprias palavras.

AGRADECIMENTOS

Agradecer é um reconhecimento de dívidas. Dívidas de gratidão para com muitos – essa toda gente que, numa travessia como esta, de escrita de uma história, nos vão estendendo a mão pelo caminho.

Uma primeira confissão, devo-a ao programa de Pós-Graduação em História Social da Universidade Federal do Ceará, pela acolhida da proposta de pesquisa que originou esta escrita. Se um rascunho – alinhavo de ideias – pôde vir a ser um corpo de texto acabado, isto se deve a essa acolhida.

Aos professores Drs. Francisco Régis Lopes Ramos e Eurípedes Antônio Funes, orientador e co-orientador da pesquisa, minhas palavras nunca chegarão para agradecer a generosidade, o respeito, o incentivo e a confiança na possibilidade de sua plena execução; sem tal generosidade, decerto, não teria sido possível essa longa caminhada. A ambos, por tudo, ficam aqui confessadas minhas (e)ternas dívidas.

Agradeço ao professor Dr. Júlio Pimentel Pinto (USP) e à professora Drª Kênia de Sousa Rios (UFC) pela leitura atenta, pelos apontamentos preciosos, pelas inestimáveis contribuições quando da defesa de *Nyumba-Kaya*.

Aos professores do Programa de Pós-Graduação em História Social, meu muito obrigado pelos diálogos e partilhas.

Aos colegas de mestrado – companheiros de travessia –, pelo convívio, pela partilha de angústias e alegrias, ficam a saudade, a gratidão por tudo e, mais que tudo, a amizade que persistirá.

Aos amigos – incentivadores sempre – da Faculdade de Filosofia Dom Aureliano Matos/UECE, onde esse debruçar-se sobre a "imensa varanda sobre o Índico", Moçambique, se iniciou, minha carinhosa gratidão.

À Capes (Coordenação de Aperfeiçoamento de Pessoal de Nível Superior), pela concessão de bolsa de estudos durante o primeiro ano de pesquisa.

A todos que, ainda que inominados nestas linhas, contribuíram para que essa escritura se pudesse tramar. Obrigado a todos.

Esta obra foi impressa em Santa Catarina
no outono de 2014 pela Nova Letra Gráfica &
Editora. No texto foi utilizada a fonte Fedra
em corpo 9,3 e entrelinha de 16,3 pontos.